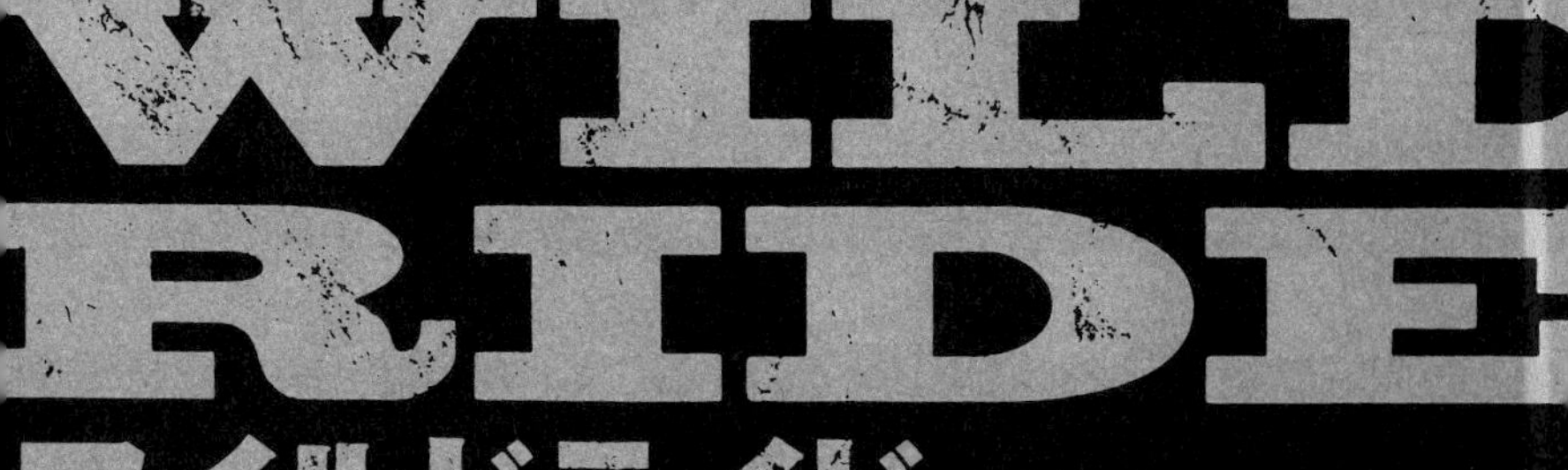

ワイルドライド

ウーバーを作りあげた狂犬カラニックの成功と失敗の物語

Adam Lashinsky
アダム・ラシンスキー
小浜 杳 訳

TOYOKAN BOOKS

スカウア社最後の日の創業チーム。左から、ケビン・スミラク、クレイグ・グロスマン、トラビス・カラニック、ダン・ロドリゲス、マイケル・トッド。

2002年のレッド・スウッシュ社の面々。トラビス・カラニック（左から２人目）、フランチェスコ・ファッブロチーノ（後列左から４人目）、エバン・ツァン（右から３人目）、ロッド・ボウマン（一番右）。

重要な転機となった2008年の旅で、エッフェル塔の前に立つギャレット・キャンプ（左）とトラビス・カラニック。

ウーバー創成期のメンバー。左から、カーティス・チェンバーズ、トラビス・カラニック、ステファン・シュマイサー、コンラッド・ウェラン、ジョーダン・ボネット、オースティン・ガイト、ライアン・グレイブス、ライアン・マキラン。

初期のウーバーキャブのウェブサイト。『iPhoneとSMSで呼べる、オンデマンド・カーサービス。／スマホやウェブを使って、その場で予約ができます。／支払いはアプリで。現金はいりません！／ドライバーに関するフィードバックをお寄せ下さい。／ウーバーキャブ・ベータ版が現在サンフランシスコで稼働中です』とある。

2012年、ロサンゼルス進出時の乗客第1号は、俳優エドワート・ノートンだった。ノートンは、『ウーバーの快適なライドのあと、シャービンと。ウーバーは天才だ。未来はここにある。世界で最悪のニューヨークのタクシーども、終わりの日は近いぞ』とツイートした。

ウーバー創成期に“ジャミング”する、ライアン・グレイブスとオースティン・ガイト。

2011 年 10 月、ダブリンでシリーズＢラウンドの資金調達の条件規定書にサインした直後の、シャービン・ピシェバーとトラビス・カラニック。

2013年6月、新従業員のためのイベント〈ウーバーバーシティ・ハッピーアワー〉で、従業員2人と歓談するカラニック。

2013年10月、マイアミでパーティに興じるウーバーの面々。ライアン・グレイブス（左）、オースティン・ガイト（左から2人目）、シャービン・ピシェバー（一番右）。

2014年のリコード・カンファレンスで、カラニックは、ウーバーが「タクシー業界っていう名のクソ野郎」と戦っていると発言した。

2015年、サンフランシスコ本社の〈ウーバー・ハッカソン〉での、カラニックとエンジニアチーム。

2016年、中国・天津での世界経済フォーラム・ニューチャンピオン年次総会で対談する、カラニックとCNBCアジアのキャスター、バーナード・ロー。

2016年、ピッツバーグのウーバー先端技術センターに展示された、ウーバーの自動運転車のプロトタイプ。

私の家族——
ルース、リア、エイミー、ポーラ、ロバート、バーナード、
そして忘れえぬ思い出を残してくれたマーシャに。

WILD RIDE ワイルドライド
ウーバーを作りあげた狂犬カラニックの成功と失敗の物語

目次

装丁　水戸部 功
帯写真　Stephen Voss / Redux / アフロ

第一章

風雲児、中国を走る

後部座席にトラビス・カラニックを乗せた運転手付き黒塗りベンツが、北京の渋滞を縫って進んでいく。時は二〇一六年、盛夏。中国の首都の空はスモッグに覆われ、大気はうだるようにじっとりと淀んでいる。世界最高の評価額を誇るスタートアップ企業、ウーバーの最高経営責任者（CEO）であるカラニックは、三年前からおよそ三か月おきに中国を訪れている。CEO本人がサンフランシスコ本社からわざわざ中国まで出向くのも、ウーバーが巨費を投じて無謀ともいえる戦いの火蓋を切ったからにほかならない。創造的破壊（ディスラプション）を引き起こし全世界で成功を収めた同社の配車サービスを、世界最大の人口を有する中国でも成功させようとしたのである。

　これに先んじる三日間、カラニックは北京の南東二時間の距離に位置する渤海沿岸の大都市、天津にいた。世界経済フォーラム・ニューチャンピオン年次総会、通称「夏季ダボス会議」で共同議長を務めるためだ。四十歳の誕生日を数週間後に控えたカラニックは、天津で時代の寵児（ちょうじ）としてもてはやされ、まだ手にして間もない世界的名声の恩恵を大いに享受した。経営するカリフォルニア拠点のスタートアップ企業は稼働開始後、わずか六年を数えるに過ぎないが、カラニックは本家のダボス会議とは開催時期も異なるこの国際会議において、中国政府のナンバー2である李克強首相との面会も果たした。会議中、カラニックは欧米人や中国人のアナウンサーが司会を務めるパネルディスカッションに何度か登壇し、ウーバーの天津担当マネージャーたちとの懇親夕食会では中国風クレープ、春餅（チュンビン）を果敢に引っくり返してみせたほか、いずれ劣らぬ起業家たちとも歓談した。その中には、全世界で脚光を浴びる中国のスマートフォンメーカー、シャオミ（Xiaomi）の創業者、雷軍（レイ・ジュン）の姿もあった。大胆不敵な物言いを好む雷軍（レイ・ジュン）自身の気質や、スマートフォンを激安で売りさばくという物議を醸すシャオミのビジネスモデルによって、各国で顰蹙（ひんしゅく）を買うカラニックに負けず劣らず、中国では悪名を馳せている人物である。

それを思えば、中国内外のメディアがこぞってカラニックを好意的に書きたてたという一事だけでも、すでに今回の出張は成功だったと言える。中国における起業家精神推進の担い手を自任してはばからない李克強首相は、カラニックを「パイオニア」と呼んだ。しかも英語で、である。中国を拠点に活動するカラニックの部下たちは、ウーバーＣＥＯが首相に厚遇されたというこの格好のネタを、せっせと地元メディアに流した。実際、カラニックが出張中に発した一言一句が、各紙のヘッドラインを飾ったと言っても過言ではない。

夏季ダボス会議のトークイベントで、「自動運転車の登場で人が運転する車は時代遅れになるでしょうか」と聞かれたカラニックは、無頓着と自信過剰と、〈おれを怒らせないほうがいいぜ〉で始まる一連のジョークを思わせるブラックユーモアがないまぜになった、お得意のひやっとするような決め台詞で切り返した。

「車を持つなんていうのは、馬を持つのと同じになるかもしれませんよ」

カラニックは聴衆の賛嘆のまなざしを浴びながら、平然と言ってのけた。

「自家用車は、週末なんかにたまに乗るだけの代物になるんじゃないかな」

だが天津を去り、人が運転する車に乗ってひそかに北京に向かいだしたとたん、カラニックのふてぶてしい快活さが鳴りをひそめ、ピリピリした緊張に取って代わった。じつを言えば、カラニックは深刻この上ない問題を抱えていたのである。

そのとき、二大陸三か国にまたがる、ウーバー幹部陣との電話会議が始まった。

サンフランシスコ本社からは、広報担当の重役たち。韓国のソウルからも数名。カラニック同乗の車内には、ウーバーのアジア戦略の鍵を握る幹部二名がいる。一人はウーバー最高業務責任者（CBO）であり、万事にわたってカラニックの右腕である男、エミル・マイケル。今回の出張では、ウーバーの中国事業を最大のライバル、滴滴出行（ディディチューシン）（Didi Chuxing）に売却するという、伸るか反るかの極秘交渉が行われることになっているが、その折衝役としてカラニックが全権を委任した人物だ。もう一人は、ウーバーチャイナの企業戦略担当者であり、同社の顔でもある中国人女性、柳甄（リウ・ジェン）。彼女は、滴滴（ディディ）総裁、柳青（ジーン・リウ）のいとこでもある。柳青（ジーン・リウ）は巨大コンピュータ企業レノボ創業者の娘であり、金融大手ゴールドマン・サックスの役員を経て、滴滴（ディディ）総裁となった人物だ。

電話会議の目的は、カラニックが予定どおり翌朝早くソウルに赴くべきか否かを話し合うことにある。ソウル渡航の理由は、異例極まりない呼び出しに応じるためだ。二〇一四年暮れ、カラニックは韓国政府が違法とみなしたウーバーの配車サービスの責任を問われ、韓国検察当局に起訴された。アメリカで人気のウーバーXと同じ、無資格のドライバーが自分の車で乗客を運ぶサービスである。起訴を受けて、カラニックは出頭のうえ答弁を行うことに同意した。ウーバーの弁護団が韓国検察当局と長期にわたって交渉した結果、問題の運輸法違反が事実上軽犯罪に過ぎないことから、カラニックが有罪を申し立てれば、即時釈放するとの司法取引がなされたのだ。

法的な側面から言えば、出頭してもリスクを負う懸念はほとんどない。弁護団は韓国検察当局から、カラニックには執行猶予をつけるから、いつでもソウルを離れて構わないとお墨付きをもらっている。カラニック自身も、有罪宣告されることをとくに気にしてはいない。この時点ですでに、世界中の監督官庁や規制当局と事を構えるのに慣れっこになっていたからだ。

ウーバーは二〇一〇年にサンフランシスコ市から初の業務停止命令を受けて以来、西はシアトルから東はニューヨーク、果てはパリやデリーに至るまで、世界各地で敵対勢力と抗争を繰り広げてきた（多くの場合、喧嘩っ早いカラニックがメディアに挑発的なコメントを残したり、侮辱的なツイートを連発したりし、事態をさらにこじらせてきた）。そもそもウーバーにとって、法的な規制が厳しく、最高級のリムジン配車サービスしか営業できない韓国は、さほど重要な市場ではない。つまり今回の検察当局との司法取引は、ビジネス面での悪影響を危ぶんでというよりは、ＣＥＯに降りかかったばつの悪い醜聞をもみ消す意味合いが濃かったのである。

だが、車がひしめく北京の路上を縫うにつれ、カラニックは次第に苛立ちを募らせていった。単なる法的手続きに過ぎないはずのものが、韓国というお国柄によって、本人の言葉を借りれば「ヤバい事態」になりはしないかと心配になってきたのだ。反逆者の烙印を押されたCEOがソウルに到着したと知った韓国メディアがどう反応するかを、カラニックは何度も広報担当や顧問弁護士に聞き返した。騒動は極力抑えたい。だからこそ報道陣に嗅ぎつけられる前にCEOをすばやく韓国に入出国させようと、社でプライベートジェットをチャーターし、北京市内の飛行場に待機させる手間もかけたのである。しかし、すでに何者かの口から(おそらく検察当局関係者だろう)カラニックが翌日出頭するという情報が漏れてしまっていた。

カラニックは、自身とウーバーの企業ブランド価値にとって、考えうるかぎり最悪のシナリオを描いてみせた。中国とアジア諸国でカリスマ起業家のイメージを浸透させようと粉骨砕身しているまさにこの瞬間に、自分が手錠姿で韓国の法廷内を引き回される写真を撮られ、アジアで晒し者になったらどうするのか、というのだ。

ことイメージの保持にかけては、どんな些細な点も疎かにはできない。カラニックは、法廷にドアがいくつあるのかさえ知りたがった。ダメージの少ない逃走経路を考えるためである。即時釈放の確約は、本当に絶対確実なのか？　プライベートジェット専用ターミナルの税関は、ひそかに通り抜けられるものなのか？　幹部たちは互いに声をかぶせあい、ときにCEOの声さえ遮りながら、丁々発止の議論を交わした。ついにはカラニックが激昂し、ソウルにいる部下（アジア全域の事業開発トップ）に「おれの話を遮るな」と怒鳴る一幕もあった。

それから数時間ののち、カラニックは出頭しないことに決め、四度目となる期日延期を要請するよう韓国人弁護団に指示を出すことになる。リスクは承知のうえだ。判事の機嫌を損ねれば、カラニックは韓国内で未来永劫後ろ指を指されるかもしれない。だが少なくとも短期的には、危ない橋を渡った甲斐はあった。カラニックの不出頭は韓国のニュースでごく簡単に触れられただけで、アメリカを含む世界各国では報道すらされなかったのだ。数か月経ってもそれ以上の音沙汰はなく、ウーバーが出頭命令に応じてでも韓国でビジネスを継続しようと方針転換でもしないかぎり、今後も音沙汰があることはなかろうと思われた。

そうこうしているうちに、ウーバー経営陣を乗せた車は北京市内の目的地である最高級ホテル《シャングリ・ラ》に到着した。ホテル横のコンベンションセンターで、まもなく中国のインターネット企業ネットイース（NetEase）が主催するカンファレンスが開かれ、カラニックはそこでスピーチをする予定になっている。カラニックは部下とともにしばし個室にこもり、電話会議を続けた。その間にも、フラッシュが焚かれ、スピーカーが騒々しくがなりたてるコンベンションセンターの会場では、若者が大多数を占める中国ネット企業社員千人が、ゲストの登場を今や遅しと待ち構えていた。

ネットに精通した若い中国人の聴衆にとっては、ウーバーが中国で劣勢を強いられていようとも、カラニックは依然憧れのロックスターだ。デジタルで起業家精神あふれるものなら何にでも目がないＩＴ企業社員たちは、ウーバーの世界的成功と中国での奮闘の物語を知りつくしている。滴滴（ディディ）の後塵を拝しているとはいえ、ウーバーは中国市場に相当食いこんでおり、今日の聴衆にとってカラニックは紛れもないセレブの一人だ。

カラニックの一匹狼的な性格と非妥協的な前歴とに、危惧の念を抱きつつも感銘を受けている人々で、会場は立錐の余地もなかった。まさかウーバーが中国から撤退しようとしているなどとは、だれも夢想だにしていないだろう。カラニックがソウルで逮捕される可能性に心を千々に乱していることも、だれ一人知る由もない。会場のボルテージは最高潮に達していた。

だがカラニックにとっては、これもまたよくあるスピーチと、完璧な英語を話す地元アナウンサーによる、よくある壇上インタビューに過ぎない。参加者が同時通訳のヘッドフォンを装着すると同時に、午前中に李克強首相との面会で着ていたのと同じ、ぱりっとしたグレーのスーツに襟付きのホワイトシャツという風采のウーバーＣＥＯが、つかつかと壇上に登場した。

カラニックは生まれ育ったロサンゼルス郊外の写真を交えながら、数か月前にバンクーバーで行ったかの有名なＴＥＤカンファレンスでのプレゼンテーションの短縮版を披露した。ただ短いだけでなく、スピーチは中国の聴衆向けに焼き直されていた。この時点で約六十都市にサービスを拡充していた、ウーバーの三年にわたる中国ビジネスの最新情報が付け加えられたのである。スピーチ後の短い質疑応答で、ほぼ世界全域でトップシェアを誇りながら、中国市場では二番手に甘んじている現状は悔しいかという質問が飛んだ。カラニックは含み笑いをし、答えにならない答えを返した。

「私としては、ドライバーと乗客によりよいサービスを提供するのがわれわれの仕事だというふうに考えたいですね。よりよいサービスを提供することが、結局は最大の顧客獲得につながるはずです。そのためには、まだいくつかやるべきことがあります」

中国内の業界最大手、滴滴（ディディ）について単刀直入に聞かれた際には、質問をはぐらかした。

「ウーバーのほうがよりよいサービスを提供できて、滴滴（ディディ）の大多数の顧客がウーバーに流れてくれるというのが、理想形ですね」

もう夕刻になり、カラニックは疲労困憊していた。しかも重大な問題に頭を悩ませていて、中国のネットコミュニティにウーバーが滴滴（ディディ）を凌駕できると得心してもらうどころではない。登壇は二十分で早々に切り上げられ、ウーバーＣＥＯは会場をあとにし、韓国問題のジレンマを熟考しに近場のホテルへ向かった。

＊　＊　＊

翌日、堅牢なラグジュアリーホテル《ローズウッド北京》で朝食を食べるころには、前日カラニックを覆っていた緊張の影は跡形もなく消えていた。ソウル行きをキャンセルすると決め、さっさと気持ちを切り替えたらしい。髭を剃り、いつものジーンズとポロシャツに身を包んだカラニックは、疲れもとれてリラックスしていた。もう窮地は完全に脱した、いまはまったく気に病んでいないという。

「当局との一進一退の攻防は、必要なダンスなのさ。こっちはちゃんと律儀にステップを踏んでやってるんだ」

カラニックの世界観によれば、ウーバーのすべてのビジネスモデルの基盤をなすのは、既得権益を保持し、イノベーションの妨げにしかならない、消費者の利益を置き去りにした時代遅れの法律に戦いを挑むことだ。タクシー営業許可証と公定統一運賃という概念そのものが、タクシー供給量の抑制と運賃の高額化を招いており、どちらも乗客の不利益にしかならないではないか、というわけだ。自らの目に不正と映るものと戦うことは、カラニックにとってはもはや業務の一部に等しい。世界が扇動家と断ずるとき、鏡を覗きこんだカラニックの目に映るものは、真実の探求者なのである。

このよく晴れた夏の朝、人目を忍んで韓国入りする計画がふいになり、カラニックの日程には珍しく空きが生じた。翌日杭州に行くまで、何の予定も入っていない。オムレツを手早く平らげたあとは、コンピュータの前に座って「どんなゴタゴタを起こしてやれるか」検討するつもりだとカラニックは言い放った。

カラニックが自身の半生を語りだしたのは、まさにこのときだった。

私は過去二年間の大半を、ウーバーに関する本の執筆に協力してほしいと、渋るカラニックに説得を試みる作業に費やしてきた。サンフランシスコを拠点とするフォーチュン誌のライターとして、私は二十年近くシリコンバレーのトップ企業を取材し、二〇一二年にはアップル（Apple）に関する著作を上梓している。のらりくらりと態度を保留し、話し合いに話し合いを重ねた結果、カラニックはとうとう折れた。CEOの協力があろうとなかろうと、私が執筆する意思は変わらない。ならば沈黙を貫くよりは言いたいことを言わせてもらおうと、実際的な決断を下したのだ。数週間前、私はカラニックから中国への出張に同行するよう誘われた。ウーバーの物語の要となる国だからというわけだ。本社から遠く離れた旅先でなら、悩めるCEOも取材に応じる時間が取れるかもしれないとカラニックやアドバイザーの面々が考えたわけだが、まさにその予測どおりの瞬間がいま訪れたのだ。

いったん話しはじめたカラニックは、まるで堰を切ったように喋りつづけた。私たちはその後数日にわたって中国内で会話を続け、サンフランシスコに戻ってからも一度会合を持った。私たちは話した――沿海部の杭州へ向かう、韓国入りのために用意されたプライベートジェット機の機内で（杭州ではウーバーチャイナの幹部たちに加え、阿里巴巴〔Alibaba〕の創業者で中国ネット業界のドンでもある、馬雲と会う予定になっていた）。杭州郊外にあるリゾートホテルに向かう送迎車の中で。アメリカ帰国後の七月中旬、サンフランシスコの通りをそぞろ歩いた三時間の散歩のあいだに。さらにその後、公式非公式問わず無数に交わされたチャットの中でも、私たちは語り合った。

トラビス・カラニックがウーバーの物語の中心人物であることは疑いないが、厳密に言えばウーバーの物語はカラニックの物語と同義ではない。ウーバーのアイディアを最初に思いついたのも、じつはカラニックではないのだ。ウーバー創業後丸一年ものあいだ、カラニックは同社とパートタイムで関わっていたに過ぎない。カラニックは前の事業の痛手から立ち直ろうとしている最中で、次の事業についてはまだまったくの白紙状態だった。

とはいえ、ウーバー創生の直後からカラニックが立ち会っていたことは事実であり、その抜きんでた洞察力によって、単にだれかの面白い思いつきだったものを、紛れもない革新的なアイディアへと変換したのはカラニックにほかならない。ウーバーが最初に多くの顧客を惹きつけ、サンフランシスコ市外にも進出しはじめたときから、冷酷無情でメディアに頻出するCEOといえばカラニックだった。結果、マイクロソフト（Microsoft）やアップルやフェイスブック（Facebook）が、ビル・ゲイツやスティーブ・ジョブズやマーク・ザッカーバーグと不可分のように、ウーバーの顔といえばカラニックその人になったのである。

ウーバーがはたしてこれら不朽のテクノロジー業界の巨星と肩を並べるほど強大で人気の企業になれるかどうかはさておき、ウーバーＣＥＯはすでに人々の関心の的となり、多くの人の反感を一身に集めている。ウーバーがただの着想から、いわゆるユニコーン企業（評価額一〇億ドル以上の非上場スタートアップ企業）の中でも最大手となるまでの短期間に、カラニックは情け容赦のない、共感力に欠けた、他人のルールは徹底して軽視するその性格によって、世界的に名を知られるようになった。エンジニア出身起業家のひしめく男社会という、サンフランシスコの「マッチョなエンジニア（プログラマー）」文化の紛うかたなき広告塔、それがカラニックである。表舞台に登場した時点で創業時のゲイツやジョブズやザッカーバーグより年齢の高かったカラニックは、それ以前にＢ級起業家として、ポストＩＴバブル期のサンフランシスコのベンチャー業界に長らくくすぶっていた人物だった。

初期のベンチャー事業ではなかなか成果を出せなかったカラニックだが、ウーバーとは、まさにそのとき以外ありえないという絶好のタイミングでめぐり逢ったと言えるだろう。マイクロソフトがパーソナルコンピュータ革命を決定づけ、アップルがデジタル・エンターテインメントに新たな章を書き加え、フェイスブックが二十一世紀の最も強力な情報発信プラットフォームを創りだしたように、ウーバーは情報テクノロジー業界の次の波の特性を完璧に体現している。モバイルファースト企業であるウーバーは、そもそもｉＰｈｏｎｅ（アイフォーン）がなければ存在しえなかった。ウーバーは創業直後から全世界に事業を拡大したが、市販ソフトと無骨なコンピュータが一般的だった時代に生まれていたら、はるかに緩やかな成長しか望めなかっただろう。自社のテクノロジーを巧みに他者の資源（自家用車）や労働力とマッチングさせる、いわゆるギグ・エコノミーの代表格であるウーバーは、よりコストのかかる福利厚生費は払うことなく、独立契約者への支払いのみを行っていればよい。エアビーアンドビー（Airbnb）は、家屋を所有せずに賃料を稼ぎだしている。サムタック（Thumbtack）やタスクラビット（TaskRabbit）をはじめとする数々の企業も、自社では一切雇用をすることなく、便利屋の仕事が欲しい請負人と顧客とをマッチングしている。

二〇一六年も半ばを過ぎるころには、ウーバーは重大な岐路に立っていた。すでに投資会社から一七〇億ドルの資金を調達し、評価額は六九〇億ドルという、創業間もない非上場企業としては前代未聞の域に達していた。北京の通りを駆け抜けた波乱含み（ワイルド・ライド）のドライブの数週間後には、ウーバーは中国から撤退し、反対派とファンの双方に衝撃を与えることになる。投資家の資金を湯水のように注ぎこんだのはもちろん、カラニック自ら多大な労力を費やし、信用性を高めようとあれほど苦心した国であるにもかかわらず、撤退を決めたのである。二十年近くものあいだ、カラニックは踏まれても踏まれても立ち上がる負けじ魂の起業家だった。だが、いまカラニックは中国で白旗をあげ、言い訳に実用主義（プラグマティズム）を引き合いに出す始末だ。ウーバーチャイナの滴滴（ディディ）への売却を発表するブログ記事で、カラニックはこう述べている。

「起業家として私は、成功するには心の声だけでなく、理性のささやきにも耳を傾けねばならないことを学びました」

後れを取っていたとはいえ、ウーバーは中国市場で着実に前進しているように見えた。ほかのことはさておき、中国政府に営業を黙認されるという、グーグル（Google）やフェイスブックやイーベイ（eBay）ですらなしえなかった偉業を果たしただけでもたいしたものだ。とはいえ、ウーバーが毎年中国で一〇億ドルを失っていたのは事実であり、滴滴への売却によって（ウーバーは滴滴の筆頭株主となり、滴滴はウーバーの取締役会に加わることになった）、カラニックはキャリア最大の手痛い失敗を喫すると同時に、最大級の勝利を手にしたとも言えるだろう。カラニックは一夜にして二〇億ドルの投資を、六〇億ドルの価値のある、国内市場を独占する、破竹の勢いの中国企業への賭け金に変えてみせたのだ。手元資金を際限なく流出させる事業から撤退したことで、ウーバーの財務状況は好転し、アメリカでの新規株式公開（ＩＰＯ）という最終的な目標に向けての地ならしがされる結果ともなった。

カラニックもまた、重大な岐路に立っていた。二十歳のころからカラニックは、喧嘩っ早くて無作法な、失言だらけの起業家であることをよしとしてきた。創業に関わった最初のスタートアップ企業ですでに、ホームラン狙いで力のかぎりフルスイングし、失敗している。二番目のテック企業では、心身ともに疲弊はしたものの、そこそこの成功を収めた。ウーバーでは目がくらむほどの高みに登りつめたはいいが、高い代償を払っている。全世界で冷酷無情な嫌なやつ、お上に楯突くリバタリアンと煙たがられ、粘り強いとの評判は立ったものの、焦土作戦を辞さない性格に悪口雑言を浴びせられているのだ。この傲岸不遜なイメージに、カラニック自身は納得していなかった。本人をよく知るシリコンバレー業界の信奉者も驚くだろうが、トラビス・カラニックは、自分は世の人に誤解されていると感じていたのだ。

しかし、カラニックが年間売上高六〇億ドル、従業員約一万人を抱える大企業のCEOであることに疑問の余地はない。カラニック本人も、やっつけ仕事でスマートフォンアプリを作ってユーザーに試させたり、後先考えずに本音を言う段階はもう終わったと理解している。消費者がまだ気づいていない課題の「解決法（ハック）」を「即興（ジャミング）」で思いつくのが得意だった起業家は、いまやビジネス界の中心に位置する重要人物なのだ（二〇一六年十二月、当時まだ次期大統領だったドナルド・トランプは、一八人のメンバーからなる経済諮問委員会「戦略政策フォーラム」の一員にカラニックを選んだ。だが大統領就任式からまもなく、カラニックは早々に委員を辞任した。イスラム教徒が多数を占める七か国からの入国禁止を定めた大統領令をトランプが何の前触れもなく発し、従業員や顧客から怒りの声が湧き上がったからである）。

現代はスマートフォンが普及し、資金調達が簡単にでき、コンピュータサイエンスの専門家の長年の夢である人工知能(AI)が当然のように使われる時代だ。カラニックの（そしてウーバーの）ストーリーは、こうした時代のビジネスにおける重要なトレンドをすべて知ることのできる窓となる。本書の狙いは、時代の鏡であるウーバーと、そのユニークなCEOの物語を語ることである。〈嫌なやつ(アスホール)〉と〈誤解されやすい男〉のギャップを埋めることは不可能かもしれないが、カラニックとウーバーがどうして現在の性格や特徴を持つに至ったのか、そしてどのようにして成功の絶頂を極めたのかを解き明かすことは、決して不可能ではないだろう。

＊　＊　＊

私が初めてトラビス・カラニックと会ったのは、二〇一一年七月。カラニックがウーバーCEOに就任してから、一年も経たないころのことだ。当時のウーバーはまだ零細企業で、認可を受けた数百人のリムジン運転手が、サンフランシスコ市内でウーバーのアプリを使っているにすぎなかった。当時すでに、市内有数の上り調子のスタートアップ企業という輝きをまとってはいたものの、ウーバーが競合他社の戦略を取り入れて、無許可のドライバーがアプリを使って自家用車でタクシー営業をするというビジネスを始めるのは、まだ二年も先のことだ。つまり、クールな企業だと話題にはなっていたものの、世界最高の評価額を誇るスタートアップ企業にのし上がるほどの爆発的成長はまだ見せていなかった時期だった。

出会い頭、三十四歳のカラニックは自分の履歴をざっと披露してみせた。ロサンゼルスの生まれで、カリフォルニア大学ロサンゼルス校（UCLA）でコンピュータエンジニアリングを専攻していたが中退し、クラスメートが創業したスカウア（Scour）という会社で働きはじめた。スカウアはいわばナップスター（Napster）の原型で、創業後まもなくエンターテインメント業界に訴訟を起こされて倒産した。カラニックはスカウアのファイル共有サービスという概念を拡張して、次の企業レッド・スウッシュ（Red Swoosh）を立ち上げる。訴訟を逆手に取り、エンターテインメント企業向けの合法なP2P（ピアツーピア）ソフトを作ることで、「訴えた側を顧客にしよう」と考えたのだという。山あり谷ありの六年ののち、カラニックはレッド・スウッシュをソフトウェア配信最大手のアカマイ（Akamai）に売却した。これによって、「エグジット」（自社を売却し大金を手に入れること）を達成したサンフランシスコの起業家の社交の輪に、カラニックもかろうじて参加を許されたのである。

初めて会ったその場で、カラニックはウーバーが生まれたきっかけも教えてくれた。シリコンバレーのどのスタートアップにもある、後日作られた神話であるその創業秘話では、二〇〇八年の冬、パリで吹雪にあい、タクシーを捕まえられずにいたカラニックと友人のギャレット・キャンプの頭に、突然すばらしい着想がひらめいたのだという。携帯やスマホでタクシーが呼べればいいのに——と。

「最初にアイディアを思いついたのはギャレットだよ」とカラニックは言った。「おれがそれをビジネスとして組み立てたんだ」

三年後に再会したとき、ウーバーはすでに男性を中心とした若い客層にもてはやされていた。スマホでボタンをタップするだけでリンカーン・タウンカーが自宅前に来てくれることにわくわくする、カラニックやキャンプのような客層だ。のちにウーバーとウーバードライバーが険悪な関係に陥ることを思うと皮肉だが、二〇一一年夏のその日、カラニックは自分がいかにウーバードライバーを愛しているかを強調してやまなかった。ドライバーがウーバーに来社するたびに、カラニック自らハグするのだという。

「ドライバーがここ（サンフランシスコの四番通りとマーケット通りの角にある、ウーバーのささやかな本社）に来たときには、『ハグして水に流そうよ』って言うんだ」

カラニックは、ウーバーが迎えた最初の危機について詳しく話してくれた。前年の秋、同社はサンフランシスコ市から業務停止命令を出されていたのである。当時はウーバーキャブ（UberCab）という社名だったウーバーは、市には業務停止を命ずる権限はないと断じた。一つにはウーバーはテクノロジー・プラットフォームを提供しているだけで、車両も有せず、運転手も雇用していないため。二つには、ウーバーの「パートナーたち」が運転するのはリムジンであり、タクシーではないためである。

「だから、社名から『キャブ（タクシー）』を外したんだよ」とカラニックは言い、ウーバーは市の命令を無視して営業を続けた。

二〇一一年の夏、カラニックは自信に満ちあふれていた。ウーバーはすでにニューヨークで稼働し、まもなくシアトル、ワシントンDC、ボストン、シカゴにも進出する予定だった。カラニックは乗客のもとに車が到着するまで何分かかるかを予測するウーバーのシステムに、高等数学が組み入れられていると言って自慢した。ウーバーの「数学部門」（カラニックの言葉だ）には、コンピュータ統計学の専門家とロケット工学者と原子物理学者がおり、彼らが複雑な統計モデルであるガウス過程エミュレーションを使って、グーグルの地図サービスで得られるデータを改良しているのだという。

「うちの予測時間は、グーグルのよりはるかに正確だよ」とカラニックは言った。

私はその日、カラニックの自信過剰な性格を嫌というほど思い知らされることになった。ウーバーの新たな市場を思いついたんだけどね、と私はカラニックに切りだした。少し前、私はベビーシッターの送迎にウーバー車を利用していた。送迎費用はウーバーのアプリを通して私のクレジットカードで支払えるし、ベビーシッターが無事家に着いたかどうか、スマホ上で逐一送迎車の位置を追えるのはこの上なく便利だった。自分で車を出して送っていく手間もかからない。同じようにウーバーを利用したい親は多いはずで、ファミリー層へのマーケティングを強化してはどうかと考えたのだ。

だがカラニックは、私のアイディアを一笑に付した。それどころか、興味すらないとはっきり言明したのである。私の思いつきは、カラニックの持つウーバーのイメージに合致しなかったらしい。ウーバーは、カラニックのような富裕層の独身男性がスタイリッシュに街を流すのに使う、「羽振りをきかせた人（ボーラー）」向けのサービスなのだ。当時のウーバーのモットーは、「あなたのお抱え運転手」だった。子育て世代がベビーシッターの送迎に使うだって？とんでもない、というわけだ。

その後も、サンフランシスコ地震前からある大理石工場を改造した、テック業界の会員制高級ダイニングクラブ《ザ・バッテリー》や、業界のカンファレンスなど、サンフランシスコ市内各地でカラニックを見かけた。朝食ビュッフェの列で顔を合わせたとき、ウーバーのビジネスは気に入ったが高級車である必要はないと思うと告げると、もうちょっと待ってくれ、もうすぐ始まるウーバーXという新サービスを見たら、あなたもきっと気が変わるからと言われた。

その後ウーバーは全世界で社会現象を巻き起こし、私は二〇一四年初頭にはカラニックにメールを送り、ウーバーの本を書きたい旨を伝えた。カラニックの返信はすばやく、いかにも彼らしかった。

「あなたの記事や著作は大好きですし、わが社に関する本を書こうと考えていただいたのは光栄です。しかし私の考えでは、いまはその時ではありません。こちらの協力のあるなしにかかわらず書くおつもりかもしれませんが、関係者には協力しないようはっきり要請するつもりです。それでも書くと言い張られるようでしたら、ライターを雇って幹部への独占インタビューを許したうえで公認本を出版し、あなたの著作への対抗馬にします。このような手段を取りたくはありませんが、思い入れの強い重要なテーマですので、あしからず」

メールの最後には、こう書いてあった。「以上よろしく。T」

上々の滑り出しだ、と私は思った。カラニックの本音を引きだしたという点では、してやったりである。大概のＣＥＯなら、いずれ時期が参りましたらぜひご協力させていただきたく云々で始まるそつのない返答を返しただろうが、カラニックは違う。おれに楯突くような暴挙に出ればお前の本など葬ってやるぞと、あからさまに脅しにかかったのだ。

私はコンタクトを取りつづけ、最後にはようやくカラニックが折れて協力することになった。巨大企業になるにつれ、ウーバーの芳しくない評判も聞こえてきていたころだ。度重なる失策のおかげで、乗客やドライバーの多くがウーバーに幻滅しだしたのである。アメリカのリフト（Lyft）やジュノ（Juno）、ヨーロッパのゲット（Gett）、中国の滴滴出行（ディディチューシン）、東南アジアのグラブ（GrabTaxi）、インドのオラ（Ola）など、資金が潤沢な競合他社が次々とライドシェア業界に台頭してきたことも、カラニックが態度を変えた一因だろう。どの企業も豊富な資金を、ときにはウーバーと同じ投資会社から調達していた。以前は味方であった投資会社や当局者やドライバーの多くが、カラニックの好戦的な態度のせいでウーバーを疎んじるようになっており、このままではいまある顧客に加えて将来の顧客まで失いかねないことに、カラニックと老練な顧問弁護士たちもようやく気づきはじめたのである。現にアメリカ国内では、やり口が強引で女性蔑視の社風があることを理由に、ウーバーをボイコットする動きが広まりはじめていた。

カラニックは最終的に私のインタビューに応じることを決めたが、私は制約なく自由に書かせてもらうという条件を出した。カラニックらウーバー経営陣へのアクセスには便宜を図ってもらったが、本書の内容は私一人が書いたものであり、ウーバーの意向は一切容れていないことをお断りしておく。

＊　＊　＊

どの企業もそうだが、ウーバーもいまなお未完の作品だ。だが誕生間もない身で巧みに時代の潮流に乗ったことで、社名を動詞として使われるエリート企業の仲間入りを果たした。「車で行く必要なんかないさ。おれはウーバーするよ」

ウーバーがこれほど早く顧客の心をつかんだのも、使い方が簡単だったからに尽きるだろう。ウーバーが新たな市場に進出するたびに（二〇一六年末の時点で、ウーバーは世界七三か国、四五〇都市で事業を展開している）、ユーザーは改宗者のような熱狂をもってウーバーとの出会いを語る。ツイッター（Twitter）を使ってはみたものの有用性を見いだせなかった人も、スナップチャット（Snapchat）を使おうとしたが年のせいで使い方がわからなかったともっともな主張をする人も、ウーバーなら問題ない。都市か都市近郊に住み、スマートフォンを持っているだけでいい。顧客はアプリをインストールし、クレジットカード情報を入力し（個人用と法人用を両方登録することもできる）、配車をリクエストする。するとスマートフォンのGPSチップ（および他のセンサー技術）が教える位置情報によって、顧客の居場所がウーバーに送られる。ウーバーは同じ技術を使い、近くのドライバーの位置を割りだす。利用後は車を降りるだけで、あとはウーバーが自動的にクレジットカードに請求し、ドライバーへの支払いを行ってくれる。多くの人がすぐになじみ、いまでは当たり前となったこの乗り方も、ウーバーが始めた当初はまさに画期的だった。あわてて現金を探したり、クレジットカードに渋い顔をするタクシー運転手を説得したりしていたかつての日々を思えば、驚異的な進歩だ。

当初は夜な夜な街に繰りだす都会のヒップな富裕層へのサービスとして始まったウーバーも、いまでは男女や年齢を問わず、ほぼ万遍なくあらゆる層に受け入れられている。独身女性は、経路を追跡できる安全な帰宅方法として使える。高齢者も、十代の子と同じように気軽に利用できる。相乗りサービスのウーバープール（UberPool）を使えば、バス料金よりわずかに高い程度の料金でタクシーに乗れるのもいい。ウーバーが自社サービスを社会貢献と称しているのも、飲酒運転を防ぐ手段になることを考えれば、あながち間違いではない。

社会問題化している退役軍人の失業率に目をつけ、退役軍人をドライバーとして採用するプログラムを作ったのもクレバーだ。これまでに、五万人以上の退役軍人がこのプログラムを利用している。

ウーバーが起こしたパラダイムシフトの兆しは、ほかにもある。その一つが、時代遅れのタクシー無線配車システムを排し、乗客の配車リクエストと利用可能なドライバーを合致させる、アルゴリズムに基づくマッチングプログラムを開発したことだ。これに触発され、同様の自社用アプリを開発したタクシー会社もある。ウーバーが進出した大都市はすべてそうだが、事業規模が十分大きい場合、ウーバーのシステムは極めて効率がいい。あまりにも効率がいいため、パワーユーザーは「ひょっとしたら車を持つ必要なんてないんじゃないか」と、以前は考えもしなかったような発想の転換をするほどである。相乗りサービスがウーバーの目論見どおり普及すれば、渋滞の解消が実現するかもしれない。人々が自家用車を所有しなくなり、代わりに相乗りサービスを利用すれば、少なくとも理論上は街なかの車の台数は減る。さらに自動運転車のビジョンが現実のものとなれば（ウーバーは自動運転テクノロジーに巨額の投資を行っている）、車道の発明以来初めて、道路交通量が減るかもしれないのだ。

とはいえ、何かにつけバラ色の未来を描いてみせるウーバーの「約束」に、夢中になりすぎるのも危ういだろう。ライドシェア出現後も、あるいはほかのいかなる理由によっても、アメリカ国内での自動車保有率にいまだ減少する気配はない。アメリカ合衆国国勢調査のデータによると、自家用車を所有していない世帯の割合は、一九六〇年からウーバーが稼働しはじめた二〇一〇年の間に、二一・五パーセントから九・一パーセントに減っている。参照できる直近のデータは二〇一四年のものだが、そこでも保有率に変化はない。運転免許に関する全国統計でも、同様の結果が出ている。国勢調査のデータによると、二〇一五年の運転免許保有者数は、二〇一四年に比べて四〇〇万人増加しているのだ。

同様に、ピュー・リサーチ・センターの二〇一六年の調査報告書によれば、ライドシェアの概念を耳にしたことがある人はアメリカ人の五一パーセントに上る一方で、実際にウーバーやリフトのようなサービスを利用したことがある人は一五パーセントにとどまり、三三パーセントはライドシェアの概念自体よく知らないと回答している。これらの調査結果を見ると、ウーバーは都会の若者の生活には大きなインパクトを与えたものの、同社がさかんに喧伝するほどの社会変革はいまだ引き起こしていないことがわかる。

とはいえ、楽な仕事ではないものの、一般人がドライバーとして働ける新たなチャンスをウーバーが示してみせたのは間違いない。ウーバードライバーになるのは簡単だ（いかに簡単か調べるため、私は実際に本書のリサーチ中にドライバーになってみた）。しかもウーバードライバーになると、究極のフレックスタイム制が可能になる。空き時間にちょっと小遣い稼ぎをしてみたい？　だったら、アプリを開いて、リクエストが入るのを待つだけでいい。経済の先行きが見えないいま、収支を合わせるのに四苦八苦している人々にとって、ウーバーは命をつなぐ頼みの綱だ。だが同時に、顧客の囲い込みのため、ウーバーは容赦なく値下げを行ってきた。その結果、入ってはやめるドライバーが後を絶たず、つねに新規ドライバーを募集しなければならないという悪循環に陥っている。ウーバーのプラットフォームを使ってドライバー業をするのは、ビール代を稼ぐには最高の方法だが、これだけで生計を立てようとするには厳しい手段だろう。

ウーバーの急成長の陰で、ダークな側面も広がりを見せている。タクシーと違ってウーバー車は追跡可能であるとはいえ、まったくの赤の他人の車に乗りこむのは勇気がいる。ウーバーの物語は、「メリットもあるがデメリットもある」というジレンマの連続だ。車両の追跡機能は安心だが、それは同時に、不正なデジタル監視を許す恐れがあることを意味する。自宅の住所をアプリに入力するとき、乗客は（少なくともウーバーに向けて）住所という個人情報を明かしているのだ。人々の懸念を反映するかのように、ウーバードライバーがレイプ容疑で告発されるたびに、そのニュースは全世界のヘッドラインを飾ってきた。

ウーバーは数年前、ドライバーの数を増やすため、需要が高まっている状況下では客に割増料金を請求する、特需型値上げ（サージ・プライシング）方式という料金制を導入した。需要と供給の法則（供給不足が価格を高騰させ、それに刺激されて供給量が増える）をしっかり理解している人間にとっては合理的なこの料金制も、吹雪などの自然災害の最中に割増料金を取られた乗客にとっては憤懣の種でしかなく、顧客離れを招くきっかけともなった(もう文句を言うなという主旨の発言をカラニックが行ったことも、顧客離れに拍車をかけた)。

実際、ウーバーが単なるブームから確立された事業へと変貌を遂げるにつれ、その一挙手一投足が論議を呼んだと言っても過言ではない。一匹狼という評判は、すぐに「自社を法の埒外に置く企業」という認識に変わった。気軽に現金を稼がせてくれるとウーバーに惚れこんでいたドライバーが、比較的短期間のうちに態度を一変させ、ウーバーはドライバーを搾取し、雇用による福利厚生を拒んでいると非難するようになった(カリフォルニア州とマサチューセッツ州の四〇万人近いドライバーがウーバーを相手どって集団訴訟を起こし、ウーバーは一億ドルの補償金を支払うことに同意した。後日、連邦地裁判事がこの和解合意を却下したため、裁判の決着が遅れている)。以上すべては、二〇一三年夏にウーバーXが開始されて以来、約二年のあいだに起きたことである。

＊
＊
＊

ウーバーの物語の中心にいるのは、もちろんカラニックだ。二〇一〇年代にテック起業家になることの意味は、カラニックによって定義されたと言っていい。カラニックは彼以前にセンセーションを巻き起こしたシリコンバレーの億万長者たちとは一味違っており、ウーバーも彼らの企業とは異なる。グーグル、フェイスブック、ツイッターなどは、純粋な「インターネット企業」だ。これらの企業の製品は、デジタル形式でのみ存在する。だがウーバーは創業当初から、インターネットテクノロジー企業でありながら、自動車という形あるものと共存していた。ウーバーの経営者には、コンピュータという新しい科学と、物流（ロジスティクス）を含む産業経済の昔ながらの技術面とに、ともに精通した人物が求められたのである。

ウーバーとCEOカラニックの登場で、手練の投資家さえもが状況の変化を異なるやり方でとらえ直さざるをえなくなった。

「投資は結局、パターン認識がすべてです」

こう語るのは、物理学者から転身し、創業間もないフェイスブックに二億ドルを投資して数十億ドルのリターンを得たロシアの投資家、ユーリ・ミルナーだ。

「その点、ウーバーはほかとは異なるパターンだと判明したと言えるでしょうね。ウーバーが創業されたとき、純粋なインターネット事業の大半はすでに生みだされていたのではないでしょうか。当時の状況は、プログラマーが一切外界と接触を持たず、政府機関とも一般人とも交流せずに、数年間引きこもっていたようなものでした。そこへ突如、新しいビジネスモデルが登場したのです。このビジネスモデルには、外界と交流できる人物が必要でした。トラビスはファイターです。まったく新しいタイプの起業家ですよ」

ウーバーに宿る、相反する二つの衝動を、カラニックは「ビットと原子」という言い回しで表現するようになった。ソフトウェアと物質世界との、決定的な融合である。カラニック自身の中にも、相異なるものが同居している。数学オタクでありながら、高校では陸上をやっていた。ギークでありながら、クールな生徒とも付き合っていた。コンピュータエンジニアでありながら、おしゃべりも得意だ——という具合である。

カラニックにとって、ウーバーは現在に至るまでの起業家としてのキャリアにおける最高到達点であり、挫折と成功の総計であり、「たまたまいい時にいい場所にいた」ありがちな幸運の賜物でもある。

アカマイのCEO時代にカラニックのレッド・スウッシュ社を買収したポール・セーガンは、長年ウーバーCEOを遠くから観察してきた一人だ。セーガンはカラニックを、「シリコンバレーにいる起業家の中のゴルディロックス」と呼ぶ。最初に起業したスカウアは堅すぎて、流れ星のように華々しく燃え上がってしまいました。二番目のレッド・スウッシュは柔らかすぎて、事業と言うよりはカラニックの趣味に近いものでした。

「三番目のウーバーはちょうどよかった、というわけですよ」

言うまでもなく、「ちょうどよかった」というのは控えめな表現だ。シリコンバレーは努力家や夢想家や金の亡者でひしめいている。そのだれもが自分は世界を変えるのだ、莫大な富を手中にするのだ、革新（イノベーション）と創造的破壊（ディスラプション）を生みだす力を称えるバーチャル界の記念碑に、永遠にわが名を刻むのだと確信している。だが、これら起業家の中で、成功する者はほぼ無きに等しい。彼らに投資するシニカルなベンチャーキャピタル各社は、よく知っている。投資先十のうち一つでも利益を上げれば、それは望外の成功と呼べるのだ。つまりベンチャーキャピタルは、失敗率九割を潔く受け入れているのである。

それを考えると、たとえ今後何が起ころうと、ウーバーはすでに予想を裏切る大活躍を見せていることになる。世界規模で堅実な、ときには利益も上げられる事業を展開し、タクシー会社やレンタカー会社ら既存の演者を大混乱に陥らせているのだ。ほぼ一人で書き上げた戦略本(プレイブック)にのっとってウーバーを運営するトラビス・カラニックその人も、予想外のダークホースである。

大学を中退した点ではスティーブ・ジョブズやビル・ゲイツ、マーク・ザッカーバーグと同様だが、彼らと違い、カラニックはまず挫折を味わい、次もそこそこの成功しか収めなかった。世界の檜舞台に躍り出たとき、態度は若者同様に尖り、野心は若者以上に大きかったかもしれないが、カラニックは無様な若者ではなく、もう人間として出来上がっていた。サクセスストーリーの例に漏れず、カラニックの道も決して平坦ではなく、依然続く当該市場でのウーバーの優位性が今後も続く保証はまったくない。

現に二〇一七年初頭の時点で、カラニックは毎日のように新たな危機に見舞われている。ウーバーのエンジニア部門にはびこる女性差別を告発され、長年ウーバードライバーを務めてきた男性とカラニックが口論する動画が公開され、グーグルの自動運転車部門から盗用疑惑で提訴され、不正ソフトを使って規制当局の取り締まりをかわして違法営業を行っていたことが発覚する始末である。

これら数々の問題にもかかわらず、ウーバーの物語は依然として、いまという時代を映す鏡である。テクノロジーの変革の力を、長期雇用の非永続性を、そして戦闘性やガッツや怜悧さが莫大な富に化けうる、シリコンバレーをはじめとするバーチャル業界の可能性を、ウーバーの物語は体現している。

第二章

補助輪を付けていたころ

一九九〇年代半ば、ロサンゼルスのウエストウッドにある木漏れ日まぶしいカリフォルニア大学ロサンゼルス校（UCLA）キャンパスは、様々なもので名を馳せていた。アメリカンフットボールやバスケットボールで有名なUCLAブルーインズは、大学チームの古豪だ。ハリウッドの目と鼻の先という地の利を活かし、第一級の映画学部でも知られている。UCLAメディカルセンターは世界でも指折りの病院で、患者には南カリフォルニアの資産家や著名人が多数含まれることでも有名だ。だがUCLAが、コンピュータオタクが起業したスタートアップ企業の苗床であったことは、かつてない。

コンピュータサイエンスの引力の源はUCLAから三五〇マイル北のシリコンバレーにあり、パロアルトに隣接するスタンフォード大学キャンパスがその中心だ。九〇年代半ば、スタンフォード大学卒業生のジェリー・ヤンとデビッド・ファイロは、検索可能なウェブページを集めた大人気ポータルサイト、ヤフー（Yahoo）をすでに作りだしていた。スタンフォード大学院生だったラリー・ペイジとセルゲイ・ブリンは、のちにグーグルを生みだすアルゴリズムをひねくり回している最中だった。世界トップのベンチャーキャピタル（海のものとも山のものともつかないテック企業にハイリスクな投資をする投資会社）のほぼ全社が、スタンフォード大学から数分の距離にあるメンロパーク、サンドヒル通りにオフィスを構えている。たまたまそうなったのではない。投資会社は、コンピュータサイエンス学科といった、スタンフォード大学の名高い工学部や大学院に在籍する学生たちの近くにいることの重要性を理解している。投資可能な着想を思いつくのは、彼らなのである。

かといって、スタンフォードに比べてＵＣＬＡの工学系プログラムが精彩を欠くというわけではない。ＵＣＬＡは何十年も前からロケット工学者をはじめとするエンジニアを多数輩出し、第二次世界大戦後に近隣で発展した軍需産業や航空宇宙産業を担う人材を育ててきた。

コンピュータの歴史においても、ＵＣＬＡは重要な役を演じている。一九六九年、政府が出資した通信ネットワーク「ＡＲＰＡＮＥＴ（アーパネット）」で世界で初めてメッセージを送信したのは、ＵＣＬＡの工学部がある、ボルターホールの一室に陣取るコンピュータサイエンスの研究者たちだった。このとき初めて、ネットワーク上の二箇所の「中継点（ノード）」間の通信が成功し（受信ノードは奇遇にもスタンフォード大学の研究所だった）、インターネットが産声を上げたのである。

だが二十五年後、おりしも通信ネットワークが数年前にワールドワイドウェブ（ＷＷＷ）、いわゆるインターネットへと進化を遂げ、金になるビジネスを次々と生みだしていたとはいえ、ＵＣＬＡのコンピュータ関連学科で学ぶ学生にとって、アーパネットの伝説は過ぎ去りし日のお伽噺にすぎなかった。キャンパスの若きプログラマーたちが感じていたのは、むしろ学生同士のユニークな交流が楽しいという実感であり、たむろできる場所があってよかったという喜びだった。ＵＣＬＡのプログラマーたちがたむろしていたのは、やはりボルターホール内にある、《学部生コンピュータサイエンス同好会（ＵＣＳＡ）》だった。一九九〇年代半ばに会員だったマイケル・トッドによれば、ＵＣＳＡは馬の合う学生が講義後に気軽に集まり、ゲームをしたりコンピュータの話をしたりする、「クラブハウス的な」同好会だったという。「履歴書に載せても格好がつくしね」とトッドは言ったが、その発言からも、未来の起業家たちがハードウェアやソフトウェアが就職活動に重要だと認識していたことが窺える。

コンピュータ機器やデザインがばらばらのソファを雑多に寄せ集めた同好会は、若い女子学生がほとんどいなかったこともあり、一種の友愛会（フラタニティ）として機能していた。会員の学部生たちは、たちまち仲よくなった。トッドはサンフランシスコ北側の快適な郊外住宅地マリン郡の出身で、幼少期に家族とともにモスクワから移住したイリヤ・ヘイキンソンと親しかった。内気なたちのヘイキンソンは、ＵＣＳＡの仲間という友人関係が持てて幸せだったとふり返っている。ダン・ロドリゲスというクラスメートが、しばらくのあいだＵＣＳＡの会長を務めた。会員にはほかに、トッドと同じ学生寮に住んでいた熱心なバレーボール選手のビンス・ビサムと、やはりベイエリア出身のケビン・スミラクの二人がいた。

やがて最も有名な会員となるはずの男が育ったのも、事実上すぐ隣と言ってもいい近所だった。サンフェルナンド・バレー近郊出身のトラビス・カラニックは、コンピュータ学科とビジネス学科を複数専攻していたが、すぐにこの同好会にのめりこんだ。寮の学生たちよりも、ＵＣＳＡの仲間のほうに親しみを感じたとカラニックは言う。

「暇な時間はほとんどあそこで過ごしてたよ。『ダブルドラゴン』をよくやってたな」カラニックは、もともとアーケードゲームだったがこのころにはコンピュータゲームになっていた、一九八〇年代からある格闘ゲームの名を挙げた。

同好会ではコンピュータサイエンス学科のサーバーを使っていたため、ネットワーク技術の一つである、FTPというファイル転送プロトコルを使って、インターネット上のプログラムを検索できた。

「MP3（コンピュータでの保存用にデジタル圧縮された音楽ファイル）があるFTPサイトを探したり、変わったパズルゲームとか頭の体操クイズなんかをやってた。そんなことばかりしてたよ」

北のシリコンバレーではインターネット企業が一躍脚光を浴びていたが、UCSAの活動は楽しんだりゲームをしたりすることにほぼ終始していた。そんな遊びの中から、一九九七年の秋、ビサムがあるアイディアを思いつく。当時、UCLAの寮にあったウィンドウズ・コンピュータ、つまりOSがマイクロソフト社のソフトウェアだったコンピュータは、すべてネットワークでつながっていた。いまの常識から考えると衝撃的だが、コンピュータ間の通信が可能なだけでなく、各コンピュータに保存されたファイルさえも、ネットワーク上のすべてのユーザーがパスワードを入力することなく共有できるというのが、デフォルトの設定になっていたのだ。

「ファイアウォールなんてものはなかったね」とカラニックは言う。

こうしたセキュリティの甘さが、起業のチャンスを生むことになる。ビサムの頭に、ネットワークにつながった全コンピュータから自動的に音楽などのマルチメディアファイルを探し、検索結果をインデックスしてくれるプログラムを作ったら面白そうだな、という考えが浮かんだ。検索エンジンを使ってウェブで情報を収集したり、エンタメサイトを漁ったりしていた人間には、すでにおなじみのテクニックだった。もともとの目的は、寮の友人とアルバムを貸し借りする昔ながらの学生の習慣を、デジタルで再現してみようというのにすぎなかった。ビサムに手を貸してともに最初のコードを書いたトッドは、「寮のビンスの部屋で、曲を探して聞くために始めたんだ」と言う。

場所は学生寮の一室だったかもしれないが、通信ネットワークの魔法によって（アーパネットを介したボルターホールでの初のデータ通信より以前には、そもそも不可能だったことだ）、ビサムとトッドはUCLAの巨大なコンピュータ網にアクセスすることができた。パートタイムのシステム管理者だったトッドは、ネットワークキーを入手していた。二人は、自分たちが書いたプログラムを使えば、この寮だけでなくほかの寮でも、さらには他の大学でも、曲を探せることに気づいた。というより、インターネットに接続されたあらゆるコンピュータを検索対象にすることができたのである。このサービスを構築して公にすれば、コンピュータに精通した音楽好きという巨大な客層を相手に、ビジネスが成り立つかもしれない。こんな二人のひらめき（ハック）に同好会の仲間も可能性を感じ、一九九七年十一月までに、トッドとビサムにスミラク、ロドリゲス、五人目のクラスメートであるジェイソン・ドローギが加わり、音楽ファイルを収集する会社の起業を試みることになった（休学し、オレゴン州ポートランドで半導体メーカー最大手のインテル〔Intel〕で実務研修（インターンシップ）中だったカラニックは、最初期の創業メンバーには加わっていなかった）。

ほぼ全員がビジネスの経験は皆無だったが、命名のセンスは持ち合わせていた。五人は「探しまわる」という意味を持つ「スカウア」を社名に選んだ。ＭＰ３ファイル（その後動画も）を探してネットワーク上を渉猟するツールの呼称としては、じつに的を射た名だろう。

＊　＊　＊

だがのちにスカウア・ネット社となるその組織は、企業というよりは学生プロジェクトに近いものだった。その年の冬休み、五人はコードの書き換えと強化を行うために落ち合った。場所は、サンフランシスコにほど近いカリフォルニア州ウォルナットクリークにある、スミラクの実家だ。五人はプール脇の離れにある卓球台に、自分たちのコンピュータを設置した（スミラクの養父ジェームズ・アンフリーズはスカウアの最初の投資家となり、数千ドルを出資した。ダン・ロドリゲスの父親の友人も出資している）。当初、チームは初期費用ほぼゼロで会社を立ち上げたのである。一九九八年の初頭に新学期が始まると、UCLAに戻った五人はウェブサイトを制作したが、大学のネットワーク上に構築され、大学のドメイン名を含んでいたサイト（scour.cs.ucla.edu）は、実質上UCLAの所有物に等しかった。同年初め、ヘイキンソンがチームに加わり、中心メンバーがわずかに増えた。

やがては創業チームの七人目のメンバーとなる学生、カラニックは、インテルでのインターンシップのため、スカウアの起業には立ち会っていなかった。だがスカウア創業チームの面々とは仲がよく、とくにロドリゲスとは親しかった。ロドリゲスはその年の秋にカラニック同様インテルでインターンシップをする予定だったが、それを取りやめ、ロサンゼルスにとどまることになった。仲間の盛り上がりに加われないのではと恐れたカラニックは、ロドリゲスにもそう伝えた。「ちょっと腹が立って、『マジかよ。おれも入れてくれよ』っていう感じだったね」とカラニックはふり返る。カラニックが本格的にスカウアに加わるのは、年度も後半になってからだった。その年の夏には、ボストンコンサルティンググループ（BCG）主催のロサンゼルスでの電気事業プロジェクトに参加するという、別のインターンシップが控えていたためである。カラニックが様々な選択肢を考慮し、創業間もないスタートアップに参加するのをためらうのは、これが最後ではない。十年後にウーバーが創業された際も、カラニックは再び参加を躊躇することになる。

スカウアは、シリコンバレーの起業家のあいだで錦の御旗のように喧伝されている「プロダクト・マーケット・フィット」の理想形といまなら称される状態の、完璧な一例だった。気の利いた製品を作るが、ニーズがまったくないスタートアップがある。巨大市場を狙うばかりで、提供すべきサービスや製品のないスタートアップがある。スカウアはネット上で入手可能な音楽ファイルを検索し、リストアップしてくれる使い勝手のいいウェブサイトで、そのことが、新しい音楽を聴きたいが買えるCDの数に限りがある学生たちの市場に大いにアピールしたのだ。エンターテインメント企業に対しては、購買層として期待できる若者がサービスを利用することで、販促手段や販売のためのプラットフォームになるとスカウアは説いた。スカウア自体にはユーザーを引きつける主要な資産、つまりユーザーが購入可能な楽曲はない。代わりにあるのは、他者の所有物を自社の営業利益のために利用する「プラットフォーム」であり、スカウアはそうしたビジネスモデルの初期の例だ。スカウアのユーザーが持つ音楽ファイルは、ウーバーで言うところのウーバーXドライバーの車に相当する。ただし両社には、ウーバーのほうが事業がはるかにうまくいったという違いがあった。

正式に事業を展開しはじめると、スカウアのサービスの噂は瞬く間に広まった。「寮の部屋にいながらにして、日一日と会社が大きくなっていったんだ」とドローギは言う。コンピュータを専攻し、UCLA映画学部のコースも取得していたドローギには、メディア事業としてのスカウアの将来性を見抜く目があった。

「創業六か月くらいで、バークレー校の学生の約一一パーセントがスカウアのユーザーになったんだ。学生のノリで、一秒間に二〇メガビットとかのトラフィックをプロキシしてたんだけど、IT寮の警察も、ぼくたちが大学のサーバーを使ってるってことに気づかなかったよ。当時は金を出してそれくらいの帯域幅を用意しようと思ったら、月に二万ドルはかかったからね」

スカウアの急成長で、創業チームは学業か起業家精神かの二者択一を迫られることになった。ヘイキンソンは言う。

「あのころはまだ携帯電話があまり普及していなかったけど、サンノゼのサーバーがダウンしたなんてことがあると、物理の講義を受けてる最中に、ひっきりなしに携帯が鳴るんだよ。結局、こんなんじゃやってられないってことになってね。ぼくたちの多くは授業に出なくなったんだ」

一九九八年の終わりにかけて、それまで自然発生的に生じていた役割分担が固定化していく。ビジネス書を多く読み、そこから学んだことを実地で試すのが好きだったロドリゲスはビジネス面を担当し、のちにスカウアの社長となった。スミラクとビサムは、ソフトウェアのプログラミング。トッドはサーバー管理。ドローギは広告担当で、当初はバナー広告を売っていた。チームがUCLAの寮を出て、トッドとロドリゲスが借りたウエストウッドのアパートに移るころには、やはり授業に出なくなっていたカラニックがメンバーに加わり、マーケティングと、キャリアを通じて重要となる仕事——資金調達を担うようになった。テクノロジーに精通してはいるものの一級のプログラマーではなかったカラニックは、その後も長くマーケティングと資金調達に携わることになる。

一九九九年初頭にはスカウアはより企業らしい体裁を整えていたが、それでもオフィスはＵＣＬＡのすぐ近くの窮屈なアパートで、経営陣は大学中退者ばかりという実態だった。

「一三人が一三台のコンピュータを使って、一つ部屋で働いていたんだ」

のちに、街の反対側のベニスに拠点を構えるメッセージサービス企業、スナップチャット（Snapchat）のエンジニアリング担当ディレクターを務めたヘイキンソンは言う。

「電子レンジを使うたびに、モニターの電源を切らなきゃならなかったよ。そうしないとブレーカーが落ちるんだ。笑っちゃうだろ」

スカウア創業チームの原点が、ＵＣＬＡのネットワークを無断で借用したり、他者の所有する知的財産を利用したビジネスを構築するといった反逆精神にあることは、スカウアの社風にも、そして創業チームの面々にも強い影響を及ぼした。

「やってみてわかったのは、それほど害がないちょっとした抜け道を利用しても、だれからも罰せられたりしないってことさ」

そう語るドローギは、スカウア創業チームの中で、カラニックのあとを追い、テクノロジー業界の究極の反逆児と言えるウーバーに唯一加わったメンバーである。

「他人を傷つけないと言える範囲で、どこまでルールを曲げられるかを学んだっていう感じかな。でも結局は、自分たちに有利なように抜け道を使うわけだからね。やるたびに、少しずつやり口が大胆になっていったんだ」

スカウアが大胆なやり口で行けるところまで行くためには資金が必要で、じきに友人や家族の援助では事足りなくなっていった。スミラクの養父はさらに一五万ドルを出資してくれたが、全員の給料を払い、サーバーをレンタルするには十分ではなかった（UCLAのネットワークの無断借用はすでに不可能だった）。トッドの友人に、UCLAコンピュータサイエンス学科の元院生で、のちにルームメイトにもなったフランチェスコ・ファッブロチーノがいた。ファッブロチーノはビバリーヒルズのインターネット・スタートアップ、チェックアウト・ドット・コム（Checkout.com）に勤務していたが、この企業を管理下に置いていたのが、ハリウッドのエージェントであるマイケル・オービッツと、スーパーマーケット事業で億万長者となったロン・バークルだ。当時の大多数の投資家同様、オービッツとバークルも大流行のインターネット関連企業に積極的に投資していた。スカウアにも出資してくれるかもしれないと考えたファッブロチーノは、オービッツとバークルの代理人をスカウアと引き合わせたが、その際にスカウアから資金調達を全権委任されたのがカラニックだった。

それまで取引をした経験もなければ、アドバイスを求められる恩師もいなかったカラニックにとって、それは究極の実地訓練にほかならなかった。

「いまではシリコンバレーで当たり前になってる手順や仕組みを、交渉を行いながら学んでいったんだ。いまなら、タームシートをどう使うかとか、そういうこともみんなブログの記事で読めるだろ。でも当時は、詳しいことを知ってるやつは一人もいなかった。ごく一部の人間だけがノウハウを知ってたんだよ。ベンチャー取引の情報源なんて皆無だったんだ。だから、やりながら身につけるしかなかった。当時はまだ実家暮らしだったんだけど、毎日八時間くらい電話にかじりついてたのを覚えてるよ」

一九九九年の春、スカウアはオービッツとバークルとの合意にこぎつけた。テクノロジーに関しては無知だが金はありあまるほどある、LA在住の強引な交渉相手(パワープレイヤー)二人に、四〇〇万ドルの出資と引き換えにスカウアの株式五一パーセントを渡し、支配権を譲るという内容だった。ビバリーヒルズのチェックアウト・ドット・コムと同じビル内への、スカウアの移転も決められた。契約締結は一か月後に予定され、それまでスカウアは他社と交渉してはならないという、いわゆるノーショップ条項も含まれていた。

だが同意直後から、若き起業家たちは及び腰になった。せっかく始めた会社の支配権を明け渡すべきではなかったのではと心配になったのだ。しかも、インディーズバンドの曲をネット配信していたグッドノイズ(GoodNoise)というレコード会社が、スカウアの少数株の取得に関心を表明していた。

時を同じくして、オービッツが契約条件を再交渉しようとしてきており、予定の一か月が過ぎても契約は締結されなかった。カラニックは言う。

「オービッツに電話して、三十日間のノーショップ条項はもう当てはまらないと言ってやったよ。他社と交渉してでも資金を調達するつもりだ、ってね」

投資家との関係としては、幸先のいいスタートとは言えない。カラニックによれば、オービッツの求めでノーショップ条項は数日延長されたが、やはり契約締結には至らなかったという。

「そしたらある日、ノーショップへの違反でマイケル・オービッツがうちの社を訴えたっていう記事が、ウォール・ストリート・ジャーナルに載ってたんだ」

創業チームは衝撃を受け、手痛い教訓を学んだ。ドローギは言う。

「これがゲームのやり方かって、たちまち身に沁みたよ。この世で一番邪悪なやつらに教えこまされたのさ。ハリウッドの連中は、みんなそうだけどね」

カラニックにとってはこの経験が深い意味を持っただろうと、ドローギは推察している。

「あいつはいつも全力投球だったのに、資金調達であんなことになったんだ。人生が変わってしまうような瞬間だったと思うよ」

映画『ゴッドファーザー』さながら、相手の要求をのむしか道はないのだと若き起業家たちは悟った。カラニックは言う。

「金を払ってもらって、諦めるしかなかった。ほかにどうしようもなかったんだ」

＊　＊　＊

資金調達をめぐる権謀術数を乗りきった一九九九年の夏は、スカウアにとって重要な転換期となった。オービッツとバークルから得た出資金四〇〇万ドルを元手に、スカウアはビバリーヒルズに移転し、社員を雇いはじめた。スカウアのウェブサイトの成功（と限界）は、やがて同社を終焉へと導く競争相手の目を引いた。スカウアよりも華々しく、また長く燃えつづけはしたものの、同じように悲惨な末路をたどった競争相手――ナップスターである。

スカウアの根本的な問題は、段階的成長を遂げられなかったことだ。必ずしも、会社の規模が大きくなるのに比例して事業が好転したわけではなかった。若い音楽ファンを引きつけるのに十分な曲数を提供できてはいたものの、ユーザーの要求はすぐにスカウアの供給能力を上回ってしまった。カラニックは言う。

「スカウアは大人気になったよ。でもそのせいで、コンテンツ数が頭打ちになったんだ。ブリトニー・スピアーズの曲が入ってる箱の数（スカウアのユーザーが所持するパソコンの数）なんて、限りがあるだろ（スピアーズの最初のスマッシュヒットアルバム『ベイビー・ワン・モア・タイム』は、一九九九年にリリースされている）。同じコンテンツを欲しがるユーザーの数が多すぎると、箱がクラッシュするんだ。リンクを探して、見つけたと思っても、クリックするとつながらない。リンク先の箱がクラッシュしてるからだよ」

そんなときはスカウアのエンジニアが慌てて壊れたリンクを削除し、フレッシュな音源をネット上で探す。新しいコンテンツが入ることで、トラフィックは一時的に急上昇する。

「でもそのうち、コンテンツの数が尽きるってわけさ」

そしてまた、同じ悪循環がくり返されるのだ。

創造的破壊をもたらすテクノロジーにはよくあることだが、スカウアの欠点に気づいたライバル起業家が小さなイノベーションを思いつき、それがのちに大きな違いを生むことになる。スカウアでは、ユーザーは他のユーザーがライブラリに保存している曲を自動的に知ることができたが、曲を聴くためにはリクエストを出さなければならなかった。リクエストを出して初めて、ネットワークを通じてユーザーからユーザーへとファイルの転送が行われるのだ。

スカウアの他のユーザー同様、ショーン・ファニングも音楽とテクノロジーにのめりこんでいた。スカウアの欠点に気づいたファニングは、UCLAのコンピュータ好き学生がスカウアを立ち上げた一年半後の一九九九年五月、よりよいファイル共有サービスを提供するため、ショーン・パーカーとともにナップスターを設立した。カラニックはこうふり返る。

「ファニングは、『スカウアからファイルを引っぱってくるときに、自動で共有もできたらいいのに』って思ったんだろうね」

カラニックが言うのは、曲を聴くと自動的に他のユーザーとのファイル共有が可能になる技術だ。さらにナップスターは、現在共有可能なファイルのみを表示したため、スカウアのように、ユーザーに期待させすぎて供給不足に陥るという問題を引き起こさずにすんだ。「それでできたのがナップスターさ。基本的にはスカウアそのものだよ。ちょっと改造をほどこしたってていうだけでね。でもそのちょっとした改造が、すべてを変えてしまったんだ」

その後カラニックとファニングは友人関係を結び、ファニングは創成期のウーバーの投資家の一人となった。だがカラニックはナップスターがスカウアにしたことを忘れず、以後、競合他社のアイディアを次々と刷新していく重要性を肝に銘じることになる。十年以上のちにリフトがウーバーの先を行くイノベーションを行ったとき、カラニックがすばやく対応策をとれたのも、この時の経験があったからだろう。

ナップスターはネット上でセンセーションを巻き起こし、カルチャー系の話題をさらった。あっという間にスカウアの上に躍り出たかと思うと、二〇〇一年にはダウンロード数が八〇〇〇万回に達した。対するスカウアは、最盛期でもダウンロード数が七〇〇万回にとどまっていた。巻き返しを図ろうと、スカウアはスカウア・エクスチェンジという、ナップスターに酷似したサービスを始めた（両社の成功は、他人が所有する音楽〔スカウアの場合には動画も〕をユーザーが視聴できるようにするという点にかかっていた。やがてこのことが、両社をともに苦しめるようになる）。シェアを維持しようと必死のスカウアは、ターゲット層である若者だけに限定した販促キャンペーンを展開した。スカウア・エクスチェンジ（SX）の販促方法は、経営陣が若い男性だらけの企業「らしさ」にあふれていた。スカウアに雇われたマーケティング企業が全国の大学を回り、潤滑ゼリーのボトルを学生に手渡ししたのである。ボトルのラベルには、スカウア・エクスチェンジの挑発的なスローガン〈スルッとダウンロードしたいなら、SXを使おう！〉が大文字で躍っていた。

スカウアは見事注目を集めることに成功した。一九九九年十一月、ストリーミング再生ソフト企業、リアルネットワークス（RealNetworks）がスカウア買収に動いたのである。スカウアの支配株主たちはこれを歓迎した。同月、すでに大企業に成長していたナップスターをレコード会社数社が共同で提訴し、P2P（ピアツーピア）を利用したナップスターの音楽ダウンロードサービスは著作権侵害であると主張した。リアルがスカウア・エクスチェンジを売りこむ合法な手段を見つけられれば、買収によってスカウアの財務状況は好転するだろう。だがその代償に、スカウア創業チームはリアルの従業員に格下げされ、現金でなく株式を手にすることになる。買収交渉のさなか、テック系ニュースサイト、CNET（シーネット）が「計画をよく知る関係筋の情報」として、リアルがスカウアを一億ドルで買収する計画だと報じた。

「たぶん買収話をつぶそうとして、だれかがメディアにリークしたんだね」とヘイキンソンは言う。「詳しいことは言わないけど、先方が条件を提示するだろ。で、それよりもはるかに莫大な、先方が払う気なんてさらさらない金額がメディアにリークされる。これはもう、買収計画をやめさせるために意図的に記者に電話をかけた人間がいるとしか思えないよね」

わずか数か月前に新聞でオービッツの提訴を知り、色を失った青二才たちが、早くもメディアを利用した交渉術の妙を見せたということだろう。

だがその後ナップスターの陥った苦境を見ると、かえってリアルに買収されていたほうがよかったのかもしれない。エンターテインメント業界はナップスターを、いまそこにある危機ととらえていた。曲は無料で手に入るものと若者が思いこめば、もう音楽に金を出そうとはしなくなる。ブロードバンドの技術がさらに発展すれば（と映画会社は考えた）、DVD市場もCDの二の舞いになるだろう。二〇〇〇年七月、エンターテインメント業界の団体三者が著作権侵害でスカウアを提訴した。ナップスターが裁判で告発されたのと同じように、スカウア・エクスチェンジも、映画と音楽の違法ダウンロードを助長するとの疑いを突きつけられたのである。侵害ごとの損害賠償請求額の合計は二五〇〇億ドルに上り、スカウアの息の根を止めるに十分な額だった。

スカウアの若き重役たちが最もやりきれない思いを味わったのは、弁護士を通じてスカウアを提訴した映画会社の多くが、じつは新作映画のプロモーションのためにスカウアを利用する顧客だったという事実だ。ドローギは言う。

「映画会社から電話がかかってきて、『昨日のダウンロード数はどのくらいだった？　みんな、うちの映画見てくれてるかな？』って聞かれたりするんだ。なのに同じ会社からまた電話がかかってきたと思ったら、『あーもしもし、事業のことでおたくらを提訴することにしたから』なんて言われるんだよ。すごく妙な気分だったね」

ナップスターの裁判は何年も続き、同社が破産法適用を申請したのは二〇〇二年のことだったが、スカウアの破綻はわずか数か月後に訪れた。創業チームの一部、とりわけカラニックなどは、徹底抗戦の構えだった。だが強気に出られるのも、失う金がないからだ。バークルとオービッツの場合は話が違う。とくにオービッツは、原告側に当たる映画業界で生計を立てていたからなおさらだった（一方のナップスターは、出資していたサンフランシスコのベンチャーキャピタルのパートナーで、元弁護士のハンク・バリーがＣＥＯに就任し、事業の継続を目指して裁判で闘っていた）。スカウアの資産は破産裁判所で競売にかけられ、リキッドオーディオ（Liquid Audio）やリッスン・ドット・コム（Listen.com）など多くの企業が入札に参加した。スカウアの創業チームの面々も、訴訟手続きのため出廷していた。カラニックは言う。

「自分の仕事が、自分の物が、破産裁判所で競り売りされていくのを見てなきゃいけないんだ。しかも、厳かな儀式めいたところなんかない。強引に、事務的に処理されていくだけなんだ。それが破産裁判ってものなんだよ」

最終的には、センタースパン・コミュニケーションズ（CenterSpan Communications）というオレゴン州ポートランドの企業が、スカウア・エクスチェンジを合法的なファイル共有サービスとして使おうとの意図のもと、スカウアの資産を九〇〇万ドルで競り落とした。

スカウア創業チームのうち数人が事業継続を願って数か月センタースパンのアドバイザーを務めたが、結局センタースパンが購入した資産を活用する道はほとんど開けなかった。

カラニックを含めた創業チーム全員にとって、これはよい教訓を得たとはいえ、苦い経験だった。カラニックが学んだのは、倒産するときには世間が納得する説明を考えなければならないということだ。

「破産法第十一章（チャプターイレブン）［日本の民事再生手続に相当］の適用申請をしたのは、提訴を受けての戦略的な手立てです、って当時は言いつづけてたよ。でも実際にはひどく気が滅入ることをポジティブにとらえてるようなふりをしてると、朝起きるのが億劫になってくるんだ。で、結局、一日十二時間とか、十四時間とか、ぶっ通しで寝てたよ。超最悪な経験だったね。ハッピーな状況じゃないときにハッピーな仮面をかぶるには、人生は短すぎるって、あのとき初めて悟ったよ」

ハッピーエンドは迎えられなかったかもしれないが、カラニックは早くも百戦錬磨のビジネスマンと化していた。テクノロジー企業は、競争相手に競り勝つためにも、ユーザーの定着を図るためにも、規模の拡大を必要とする。出資者の選定や、会社の支配権を維持する方法なども、起業家にとっては重要な目標だ。十年後にウーバーを運営する際、カラニックは事業規模を拡大し、資金を調達し、自社の「ハンドル」を握りつづけることに、強迫観念めいた執着を示すことになる。

二〇〇〇年が終わるころには、スカウアは事実上消滅していた。二十四歳のトラビス・カラニックは、UCLAの仲間たちと同様、学位もなく、職もなかった。カラニックは新たなプランを必要としていた。——それも、なるべく早く。

第三章

経営難

スカウアの破綻によって、カラニックは実質的に子どもの時以来初めて職にあぶれることになった。真の意味で初の成熟したビジネスだった事業は終わってしまったが、カラニックはすでに起業家集団の筋金入りのメンバーだった。スティーブ・ジョブズの死亡証明書の職業欄に家族が「起業家（アントレプレナー）」と記したように、カラニックも自身を、起業に運命と喜びを見いだす人間と定義している。カラニックに言わせれば、起業家に最も不可欠な性質は、なんといっても創造性と負けん気の強さなのだそうだ。

カラニックの負けん気が強いのは生まれつきらしい。多くの少年同様、カラニックも少年時代に、父親同伴でＹＭＣＡの《インディアン・ガイド》というプログラムに参加した。参加者とその父親には、全員インディアンの名前が付けられた。カラニックの名は「笑うオオカミ」で（本人いわく「ずっと笑ってたからさ」）、父親の名は「狂気のオオカミ」だったという（告白しよう。地方は違い時期も十年早いが、父と私も同じＹＭＣＡのプログラムで「大きなクマ」と「小さなクマ」だった）。インディアン・ガイドはまさに時代の産物で、仕事人間の父親がアウトドアを通じて息子とふれあいを持てるというプログラムだった（同じように差別的な名称を持つ父と娘向けのプログラムは、《インディアン・プリンセス》といった。いまではＹＭＣＡは、どちらのプログラムからも「インディアン」という語を取り除いている）。だがカラニックがプログラムで覚えているのは父親との交流ではなく、自分が〈パンケーキ朝ごはんパーティ〉のチケットを売るのがいかにうまかったかだった。

「いつも売り上げトップだったよ」三十年も前の話だが、カラニックは少なからず満足げに語った。「午後二時とかにヒューズ・スーパーマーケットの前に行って、バカげたインディアンの格好をして、お客さんにパンケーキ朝ごはんのチケットを売るんだ。夜十一時までねばったね。しまいには両親が来て、無理やり連れられて帰ったよ」

どの子よりも売り上げを伸ばそうと意地になる負けん気はあったものの、カラニックは意外なほどありふれた子ども時代を送っている。野球とアメフトのチームに入り、数学が好きで、陸上をやり、クールな洋服を選びたいときは姉たちに助言を仰いだ。ロサンゼルス市の土木技師で、ロサンゼルス国際空港で多くのプロジェクトに関わった父ドンからは、エンジニアのものの見方を教わった。手先が器用なドン・カラニックは、物を解体しては組み立て直すのが得意だった。

「水道だって、配管工を呼ばずに自分で直しちゃうんだ」とカラニックは言う。「エアコンの修理も、電話で頼んだりしない。エアコンを開ければ、どこが悪いかわかる。なんでもその調子だったよ」

カラニックによれば、両親のうち感情豊かで人付き合いが得意なのは、新聞広告の販売業に携わっていた母のボニーのほうだという。

「毎日学校に迎えに来てくれて、お前たちが大好きよって言ってくれるんだ。それから、一つだけお願いだけど、絶対にドラッグだけはやらないでちょうだいねって言うんだ。だからいまのいままで、ドラッグは一度もやったことないよ」

カラニック家は裕福でも貧乏でもなかったが、ときには家計が楽ではない時期もあった。裕福でも貧しくもないというのは、一家が暮らしていたサンフェルナンド・バレーの町、ノースリッジの形容としてもふさわしい。LAに隣接するささやかな平屋が立ち並ぶ郊外住宅地は、カラニックの言う「ミドルクラスのちょうどど真ん中」だ。家族のほとんどは、そのまま慎ましいミドルクラスの生活を送っている。父の先妻の子である二人の姉は、スキンケア商品の販売員とコピーショップの店員だ。十一か月年下の弟コーリーはカリフォルニア州セントラル・バレー、フレズノの消防士だ（兄とは違う意味でだが、コーリーはある種の有名人だ。二〇一三年、燃える家から子猫を助けだしたコーリーのユーチューブビデオがたちまち拡散し、コーリーは一躍地元のヒーローとなった）。カラニックの近親者にはほかにも消防士が数人、教師が数人、ソーシャルワーカーが一人、理学療法士が一人いる。カラニックに言わせれば、「イェール大出とは違うだろ。うちの一家はそういうんじゃないんだ」

家族旅行といえばキャンプだった。

「高校時代は、毎年夏になると親父と弟と三人で一週間シエラネバダに行って、釣ったものを食べてたよ。魚料理のあらゆるバリエーションを試したね。朝も昼も夜も、魚しかないからさ。火を通しはじめて三十五秒後に塩をふって、出来上がり直前にバターをのせるとうまいんだよ」

中流階級の暮らしをしながらも、カラニックの父はコンピュータには金を惜しまなかった。

「いつも最新のすごいマシンを持ってたよ。コモドール64とか、アップルⅡとかね」

コンピュータを使ってまだ習っていない数学を父から教えてもらい、数学オタクになったはいいが、そのせいでいじめの対象にされたという。

「変なやつってことでいじめられたね。殴られたり蹴られたりしたってわけじゃないけど、からかわれて、仲間外れにされた」

タクシー会社や、カラニックによれば利権まみれの規制当局に公然と反旗を翻す自身の姿勢について、「公正さを求めて闘うっていうのは、いじめられた経験から来てるのかもしれないな」とカラニックは言う。

心はオタクでも、体は体育会系なのがカラニックである。小学校では、野球ではサードを、アメフトではディフェンシブバックを務めた。高校では陸上部に所属し、四〇〇メートルリレーが得意だった。

「四〇〇の記録がよかったわけじゃないんだけど、いつもアンカーに指名されたよ。前にだれかいると、必ず追いつくからさ」

スポーツをしていないときは、カラニックはアルバイトをしていた。バスキン・ロビンス(Baskin-Robbins)でアイスクリームをすくい、キンコーズ(Kinko's)でコピーを取った。電話でアンケート調査を行ったこともある。

「電話をかけて、三十分相手の気を引いておいて、いろんな質問をするんだ。電話詐欺みたいな感じだったよ」

カラニックがアルバイトに勤しんだのは、必ずしも人一倍金が欲しかったからではない。執拗に動機を聞かれたカラニックは、二つの説明に行き着いた。カラニックによれば、「異常なほど」勤労を尊ぶ父の姿勢を受け継いだのが一つあるという。

「親父は貧しい家の出だったからね」

二つ目の理由としてカラニックは、起業家に欠かせない猛烈な覇気が子どものころからあったせいだろうと述べた。それが陸上競技でアンカーになれた原因でもある、負けず嫌いな性格へとつながったのだ。

「『周りよりもっとがむしゃらに働くぞ』っていう、起業家っぽいところがあったね。起業家の多くは、そこから始まってるんだ。根っこには、この程度の稼ぎじゃやってけないんじゃないかっていう不安があるんだよ。なんとか切り抜けるために、タフにふるまってるだけさ」

若いころに経験したアルバイトのうちいくつかは、のちに経営を担う際の下準備になった。実質的にはマルチ商法業者である企業の包丁を売りさばいたのである。

「まず母親に売って、次に友だちに売って、次に友だちのお母さんに売る。そうすると、売り上げの一部が紹介料として入るんだ。その調子で、どんどん売ってくってわけさ」

未来のエンジニアにとって、この経験は天啓に等しかった。

「エンジニアは販売業を嫌う。陳腐で、確かな裏付けがない仕事だと思ってるんだ。でも販売業っていうのは、ストーリーテリングでもある。物を売ると、そのことを学べるんだよ。どうやったらうまいストーリーを紡ぎ出せるか、そのコツがわかってくるんだ」

ＵＣＬＡ入学後も、カラニックは働きつづけた。入学時には、複数専攻で学位を二つ取得する五か年計画を立てていた。コンピュータサイエンスおよび電気工学での学位と、経営経済学での学位である。スカウアに加わる直前、カラニックは三つのインターンシップに参加し、大企業の経営手法に触れた。シリコンバレー・インターネット・パートナーズ（Silicon Valley Internet Partners）というサンフランシスコのコンサルティング会社での夏季研修。オレゴン州のインテルでの実務研修。サザンカリフォルニアエジソン（Southern California Edison）の担当を任された、ボストンコンサルティンググループでの研修である。だが最も長続きしたユニークな仕事といえば、カラニック自身が実家の近所での設立に尽力したＳＡＴ（大学進学適性試験）対策塾、《ニューウェイアカデミー》での講師のアルバイトだろう。毎週土曜になるとネクタイを締め、韓国人が大多数を占めるわずか一歳年下の高校生相手に、ＳＡＴで高得点を取る方法を講義したのだ。

「十六、七の子たちに教えるとなったら、効果がある唯一の方法はパフォーマンスをすることさ。何が起きてもすぐ対応できるような態勢で、八時間ぶっ通しでパフォーマンスするるんだ。面白くなきゃいけないし、機敏じゃなきゃいけないし、頭の回転が速くなきゃいけない。授業の邪魔をする生徒がいたら、すぐやめさせる手際も必要だ。オールマイティにできなきゃいけないんだよ」

若いころの豊富な就業体験のおかげで、最初に関わったスタートアップが失敗に終わる以前から、カラニックはストーリーテリングの重要性を悟り、パフォーマンスの技を身につけ、資金調達に頭を下げて回る屈辱を知っていた。カラニックはすでに、起業家への道を歩みはじめていたのである。

＊　＊　＊

判事がスカウアの売却を決定する小槌を叩くやいなや、カラニックとトッドは次の起業の計画を始めた。それまでの路線に沿った新曲をリリースする歌手さながら、UCLA以来追ってきたテーマから二人が外れることはなかった。カラニックとトッドは事実上スカウアを再生しつつも、重要なひねりを加えた。新会社レッド・スウッシュ（Red Swoosh）は、法的には何の問題もない企業で（少なくともこの時点では、カラニックは弁護士につけ入る隙を与えないほうが得策だと考えていた）、事業の対象を消費者ではなく、企業顧客に限定していた。カラニックとトッドは、なんとスカウアを訴えた当のエンターテインメント企業相手に、同様のテクノロジーを提供しようと計画したのである（のちにレッド・スウッシュはスカウアのソースコードを使用しているとの批判が出たが、カラニックらはそれを否定した）。

　スカウアがコンピュータとインターネットを利用してユーザーに音楽や動画を共有させたのに対し、レッド・スウッシュはインターネットを利用して、同じような容量の大きいファイルを企業とその顧客が共有できるようにした。大容量ファイルの送受信サービスはすでに大きなビジネスとなっており、アカマイ、エクソダスコミュニケーションズ（Exodus Communications）、デジタルアイランド（Digital Island）といった企業が先陣を切っていた。これらの企業は顧客のために大金を投じて巨大コンピュータ・ネットワークを配備しており、顧客の多くは番組や映画の予告編などをすばやくウェブに配信したいメディア関連企業だった。

　今回は最初から創業に関わったカラニックがCEOに、トッドが最高技術責任者（CTO）に就任し、新会社はスカウアへの敬意もあらわに船出した（スカウアの当初のロゴは、赤い曲線（レッド・スウッシュ）二本がS字を描くものだった）。レッド・スウッシュのソフトウェアは、アカマイをはじめとする他社とやることは同じだったが、価格が安く、他社サービスにはないオプション機能が付いていた。起業後わずか三か月で投資家候補向けに用意された書類によれば、レッド・スウッシュは自称「鋭さを配信（エッジ・デリバリー）するネットワーク」だった（先行他社が好んで使った専門用語は、「コンテンツ・デリバリー・ネットワーク（CDN）」である）。提供サービスの要となるレッド・スウッシュの戦略の「強み（エッジ）」は、スカウアの動力源でもあった、P2P（ピアツーピア）技術にほかならない。レッド・スウッシュはP2Pを用いて、インターネットに接続された個々のパソコンの力を借りたのである（クライアント企業やその顧客が持つ安価なパソコンは、一企業の構築したネットワークの部分ではない。ネットワークの「周縁（エッジ）」に位置する端末である）。レッド・スウッシュが始まったばかりの事業のロードマップを示してみせた、二〇〇一年三月の投資家向けの目論見書には、こう書かれている。

「当社のソリューションは、世界各地に数千台のサーバーや数十箇所のデータセンターを配備するといった、巨額の設備投資を必要としません。代わりに当社が用いるのは、デスクトップが持つ、いまだ活用されていない大いなる潜在能力（キャパシティ）です。これを活用することで、低コストで能率的に、かつ合法的にコンテンツをシェアし、配信することが可能となります」

レッド・スウッシュの戦略の巧みさは、スカウアの技術にマイナーチェンジを加え、商業的な可能性を引きだしてみせたことだけではない。ウーバー躍進の秘密の鍵である資産の軽量化、いわゆるアセットライト戦略を、レッド・スウッシュがすでに予見していたことにある。レッド・スウッシュのソフトが他者の所有するパソコンからファイルを出し入れしたように、やがてはウーバーが、都会の路上にある「いまだ活用されていない大いなる潜在能力」の代表である車を所有するドライバーと、乗客とを結びつけることになる。レッド・スウッシュが「未使用のデスクトップPCのキャパシティは、全世界のCDNを合わせたキャパシティの三〇〇〇倍に相当します」と大きな夢を描いてみせたのと同じように、ウーバーもいずれは自社が所有しない自家用車を結集させ、競合するタクシー会社の車両数をはるかに凌ぐ巨大自動車隊を組織しようとしている。つまり少なくともトラビス・カラニックにとっては、スカウアとレッド・スウッシュは、やがてはウーバーへと連なる、終始一貫したバックボーンを成していたのである。

何より驚かされるのは、わずか数か月前に法廷闘争を繰り広げた当の相手との関係を見事に修復してしまうという、若き起業家たちの大胆不敵さだ。当事者たちも、当然その皮肉な状況に気づいていた。

「まるでドラッグの売人が薬局を始めたみたいなもんだよ」

そうふり返るのは、マイケル・トッドのUCLA時代の友人で、創成期のレッド・スウッシュに勤めていたフランチェスコ・ファッブロチーノだ。エンターテインメント業界の巨人たちを顧客に取りこむことは、スカウアでの失敗を帳消しにする絶好のチャンスでもあった。「コンテンツオーナー企業のオフィスを片っ端から訪問するのは、最高の気分だったよ」とカラニックは言う。「ディズニー社とかで、三〇人ぐらいがずらっと並ぶ、超ハイレベルな会議に出るんだ」

少なくともエンターテインメント企業の間では、好奇心が敵意に勝ったらしい。同年、アップルはデジタル・ジュークボックス・ソフトウェア、iTunes（アイチューンズ）を初公開していた。二年後の二〇〇三年には、ナップスターの合法的代用品となるソフトである。音楽会社や映画会社は、可能な限りテクノロジーの知識を吸収しようと必死だった。カラニックは当時をこうふり返っている。

「向こうはこんな感じだよ。『きさまらを提訴したってのに、まだ業界にいやがったのか？　しかもよりによって、同じ技術をおれたちに売ろうってのかよ？　ああ、そう……じゃあちょっと、商品を拝見させていただけるかな？　じつに興味深いのでね』」

ミドルサイズのセダンに収まる程度の従業員しかいないとはいえ、初めて一企業のCEOになった以上、顧客の獲得はカラニックの仕事だった。塾講師のアルバイトでパフォーマンス経験を積んでいたにもかかわらず、カラニックは人前に出ることにナーバスになることがあったという。レッド・スウッシュの技術部門責任者だったファッブロチーノは言う。

「ディズニーでプレゼンをしたんだけど、話しながらトラビスは震えてたよ。『おい、落ちつけよ。嘘ついてるみたいに思われるだろ』って言ってやったよ」

ファッブロチーノの記憶では、カラニックはすぐに落ちついたらしい。

「トラビスは、フィードバックを取り入れるのがものすごく得意なんだ」

カラニックは、殺気立ったワーカホリックな雰囲気をレッド・スウッシュにもたらした。数年後にウーバーで働いた者には、おなじみの社風だ。

「トラビスは四六時中、携帯で話してるんだ」と、ファッブロチーノはふり返る。「行ったり来たり、ずっと歩きまわってるしさ。みんな、『やめろ!』って怒鳴ってたよ」

カラニックは、ときに奇矯と映るほどの倹約家でもあった。どんな悪天候だろうと、必ず古いバイクで通勤していたという。ファッブロチーノは言う。

「みんな、トラビスはクレイジーだって思ってたよ。豪雨のなか、びしょ濡れでオフィスに現れたりするんだ。すごいなって感心したよ」

行きすぎた倹約に、周囲が辟易することもあった。

「みんなで外にランチに行くだろ。そうすると何度かに一度は、『財布忘れた』ってトラビスが言うんだ」

歳月が経つうちにそうした小さな出来事が積み重なり、はっきり何がとは言えないが、どことなく信用ならない胡散臭さをカラニックに感じ、苛立ちを募らせるものが出はじめた。

「トラビスはホワイトボードに莫大な金額を書いて、それを丸で囲って、その金がどこからどう入るかみたいな図を書いておくんだ。たまたま通りかかった人が見て、へえって思う効果を狙ってね」

そうふり返るのは、スカウア創成期のエンジニアであり、カラニックやトッドとともにレッド・スウッシュに加わったイリヤ・ヘイキンソンだ。

「明らかに、その効果のためだけに書いてあるんだよ。なんか変だし、せこいだろ。別に悪いことしてるわけじゃない。でも、そういう無意味なことをするんだよね。ただ、外面を取り繕うためだけにさ」

実際には、レッド・スウッシュはつねに莫大な金とは無縁の財務状況にあった。インターネット・バブルのピークは二〇〇〇年の春で、二〇〇一年初頭に創業された零細企業であるレッド・スウッシュは、二つの点でその影響を受けた。一つ目は、レッド・スウッシュがターゲットにしていた競合他社の評価額が急落したことで、これによってレッド・スウッシュの資金調達の見通しには暗雲が垂れこめた。たとえばアカマイは一年間で評価額が数十億ドル減額したが、その結果、高額サービスを提供する仮想敵としてアカマイを持ちだす意義がほぼ失われたことになった。さらにまずいのは二つ目で、以前からテクノロジー関連スタートアップ企業（とくにレッド・スウッシュのような、最初の会社を破綻させてしまった若き起業家たちの経営する企業）に出資していた投資会社が、一斉に姿を消したことである。カラニックがベンチャーキャピタリストに会いにシリコンバレーに赴くと（南カリフォルニアでテック企業への出資者を見つけるのは例年至難の業だ）、ソフトウェア業界にはもうイノベーションの余地なんて残っていない気がする、と言われたという。

「考えられないほど筋の通らない悲観的な見方だろ？　でも当時はそんな時代だったんだ」

カラニックが経験したのは、ベンチャーキャピタルの投資を左右する群集心理だ。シリコンバレーの投資会社は、ユニークなベンチャー企業一社に投資するより、オンライン・ペットショップ五社に投資することを選ぶことが珍しくない。零細なレッド・スウッシュのチームが開拓していたのは、良かれ悪しかれ、彼らがよく知る分野の事業だけであり、顧客として想定していたのは実際に会ってくれる企業だけだった。

ただし、元スカウア創業チームだった彼らには、異例の収入源が一つあった。スカウアの資産を購入した企業が、その技術を理解し活用するのに、創業チームの助けを必要としたのである。トッドはセンタースパンとコンサルティング契約を結び、業務の一部をレッド・スウッシュの従業員に下請けに出した。

「データセンターの管理・運営なんかをやるサービス契約を結んだんだ」とカラニックは言う。「最初のころは、それで収支を合わせてたね」

レッド・スウッシュの人間関係に亀裂が生じるもととなったのは、従業員への給与の支払い方法だった。ヘイキンソンによれば、レッド・スウッシュ時代にセンタースパン関連の業務を請け負っていたヘイキンソンは、センタースパンからの支払いを全額レッド・スウッシュに渡す代わりに、レッド・スウッシュの株式を与えられていたという。

「妙な感じだったよ。まあそれも、あとで報われたんだけどね」

だがこの契約形態が、やがてレッド・スウッシュ従業員の地位を揺るがす原因となる。センタースパンのコンサルティング料があっても資金繰りが苦しかったレッド・スウッシュは、源泉徴収税の納税を怠るようになったのだ。内国歳入庁（ＩＲＳ）の要件への違反行為であるうえに、将来の出資に関しても赤信号が灯ることになる。マイケル・トッドによると、社内の全員が源泉徴収税の滞納を知っていた。滞納の法的責任を自分が取らされるのではないかという心配もあったトッドは、その方針に異議を唱えたという。

「源泉徴収税を納税しないなんて、とんでもないと思った。だから全員で話し合ったよ」

カラニックから見れば、悪いのはトッドだった。

「経理を担ってたのはマイケルだからね。言わせてもらえば、あいつが無能だったってことさ。政府への納税額を一〇万ドルぐらい滞納してたんだ。まるでホワイトカラー犯罪だよ」

カラニックの信じるところでは、トッドはレッド・スウッシュをひそかに売却しようとしていたという。

「資金が調達できなかったし、ちゃんとした収入のあてになる顧客もまだいなかった。創業して八か月にもなるのにね」

トッドはスタートアップをやっていくこと自体に乗り気でなかったのだろうと、カラニックは推測している。

「だから結局、追いだしてやったよ」

だがカラニックとは対等な共同創業者だったから、カラニックの許可なしにレッド・スウッシュを売却することなどもともと不可能だというのがトッドの言い分だ。追い出されたという点もトッドは否定し、自らの意志で辞めたと述べている。

テクニカルな知性と精力的なビジネスマンの気性とが幸運な出合いを遂げた友人関係は、最後には互いに責任をなすりつけ合う醜い確執へと変わった。カラニックはeメールの署名欄に、レッド・スウッシュの「創業者兼CEO」と書くようになった。

「『共同創業者』でなく『創業者』と書いたことに、マイクは腹を立てていましたよ」

そう語るのは、のちにレッド・スウッシュの出資者となったロブ・レーガンだ。やがてトッドがレッド・スウッシュを去ってグーグルで働きはじめると、スカウアの創業チームのうち数名もグーグルに加わった。トッドはその後オープンX（OpenX）というアドテクノロジー企業に移ったが、レッド・スウッシュの株式は所有しつづけ、それがのちに吉と出ることになる。

出だしからつまずいたレッド・スウッシュだったが、創業一年も経たないうちに関係者を悲劇が襲う。二〇〇一年九月十一日、カラニックは、アカマイの共同創業者兼CTOであるダニー・ルウィンと会う予定だった。将来の買収への含みをもたせた、アカマイとのパートナーシップの可能性を探るためである。イスラエル系アメリカ人で、イスラエル国防軍の対テロ特殊部隊に所属していたこともあるルウィンは、ボストン発ロサンゼルス行きのアメリカン航空一一便に乗り合わせていた。ハイジャックされ、ワールドトレードセンターのノースタワーに突入した便である。ルウィンは9・11同時多発テロ事件の最初の犠牲者と考えられている。座席から立ち上がりハイジャック犯の一人に立ち向かったが、背後にいた別のテロリストに喉をかき切られてしまったらしい。「暗い時代だったよ」とファッブロチーノは言う。

二〇〇一年後半に入ると、製品開発を続けながらも、レッド・スウッシュの財務状況はさらに悪化した。

「資金が尽きちゃってね」とカラニックは言う。「しかもそのあと、IRSへの税金を滞納するだけでなく、従業員の給料も未払いになるほどだった。スカウアの資産を買った例の会社とのサービス契約も終わっちゃってさ」

古参のベンチャーキャピタルからの出資は問題外だった。大手の競合他社に話を持ちかけても、どこも資金繰りに必死でそれどころではない。

「もう万策尽きて、超最悪っていう状況だったよ」

＊　＊　＊

わずか二年前、カラニックとＵＣＬＡの仲間たちがマイケル・オービッツとロン・バークルからあっさり四〇〇万ドルを調達できたのが、いかに夢のような話だったかを痛感するまで、時間はかからなかった。経験不足の若者が経営するたいして実績のない企業でも、資金が難なく流入する時代だったのだ。その後ドットコム・バブルが弾け、９・11が起こり、不況が始まった。経営陣は若干の経験を積み、収益が見込めると保証された分野で事業をする見通しも立っていながら、レッド・スウッシュはミーティングの約束を取りつけるのにさえ苦労していた。

「とにかくがむしゃらに動きまわって、できることは何でもやろうとしてたね」とカラニックは言う。

破滅を免れたのは、ある無名の企業のおかげだった。二〇〇一年の末、カラニックはジェームズ・チャオとジャレッド・チャオという半導体起業家親子が経営する、南カリフォルニアの小さなベンチャーキャピタルに目をつけた。父のジェームズ・チャオは、軍用レベルの通信システムの部品を作る会社を興し、それを数億ドルで売却して巨万の富を築いた人物だ。息子のジャレッドは法科大学院（ロースクール）を出たばかりで、レッド・スウッシュの創業者たちと同い年だった。チャオ親子はチャオズ・ベンチャー・パートナーズ（Chaos Venture Partners）という投資会社を始めた。社名の《Ｃｈａｏｓ》は混沌（カオス）を愛するからではなく、単に親子の姓から取ったに過ぎない。

マイケル・オービッツのおかげで生き馬の目を抜く交渉術に親しんでいたカラニックは、不利な状況を口先三寸で切り抜けるすべを身につけていた。資金がなく、顧客もなく、面倒な債務を抱えていたのだから、不利もいいところである。カラニックによるとそれは「パンくず落とし」という技で、交渉時に「最悪の事実を最後まで隠しておく」ことを指すのだという。チャオズはレッド・スウッシュに三〇万ドルを貸し付け、返済されない場合は一〇パーセントの株式を取得するというオファーを検討していた。ディズニーにも問い合わせをし、同社がレッド・スウッシュのテクノロジーに関心を持っているとの確信を得たチャオ親子は、契約を交わすことを決意した。

　事ここに至って、カラニックは初めてレッド・スウッシュにいくつか問題があること、カラニックの言葉で言えば「但し書き」があることをチャオズに明かした。買い手が小切手帳に金額を書きこむ寸前に、じつはあの家はシロアリに侵食されていましてと告白する不動産業者のようなものだ。

「相手がもう完全に網にかかったなってところまで待ってから、『ああ、そういえば、じつはちょっとした〝但し書き〟がありましてね』って言うんだ」とカラニックは説明する。「すべて順調ですよ。ただし、政府に一〇万ドルの借りがありますけどね。すべて順調ですよ。ただし、従業員の給料が一〇万ドル分未払いになってますけどね、ってわけさ。取引が完全に成立する間際の、最後の最後にポロッと言うんだよ」

　貸付金の三分の二が瞬時にレッド・スウッシュの金庫からなくなると知って、チャオズはいい顔はしなかった。未返済時の株式の割合を三倍にするよう要求してきたのである。カラニックには、もう落とすパンくずは残っていなかった。

「『三〇万ドル出すから、経営権一〇パーセントじゃなくて、三〇パーセントよこせ』って言うから、『いいですよ』って言ったんだ。二〇〇一年の感謝祭翌日（ブラックフライデー）に、三〇万ドルの取引を成立させたよ。そのうち二〇万ドルは、即座に消えてなくなったけどね」

これを手始めに、カラニックはレッド・スウッシュ時代を通じて狡知に長けた数々の交渉をものにし、そのうちいくつかで見事な成果を引きだしている。チャオズとの交渉後まもなく、カラニックは、レッド・スウッシュの技術を顧客に提供したいと考えたイギリスの電気通信事業者、ケーブル・アンド・ワイヤレス（Cable & Wireless）との交渉を開始した。

「実質タダで高速通信が可能になる画期的なテクノロジーだってことで、うちの技術に注目してきたんだよ」とカラニックは説明する。「かなり話が進んでるのに、向こうはだらだら時間ばかりかけて、何も決まらないんだ。しょうがないから、呼びだして揺さぶりをかけたよ。〝おもちゃ取り上げて帰るぞ〟コールって呼んでるんだけどね。『わが社のテクノロジーにめちゃくちゃ興味あるのはわかりましたけどね、うちは金欠なんですよ。資金を出してくれないなら、もうこのおもちゃでは遊ばせませんよ』っていうわけさ」

ケーブル・アンド・ワイヤレスはまんまとエサに食いつき、レッド・スウッシュに一五万ドルを支払う契約にサインした。「あれでやっと社員の給料が払えるようになったよ」とカラニックは言う。

こうして事業は継続した。二〇〇二年初頭、本人の言によればカラニックがオーガスト・キャピタル（August Capital）の関心を引くことに成功し、同社はレッド・スウッシュに一〇〇〇万ドルを出資する計画を立てた。オーガスト・キャピタルは、カラニックが長年待ち望んできたタイプの投資会社だった。カリフォルニア州メンロパーク、サンドヒル通りにある由緒正しき有名ベンチャーキャピタルで、創成期のマイクロソフトに出資を行い、巨額のリターンを得たことで名高い。オーガストから資金を調達できれば、新興のレッド・スウッシュにも箔がつく。だが出資の見返りに、オーガストは二つの条件を出してきた。第一に、共同出資をする同格の投資会社をレッド・スウッシュが見つけてくること。第二に、CEOの職をカラニックよりも年季の入ったベテランに譲ること。これはベンチャーキャピタルがよく突きつける要求で、「大人の監督（アダルト・スーパービジョン）」と呼ばれる。

　オーガストは、カラニックが共同出資企業を探す間のつなぎとして、ただちに五〇万ドルを出資することに同意した。さらにオーガストは豊富な人脈の中から、ロバート・ボウマンというエクソダスコミュニケーションズの元重役をCEO候補に薦めてきた。ボウマンはただちにCEOに就任し、カラニックは執行会長（エグゼクティブ・チェアマン）になった。経営陣には残るが、脇に押しのけられた格好だ。ボウマンはいろいろな意味でカラニックを老練にしたような人物で、「筋金入りの仕事人間で、ワーカホリックだった」とカラニックは回想している。

「煙草は毎日二箱吸うし、コーヒーなんてポット五台分くらいがぶ飲みしてたね。マジで仕事熱心だったよ」

　カラニックはじきに、オーガストと共同出資してくれる企業を見つけだした。ディズニー傘下の投資会社、スチームボート・ベンチャーズ（Steamboat Ventures）である。だがスチームボートは、オーガスト・キャピタルのお眼鏡には適わなかった。ディズニーが出資すると、顧客になる可能性のあるディズニーの競合他社に敬遠されるのではと恐れたのだ。共同出資企業が見つからないため、オーガストは巨額の出資は取りやめるとレッド・スウッシュに告げた。だがカラニックは粘り、彼によれば「別れのプレゼント」の一部として、一〇〇万ドルの融資をオーガストから引きだした。カラニックはオーガストからの出資金および融資額の半分を遣ってチャオズを買収し、レッド・スウッシュをボウマンの拠点に近いパロアルトに移転した。こうしてレッド・スウッシュは、資金にやや余裕ができ、舵取り役にベテランの重役を据え、有名ベンチャーキャピタルの支援を（ささやかではあるが）受ける身となったのである。

だがここまで来ても、まだ十分ではなかった。景気がなかなか上向かない状況下で、レッド・スウッシュの従業員が次々と辞めだしたのだ。レッド・スウッシュの事業は低迷し、新CEOのボウマンはしばらくテクノロジー業界そのものから身を引きたいと告げ、一年も経たずに辞めてしまった。再び資金が底を尽きかけ、ロサンゼルスにオフィスを戻したレッド・スウッシュは、社員わずか二名にまで縮小していた。カラニックと、創業直後からのスカウアの社員でもあった、エバン・ツァンという名のエンジニアの二人である。

「二〇〇二年の秋から二〇〇五年までは、エバンと二人きりだったよ」とカラニックは回想する。「顧客は二社だけ。アイフィルム（iFilm）っていう会社から月に五〇〇〇ドル、あとはＩＧＮ（ビデオゲーム情報を載せるウェブサイト）からも月に五〇〇〇ドル入ってたな。大きな取引ができそうってところまではいくんだけど、なぜかいつもポシャるんだ。デカい契約を結びたいって言ってきてくれる会社には事欠かなかったんだけどね」

カラニックによれば、あるとき月一万八〇〇〇ドルという、経営難に苦しむ企業にとっては大口の契約をアダルト動画の配信会社と結んだという。

「でも結局、一銭も払ってくれなかったな」

この経営不振の時期に、つかの間、レッド・スウッシュの売却話が持ち上がったことがあった。成立していれば、金額は控えめなものの、たいそう名を売る結果になっていただろう。二〇〇三年の夏、Ｐ２Ｐ（ピアツーピア）機能をＯＳに組み入れようと考えたマイクロソフトが、レッド・スウッシュを売却しないかとカラニックに持ちかけてきたのである。カラニックによれば、マイクロソフトは当初一〇〇万ドルという、お話にもならない低い金額を提示してきた。カラニックは断ったが、両者はまもなく五〇〇万ドルという悪くない買収額で合意した。ところがその後、「最後の最後で取引がつぶれたんだ」という。企業のＭ＆Ａでは珍しくない話だ。

「もう、マジでがっくりきたよ」

分別のある人間なら、この時点で会社をたたみ、職探しをするのが妥当だったかもしれない。だが人が暴力を振るう配偶者とどうしても別れられないのと同じように（これは本人の持ちだしたたとえである）、カラニックはレッド・スウッシュを諦めきれなかった。

「とにかく、いつかはよくなるって信じつづけたんだ」

カラニックのこうした粘り強さに、感銘を受けた者もいる。

「トラビスは若くて、熱狂的で、ビジョンを持っていましたよ」

こう語るのは、オーガスト・キャピタルのベンチャーキャピタリスト、デビッド・ホーニックである。

「トラビスは、興奮すると早口になるんです。これこそコンテンツの正しい配信法だ、ウェブをよりよくする方法だと信じきっていましたね。会うたびに、自分のアイディアをどうやったら実現できるかをいつもエネルギッシュに語っていましたよ。決して弱音を吐かない起業家ですね。負けを認めるなんてことは断じてしない。『うまくいかないなら、おれがうまくいかせてみせる』。それがトラビスの考え方なんですよ」

二〇〇五年初頭、カラニックは大物を釣りあげかける。当時最大手だったインターネットサービス会社、ＡＯＬと重要な契約を結ぶ寸前までいったのだ。同年一月、経営する社員二人の会社はつねに破綻と隣り合わせだったにもかかわらず、カラニックは「テック業界のパイオニア」として、スイスのダボスで開催される世界経済フォーラムに招待された。一流だけが集まる会議に費用なしの参加を許された、特別インターンといった立ち位置だった。カラニックは世界経済フォーラムで、アカマイCEOのポール・セーガンと出会う。「私を探しだしたんですよ」とセーガンは言う。「アカマイなら会社を買ってくれると、前々から思っていたそうでね」

レッド・スウッシュにもようやく運が向いてきたらしい。カラニックによれば、AOLと合意したのは「サービスの対価として毎年一〇〇万ドル以上を払うっていう契約で、社員二人の会社が一気にビッグになれる絶好のチャンス」だったという。だがカラニックがダボスにいるあいだに、レッド・スウッシュ唯一の従業員エバン・ツァンが、マイケル・トッドの口利きでグーグルに入社してしまった。AOLはただちに合意を撤回しようとした。「最後のエンジニアが退職して、お一人になられたんですよねって言われたよ」

だがカラニックは、不思議と出資者を探しだしてしまうという稀有な才能に恵まれている。カラニックは数年前から、億万長者のインターネット起業家、マーク・キューバンとメールをやりとりする仲だった。二人の出会いは、カラニックの人脈作りがいかに巧みかを物語っている。ロサンゼルスのチャイナタウンに《フォー87》というレストランがあり、毎週末そこで音楽テクノロジーに関心のある人々のオフ会が開かれていた。主催者はジム・グリフィンというレコード・テクノロジー関連企業の重役で、ネット上に《フォー・リスト》というディスカッション・フォーラムを作った人物だ。フォーラムのメンバーだったカラニックとキューバンは、どちらも好戦的で自説を曲げない性格とあって、しばしばネット上で辛辣なコメントをやりとりしあっていた。

資金と援助が必要になったカラニックはキューバンを頼り、ＡＯＬとの交渉についても明かした。キューバンはレッド・スウッシュへの出資を承諾し（これで取締役がカラニックとキューバンの二人になった）、交渉でもカラニックを補佐したため、ようやくＡＯＬとも契約にこぎつけることができた。カラニックはレッド・スウッシュをまたもベイエリアに移転させた。今回はパロアルトとサンフランシスコの中間にある、サンマテオ郊外の地味な地区にである。キューバンの出資金で数名の社員を雇えるようになり、カラニックはさらに精力的に顧客との交渉に奮闘した。

レッド・スウッシュの展望は開けてきたが、いまだにちょっとした気まぐれで行動を起こす小所帯らしいところもあった。二〇〇六年、サンマテオのオフィスのリース契約が切れると、カラニックは会社の飲み会で数人が思いついた冗談半分のアイディアを実行すべきだと主張した。エンジニア六人程度の社員全員でネット環境の整っているエキゾチックな南国のビーチに移動し、しばらくそこで仕事をすべきだと力説したのである。一同は国名を書いてくじ引きをし、タイが選ばれた。数日後、レッド・スウッシュの全社員は最終的な行き先も定かに決めず、バンコクに旅立った。一行がたどり着いたのは、クラビにほど近いライレイ・ビーチだった。

「二か月間、そこでコードを書いてたね」

結局帰国したのは、数名の社員がアメリカに彼女を残してきたからだとカラニックは言う。

「それで、ちょっとややこしいことになっちゃってさ」

二〇〇七年になると、カラニックはストリーミング・サービスの提供を目指す衛星放送事業会社、エコスター（EchoStar）との契約を締結する寸前までいった。だがキューバンがレッド・スウッシュを辞めることになり、キューバンの出資を見込まずに交渉を続けるのは至難の業と悟ったカラニックは、クロスリンク・キャピタル（Crosslink Capital）というベンチャーキャピタルを見つけだす。クロスリンクがキューバンの持ち株を買い取るのに合意したおかげで、カラニックはエコスターとの交渉をまとめることができた。

ちょうどこのころ、ドットコム不況で陥った経営不振から立ち直ったアカマイが、ようやくレッド・スウッシュの買収を真剣に検討するようになった。収益の少ない零細スタートアップであるとはいえ、レッド・スウッシュを買収すれば、自社のエンジニアが拒んできたP2P（ピアツーピア）の技術的可能性を、アカマイの事業に組み入れることができる。いまだにそこそこの業績しか上げていない一方で、レッド・スウッシュには将来性があった。ようやく時代が追いついたテクノロジーをとっくに構築していたという点でも、また企業とは程遠い考え方やものの見方をするという点でも、末頼もしい存在だったのである。

「スウッシュの買収は、手っ取り早く事を片づけるために、海賊の一団を雇ったようなものですよ」と、当時アカマイCEOだったセーガンは言う。「われわれが買ったのは、いろいろな意味で、企業文化の一モデルだったと言えるでしょう」

アカマイは一八七〇万ドルでの買収に合意し、カラニックは起業家として初めて成功のとば口に立った。カラニックにとってこの買収劇がそれまでの失敗を帳消しにする意味を持ったように、レッド・スウッシュの共同創業者であるマイケル・トッドにとっても、これはほろ苦い勝利となった。カラニックとトッド双方と交友関係を続けたイリヤ・ヘイキンソンの記憶によれば、レッド・スウッシュの元従業員の間では、トッドが嫌がらせで売却に待ったをかけるのではないかという懸念がささやかれていたという。だが自身もこの売却で相当な金を手中にできるとあって、トッドは一切そのような真似はしなかった。

「『一〇〇万ドルくれるっていうときに、ごねたりしないさ』ってトッドは言ってたね」

二〇〇七年四月、アカマイがレッド・スウッシュ買収に合意し、カラニックを含む五、六名の社員は以後アカマイに勤務することとなった。カラニック個人がアカマイと交わした取り決めでは、少なくとも三年はアカマイにとどまる約束だった。

カラニックは言う。

「一年で辞めたけどね」

第四章

即興演奏（ジャミング）

トラビス・カラニックは、またもキャリアにおける重大な転機を迎えていた。六年前にスカウアが失速したときとは違い、今回は幸先のいい転機である。三十一歳のカラニックは、生まれて初めて大金を手にしていた。レッド・スウッシュ売却でカラニック個人が手にした金は、約三〇〇万ドルに上る。とはいえ、勝手に新しい事業を始めるわけにもいかなかった。少なくとも当分の間は、まっとうな仕事がある。学生時代のインターンシップを除けば、大企業で働くというのも初めての経験だった。

　テクノロジー業界では、大企業はつねに中小企業を買収しつづけている。大概の場合、買収側は売却側の収益や見込み客には関心がなく、現にある製品にすらさして注意を払うことはない。欲しいのは、たいていは「人」だ。アカマイのポール・セーガンは、レッド・スウッシュ買収の動機も人だったと認めている。セーガンが追っていたのは、〝アウトロー〟カラニックとエンジニアの一団だった。新たなタイプのテクノロジーに精通し、テクノロジーを構築するためならアカマイ傘下の巨大エンジニアリング企業と衝突することも恐れない連中である。

「トラビスとスウッシュの反抗的な性質を利用して、何年も前からやろうとしては挫折してきた念願を果たそうと思ったんですよ」

　セーガンの言うのは、セット販売するアカマイのサービスにP2P（ピアツーピア）ソフトウェアを組みこみたいという、自身の構想のことである。

「わが社にはうちの発明でないから受けつけないという、いわゆる自前主義（ノット・インベンティッド・ヒア）がありましてね。トラビスは入社後も、いつもと変わらず生意気でぶしつけでした。それにイライラさせられた人もいたでしょうが、うちとしては助かりましたよ」

とくにセーガンにとっては、ということらしい。

カラニックはカラニックで、アカマイに入ったのにはそれなりの底意があった。少なくとも当初はこの買収を、二十代のほぼすべてを捧げたレッド・スウッシュを再建する機会と見ていたのである。カラニックはサンフランシスコに開いたレッド・スウッシュのオフィスを維持し、レッド・スウッシュのソフトを開発しつづけた。ボストン近郊にあるアカマイ本社の幹部から邪魔が入るのを、必死にかわそうとしていたという。

「巨大企業の内部でスタートアップを運営しようと思ったら、〝お濠〟を築くのがいい。先方がやたらとミーティングを持ちかけてきても、なるべくはぐらかすんだ。うちらはアカマイにとっちゃセクシーな存在だったから、だれもが一枚噛みたがってた。だから極力邪魔されないように、いいようにあしらってたよ。最後は結局、お濠も突破されたけどね。そうなったときに、もう潮時だなって思ったんだ」

売却側の起業家が買収側の企業を辞めるのは、テクノロジー業界ではよくあることだ。したがってカラニックは何も、背水の陣で決死の逃亡を図ったわけではない（ストックオプションの未実現利益として、少額の金を払わされたのは事実だが）。二〇〇八年後半にアカマイを退社したカラニックは、気づけばどの会社組織にも属していなかった。しかも世界的に経済が混迷の度を極めていたときに、重要な過渡期を経験しつつあったサンフランシスコにいたのである。カラニック個人の運は向いてきていたが、スタートアップ企業の相当数を含む世界の大部分は危機的状況にあった。ウォールストリートは住宅バブルの崩壊をきっかけに始まった世界金融危機（リーマン・ショック）のどん底にあり、アメリカは大不況（グレート・リセッション）として知られるようになる景気後退に突入し、ベンチャーキャピタルによる資金調達もやはり激減していた。

世界が不況にあえいでいたこの時期に、皮肉にもサンフランシスコだけは趣を違え、テック企業のコミュニティが春を盛りと咲き誇っていた。この地域の最重要都市であるサンフランシスコも、情報テクノロジーの文脈においては、長らく単なる脚注のような存在にすぎなかった。肝心なのはシリコンバレーだったのである。

サンフランシスコより五〇マイル以上南にある、パロアルトからサンノゼまでの国道一〇一号線沿いの郊外エリアを漠然と指す「シリコンバレー」は、実際には地理上の区域というより特定の概念を指す言葉だ。二十世紀の重要なテック企業のほぼすべてがシリコンバレーから発祥し、多くは隣接するスタンフォード大学と密接な関係を持ち、第二次世界大戦後に出現した軍需産業の通信機器メーカーとつながりのある企業も少なくなかった。一方のサンフランシスコは、この地域の経済と文化の中心ではあるものの（テック業界人がパーティやショッピングをするのはサンフランシスコだった）、強大な影響力を有する最大手の企業はどこも郊外で生まれていた。ヒューレット・パッカード（Hewlett-Packard）はパロアルト、インテルはサンタクララ、アップルはクパチーノ、シスコシステムズ（Cisco Systems）はサンノゼで生まれた。最初期の主要なインターネット企業は、生息地である「バレー」から才能あるエンジニアを発掘し、本拠地もシリコンバレーに置いた。ヤフー（サニーベール）、グーグル（マウンテンビュー）、フェイスブック（メンロパーク）は、いずれもこの戦略に従っている。

　とはいえ、サンフランシスコも完全なる不毛の地であったわけではない。五指に余る中堅のインターネット企業（ほとんどはメディアやアドテクノロジーと関連していた）が、一九九〇年代後半のドットコム・バブル期にサンフランシスコで生まれている。だが、その大半ははかなく姿を消した。

　その後、周期的に襲ってくる下降期にテック業界が落ちこんでいるあいだに、何かが変わった。都会生活を好む創業者の嗜好でサンフランシスコに拠点を置いた創業間もないソフトウェア企業、セールスフォース・ドットコム（Salesforce.com）が、急成長を遂げたのである。やがてグーグルなどのテック大手が、サンフランシスコに住む若い住人向けに郊外を回るWi-Fi（ワイファイ）搭載の無料シャトルバスのサービスを始めると、サンフランシスコは再び繁栄を謳歌しはじめた。セールスフォースに続けとばかり、市中に次々と新しい企業ができたのである。

大資本を必要とするそれ以前の企業と異なり、新たなスタートアップは、当初はウェブサイト用ソフト、その後はスマートフォン用アプリの開発に注力していればよかったことも、功を奏した。手狭な市中のオフィスしかなく、資金不足に苦しんでいようと、ソフトやアプリの開発であれば成長は可能だからだ。この時期一人勝ちし、サンフランシスコを拠点にした最初のサクセスストーリーとなったのが、ツイッターだ。何も面白そうな高給の仕事を探すのに、わざわざマウンテンビューやメンロパークくんだりまで出かけていく必要はないと若きエンジニアたちが悟るにつれ、他社もサンフランシスコ進出に追随していく。

　こうした状況のなか、カラニックはエンジェル投資家兼起業アドバイザーとして、新たに短期間のキャリアを築いた。「エンジェル」と通称されるエンジェル投資家は、当時にわかに脚光を浴びだした職業である。エンジェルが行う株式投資は一社数万ドル程度で、ベンチャーキャピタルの最も少額の出資金をも下回っている。「本来の」ベンチャーキャピタルは、大学の寄付金や年金基金などから募ったファンドの資金で投資を行う。それに対し、エンジェルはあくまでアマチュアであり、好事家（ディレッタント）とすら呼べる。駆け出しの起業家たちの守護天使（ガーディアン・エンジェル）を演じつつ、自身の資産を彼らに投資するのだ。エンジェルが選ぶ投資先の根拠は、洗練された財務分析やテクニカル分析による以上に、直感や友情に基づく場合が多い。

　生まれ持ってのおしゃべりの才と、苦労の末身につけたビジネススキルが武器のカラニックは（ガーディアン紙はカラニックを、「サーファーのように話すがセールスマンのように考える」と形容したことがある）、たちまち新しい役になじんだ。サンフランシスコに来てまだ比較的間もないうちから、やはり大半は引っ越してきたばかりの市内の若い起業家と次々に交友関係を結んだ。カラニックはトレンディでも高級でもない、在りし日のサンフランシスコを彷彿とさせるカストロという地区に家を買い、《即興演奏の家（ジャムパッド）》と名をつけた。この呼称は、カラニックの〝クールガイであり、オタクでもある〟感性を如実に物語っている。カラニックはこの自宅を、起業家たちの拠点（ハブ）と位置づけた。UCLAの《学部生コンピュータサイエンス同好会（UCSA）》をより広く、居心地よくしたような場所で、友人同士が集まってアイディアを「即興で（ジャム）」出しあう溜まり場にしたのである。

　大胆不敵な起業家として、成功にあと一歩届かず、かといって実家に戻るでもなく長年活動してきたカラニックは、ここで少し内省する時間を持ち、学んだ教訓を人と分かち合うことにしたらしい。起業家コミュニティの情報発信者としても、カラニックは人気を博した。ありあまるほど時間のあるカラニックはツイッターにのめりこみ、いまからジョギングに行くだの、どの航空便に乗るだのといった些細なことまでツイートするようになった。

　筆まめなカラニックは、《Swooshing（スウッシング）》というブログ内で、資金調達の方法から製品の売りこみ方まで、起業家コミュニティ向けの無料のアドバイスを山ほど提示した。新進起業家のあいだで人気のとあるサンフランシスコのカンファレンス前には、自宅を宿泊施設として無料で提供する気前のよさまで見せた。二〇〇九年のブログ記事にはこう書いてある。

「会社を成功させようと思ったら、少ない資金で工夫するしかありません。ホテル代を払ったら、キャッシュフローが悲惨なことになります。だったら、答えはカウチサーフィンしかないでしょう。クリエイティブで起業家精神あふれる雰囲気のなか、ラグジュアリーかつスタイリッシュにカウチサーフィンする究極の方法、それがジャムパッドなのです」

やがてはタクシー会社の疫病神となり、世界のメディアの憎まれ役となる男も、かつては慈愛あふれる宿主(ホスト)として名を馳せようとしていたのである。

「ジャムパッドは私のサンフランシスコの自宅です」とカラニックはブログに書いている。「起業家が日夜集まり、アイディアを語り合い、他の起業家とジャムセッションし、Wii(ウィー)テニスや『ギアーズ・オブ・ウォー』をプレイし、専属シェフが作る健康的でグルメなすばらしい食事を味わえる場所です。ジャムパッドの通常の開館時間は、午前十時から午前二時です。ほかにもバーベキュー、グリル、アート&ワイン・イベント、『アルマゲトロン』のオンライン対戦、プログラミング・セッションなどなど、盛り沢山です」

カラニックの「ジャムセッション」という言葉の使い方は、近年のサンフランシスコを支配するバイブスをよく伝えている。昔はジャムセッションと言えば、集まった者が即興で音楽を演奏することを意味した。カラニックにとっての音楽はテクノロジーであり、もっと言えば、新種のスタートアップを活気づける類のソフトウェアである。起業家コミュニティで最も成功した人物ではなかったかもしれないが（レッド・スウッシュの売却で手にした大金も、裕福なドットコム起業家の中では最高クラスとは言えなかった）、カラニックは社交においてはリーダーの一人と目されていた。様々なカンファレンスで確かな存在感を示し、志を同じくする者同士でアイディアを検討する「ジャムセッション」を会場で即興でやってみせたことも、一度や二度ではなかった。カラニックのもとに自ら集った仲間たちは、アイディアを創出し、クリエイティブな即興演奏をし、互いに自己宣伝を行うといった、彼らの言葉で言えば「ポジティブなフィードバックループ」のある、「ビジネス生態系（エコシステム）」を形作っていたのである。

駆け出しのころにカラニックのジャムパッドを溜まり場にしていた起業家のうち数名は、のちに同世代の先陣を切る逸材となった。クラウドストレージ企業、ボックス・ドットコム（Box.com）を創業したアーロン・レヴィは、まだ南カリフォルニア大学の学生だった二〇〇五年にロサンゼルスでカラニックに会っている。かつてはコンピュータのハードドライブに保存するだけだったファイルを、オンラインのストレージに保存するスタートアップを大学の寮で立ち上げたレヴィは、「有名なブロガーだから」という理由でマーク・キューバンを探しだすと、キューバンに自身のスタートアップへの投資を持ちかけた。レッド・スウッシュに投資したばかりだったキューバンは、レヴィの品定めをカラニックに依頼した。「LAのカフェでトラビスに会ったよ」とレヴィは言う。「本当の起業家に会ったのは、あれが初めてだったな」

キューバンはレヴィの会社に投資をし、レヴィは大学を中退してバークレーに移った。引っ越してきた最初の週末に、カラニックと再会したという。

「トラビスと話すと、ほかの人と話したときよりも深いところまで考えるようになるんだ。当時は若くて無名だったから、アドバイスを求める相手も億万長者とはかぎらなくてね。夜遅くトラビスに電話したりしてたよ。そうすると、気持ちが落ちつくようなことを言ってくれるんだ」

ジャムパッドは、サンフランシスコの前途有望な起業家の集まる拠点となった。その大多数は、当時は無名に等しかった。だれもが若く、まだ何者でもなかった。グーグルやヤフーでの仕事を辞め、どんな事業を始めようかと思案中の者もいた。

彼らはカラニックに、〝ただ好きだからという理由でスタートアップにのめりこむエンジニア〟という、変人ではあるが志を同じくする同好の士を見ていた。最初の会社ブロガー(Blogger)をグーグルに売却し、その後ツイッターを立ち上げたエバン・ウィリアムズも、ジャムパッドの常連だった。グーグルの顧問弁護士だったが辞職後ウーバー創業チームの中心メンバーとなり、ウーバーに初期投資も行ったクリス・サッカもその場にいた(二〇一六年、サッカは日本のテレビ番組『マネーの虎』をリメイクしたリアリティ番組『シャーク・タンク』に出演し、番組の要であるマーク・キューバンと共に起業家への投資を行った）。ナップスターで挫折を味わったカラニックの友人、ショーン・ファニングもジャムパッドを訪れている。

ジャムパッドでの会話は、「結果から原因へとさかのぼって考えるやり方じゃなかった」とレヴィは回想している。アイディアがあればそれを取り上げて吟味し、どれほどの創造的破壊ができるか、成功するにはだれと戦わなければならないかといったことを検討するのだという。

「それがジャムパッド環境の仕組みさ」

つまり言い換えれば、カラニックの自宅でのジャムセッションには、れっきとした目的があったということになる。

「ジャムパッドは、頭のいい連中を大勢一箇所に集めて、互いに意見交換しましょうっていう場ではなかったね」と、共に自社をアカマイに売却した縁でカラニックと知り合ったサッカは言う。「むしろ、『きみの会社をここに持ってきなよ。そうしたら、みんなでその会社の未来を考えてあげるから』っていう感じだったよ」

カラニックのジャムセッションは、移動することもあった。オースティンのサウス・バイ・サウスウエストやパリのル・ウェブなどのカンファレンス開催中に、友人と借りているバケーションレンタルなどでジャムセッションを行うのである。女性が参加することもあったが、ジャミングの文化は臆面もなく男性中心で、主な参加者はテック系メディアで「ブログラマー」と総称されるタイプだった。ラスベガスの見本市コンシューマー・エレクトロニクス・ショー（ＣＥＳ）に出たときなどは、カラニックは目をつけたバケーションレンタルをツイッターでこう自慢した。

「ベガスでジャミング用の家を探してたら、最高のを見つけたよ。正式名称は『ポン引きハウス』で、ストリッパーのポールに、なんとステージまでついてるんだ」

だめ押しとばかり、カラニックは写真まで載せている。

心安くなったジャムパッド仲間とは、仕事とレジャーを同時に楽しんだ。サッカはしばしばタホ湖近くの自宅にカラニックを招いたが、そんなときは必然的にサッカ宅のジャグジー（ホットタブ）が「ジャムタブ」となった。「トラビスは何時間でもジャグジーに浸かってたよ」とサッカは回想する。泊まりの際は、カラニックはジャミング・ダンスパーティや、深夜のスノーシューでのジャミング雪山ハイキングをやりたがったという。カラニックにとっては、休暇中だろうとなんだろうと、すべては仕事の一環なのだ。サッカは言う。

「トラビスはいつもあの調子で、とにかく話しながら歩きまわりたがるんだよ。うろうろ歩きながら、手振り身振りで、思いついたことをずっと喋ってるんだ」

高等遊民の身分を存分に楽しみながらも、カラニックは一般的な遊び人よりも目的意識を持って余暇を過ごしていた。《でたらめ旅行の会》（ランダム・トラベラーズ・ソサエティ）と称する起業家グループに加入したのもそうだ。会員は地球儀を回して行き先を決め、単なる暇つぶしと、ビジネス上の実情調査を兼ねたような冒険旅行に出かけるのである。男性会員一二人で西アフリカを旅したときのことを、カラニックは二〇〇九年のブログ記事でこう書いている。

「その土地土地の文化や財界、教育、政府のリーダーシップのただ中に、飛びこんでみるのです」

旅行中に重要人物と会えるようにするため、会員はみな出発前に仕事上の人脈を駆使するよう求められた。カラニックの記事によれば、一行は西アフリカ旅行中に、駐ポルトガル米国大使と駐カーボベルデ米国大使、さらには「セネガル最大の銀行の代表取締役社長」と面会したという。

アメリカに戻ったカラニックは、エンジェル投資家としての職務に、他のエンジェルとはやや異なるスタンスで臨んだ。投資先の各企業と、かなりの時間を共に過ごすようにしたのである。一般のエンジェルが少額の投資をルーレットテーブルに積み上げたチップのようにしか思っていないことを、カラニックは苦々しく感じていた。

「おれはハートのある起業家なんだ」とカラニックは言う。「だから二、三の企業に関しては、時間が許せば毎週十五時間は社内で過ごしてた。最高体験責任者（チーフ・エクスペリエンス・オフィサー）（CXO）だったんだよ」

要は、トップレベルの何でも屋という意味だ。

マーケティングソフトウェア企業フロータウン（Flowtown）でも、カラニックはそうした役割を担っていた。同社に投資した著名な初期ベンチャーキャピタリスト、スティーブ・アンダーソンは言う。

「私としては、実際に出社して仕事をするような人と一緒に働きたいですね。そういう意味で、トラビスは理想的なエンジェルでしたよ」

この時期、カラニックは他の数社に加え、すでにウーバーキャブとも若干の関わりを持っていたが、のちに大化けしたウーバーキャブを別とすれば、カラニックの投資成功率はよくてそこそこといったところだ。フロータウンやデヴィアントアート（DeviantArt）など、カラニックがアドバイザーとなっていた数社はのちに買収された。その他のクラウドフラワー（CrowdFlower）、スタイルシート（StyleSeat）、カレオ（Kareo）、エクスペンシファイ（Expensify）といったどちらかと言えば無名に近い企業は、カラニックがエンジェルを辞めて以降はパッとしない業績が続いている。このようにウーバー以前のカラニックの投資先をざっと挙げただけでも、スタートアップの浮き沈みがいかにランダムかがわかるだろう。ツイッターやボックスが脚光を浴びる背後には、無数のクラウドフラワーやフロータウンらが累々と横たわっているのである。カラニックですら、複数のスタートアップの成否を言い当てるのは不可能だったのだ——意志の力だけで、複数のスタートアップを成功させることも。

だが数社の企業と関わりを持ち、交歓したことで、その後フルタイムで従事するかもしれない企業の内部情報を知れたというメリットもあった。とはいえ、しばらくのあいだは、スカウアとレッド・スウッシュで負った痛手が深すぎ、また戦いの場に身を投じるのはためらわれたという。

「もう一度起業するのが怖かったんだ」とカラニックは言う。「当時はエンジェルをやってたし、左うちわで暮らせるってほどじゃなかったけど、セラピーの料金を払えるくらいには稼げたからね」

最終的に事業に復帰しようという気にさせてくれたのは、なんとウッディ・アレンだったという。二〇〇八年の監督作『それでも恋するバルセロナ』を観て、変わらぬ情熱で映画を撮りつづけるアレンの持久力に驚嘆したのだ。

「すごくいい映画だったから、思ったんだよ。『ウッディ・アレンは七十代だ。これだけ長いあいだ映画を作ってるのに、まだ作ろうとするなんてすごい』ってね」

言い換えれば、再び起業する準備が整ったということだ。

それでもカラニックは、なかなかカードを切ろうとしなかった。二〇一〇年、カラニックは成長著しいQ&Aサイト、フォームスプリング（Formspring）と深く関わるようになった。中西部出身のフォームスプリングの創業者たちは、その直前にカリフォルニアに引っ越し、カラニックと知り合った。

「シリコンバレーの世界自体が、創業チームには真新しいことばかりだったんですよ」

そう語るのは、フォームスプリングに出資していたベンチャーキャピタリストのアンダーソンだ。やはりフォームスプリングに投資していたカラニックは、次第に単なるエンジェル以上の積極的役割を担うようになっていく。「トラビスはフォームスプリングのコーチでしたね」

カラニックは、フォームスプリングでさらに重要な責任を担うべきかどうかを真剣に検討しはじめた。

「エンジェル以上の役割を果たしたかったんですよ」とアンダーソンは言う。「そこでわれわれは、トラビスに経営を任せてはどうかと討議しました。会社が驚異的な成長を見せていたものでね」

後年はフォームスプリングに低評価を下したカラニックも、このときはかなり肩入れしていたようだ。フォームスプリングと、当時やはり創業したてのスタートアップだったエアビーアンドビーで同時にマーケティングコンサルタントを務めていたジュリー・スパンは、カラニックを平均的なアドバイザーよりも強引な人物として記憶している。

「独裁的でしたね」とスパンは言う。「つかつかと部屋に入ってきて、私たちがみんな座っているのに、彼だけは立っているんです。でも、恐ろしく頭の切れる人でした」

カラニックはコーチやアドバイザーとして、複数の企業を同時に値踏みすることができた。フォームスプリングと深く関わり合い、同社の創業グループにCEO就任を請われている最中も、カラニックはスタートアップ界の友人であるギャレット・キャンプと頻繁に会っていた。当たりのやわらかなカナダ人エンジニアのキャンプは、ウェブ検索アプリを運営するスタンブルアポン（StumbleUpon）という会社を立ち上げ、高額で売却することに成功した人物だ。二〇一〇年、キャンプは多彩なアイディアの一つに本腰を入れ始めていた。それが、サンフランシスコ市内でリムジンを呼びだせるスマートフォンアプリ、ウーバーキャブである。カラニックはフォームスプリングと同じようにウーバーキャブにも時間を割いていたが、ユーザー数の増加という点では当時はフォームスプリングのほうがはるかに目覚ましかった。

いまになってみれば、ウーバーかフォームスプリングかの決断に迷う余地はないように見える。少なくともキャンプにとってはそうだった。

「こっちからしたら、『マジかよ、フォームスプリングだって？　たしかに成長はしてるけど、今後どうやって儲けるっていうんだ？』って感じだったよ」とキャンプはふり返る。「ウーバーなら相当な収益が見込めるぞって、トラビスに言ったよ」

決め手となったのは、ウーバーキャブに収益が見込めたからではないとカラニックは言う。ウーバーキャブを引き受けるという大仕事を説明するカラニックの表現は、むしろ極めて難しいが、完成すれば美しい絵となるジグソーパズルに取り組む人物を思い起こさせた。「いくつかのことがはっきりわかってきたんだ」とカラニックは言う。「第一に、ウーバーキャブはものすごく複雑だった。何が複雑かっていうと、変動的な要素が多すぎて、あらゆることの不確実性が高い気がしたんだよ。第二にウーバーキャブは、ものすごく創造的破壊の精神にあふれてた。第三に、数学の応用で目立った変化が起こせそうだった。そして最後のピースとしては、これはリムジン会社じゃないなってピンと来たってことさ。ロジスティクスの会社なんだってね。これは、数学がものを言うテクノロジー企業だ。そう気づいたら、最後の穴にピースがぴたっとはまったんだ。いろんなタイミングもばっちりだったしね」

タイミングはいま（二〇一〇年九月）しかないと悟ると、カラニックの行動はすばやかった。「あるとき急にさっと荷物をまとめて、フォームスプリングを出ていってしまったんです」とスパンはふり返る。アンダーソンは、フォームスプリングのＣＥＯに就くようカラニックを説得しようとした。だがうまくいかなかった。二〇一〇年の秋のことだったとアンダーソンは語る。

「トラビスが私のオフィスに来て、言いましたよ。『ウーバーに行くことにしました』とね」

第五章

創成期

もし人当たりのよいカナダ人ソフトウェアデザイナー、ギャレット・キャンプがサンフランシスコの二大タクシー会社に嫌われなかったら、ウーバーは生まれていなかったかもしれない。

時は二〇〇八年の夏にさかのぼる。カルガリー生まれのキャンプはベイエリアに丸二年住み、シスコっ子にはおなじみとなったタクシー配車オペレーターとの揉め事に、ほとほと嫌気が差していた。街なかでタクシーを呼び止めようとしてもなかなかつかまらないため、ほとんどの人は配車を依頼する。キャンプも自分のスマートフォンに、イエロー（Yellow）とルクソール（Luxor）の二社の電話番号を登録していた。

「タクシー会社に電話すると、十五分から二十分で行きますって言われることが多かった。それが標準的な時間なんだ。でもときには三十分待たされたり、いつまで待っても来なかったりする」

ひどいときには、空車のタクシーが目の前を素通りしていったとキャンプは言う。

「特定の個人に決まったタクシーを配車したり、必ずしも一番近くにいるわけじゃないタクシーを配車したりしてたんだと思うよ。結局、あんまり来るのが遅いとこっちも辛抱しきれなくなって、そのへんの流しのタクシーに乗ったりしてたんだ。そうすると、配車オペレーターから電話が入るんだよ。『どちらですか？　いまつきましたけど』ってね。そんなときは、『来るのが遅いから、もうやめにしたよ』って言う。そんなことが何回もあったんで、ブラックリストに載っちゃってね。しばらくはどちらの会社も、ぼくが電話しても配車してくれなかったよ」

サンフランシスコという土地柄、キャンプはどこにでもいる類の乗客ではない。現にキャンプをブラックリストに載せたのは間違いだったことが、のちにわかる。キャンプは前年、経営するスタンブルアポンを七五〇〇万ドルでイーベイに売却していたが、イーベイ社員としてスタンブルアポンの経営を続けていた。スタンブルアポンのオフィスはサウスパークの近くにあった。一九九〇年代末期のバブル期にはインターネット企業が密集していた、ダウンタウンにほど近い地区だ。タクシーだけに頼るのをやめ、値は張るが信頼性が高いリムジンサービスを極力利用するようになったキャンプは、問題の解決法に思い当たる。その解決法の鍵となったのは、桁外れの成長を遂げつつあったシリコンバレーを象徴する某企業が、事業の方針を大幅に転換したことにあった。――アップルである。

キャンプが億万長者になった二〇〇七年、アップルは初代iPhone（アイフォーン）をリリースした。革新的なタッチスクリーンを備えた一時代を画す製品と喧伝されながらも、のちにアップルの変容の源となる新製品の出足は鈍かった。最初に売りだされたアメリカでは、iPhoneは電波の受信状態にむらがあるAT&Tでしか使えなかった。また、iPhoneの「アプリ（ネットサーフィンやスケジュール管理など、電話以外の機能を利用できるソフトウェアプログラム）」は、アップルによってプリインストールされたものだけだった。だが外部のソフトウェア開発者がiPhone用の非公認アプリを山ほど作った結果、二〇〇八年にアップルは方針を転換した。ビジネスチャンスを手中に収めると同時にiPhoneの価値を高めるため、公認のモバイルショッピングサイト、App Store（アップストア）を開設したのである。これにより、あらかじめアップルの認可を受けさえすれば、どの開発者でもiPhone用のアプリを作成できるようになった。

二〇〇八年の夏、iPhoneを手に二番通りとサウスパーク通りの角に立ち、デートに遅れそうになっていたとき、ふいにキャンプの頭にマンガでよく見る例の電球がピカッと光った。

「『スマホで車を呼べばいいんだ！』ってひらめいたんだ」

エンジニアのキャンプは、iPhoneにGPSチップ（衛星ネットワークに位置情報を送る半導体）が搭載されていることを知っていた。

「だから思ったんだよ。『車にGPSを搭載したiPhoneを一台置いておいて、客もiPhoneを持っていれば、わざわざ配車オペレーターが住所を聞き取る必要もない。アプリに〈配車してください〉っていうボタンが一つついていれば、それですむじゃないか』ってね」

さっそく調べてみたところ、キャンプが作りたいタイプのアプリはすでにいくつか存在していた。そのうちの一つ、タクシーマジック（Taxi Magic）は、ユーザーとタクシー配車システムをつなぐアプリだったが、キャンプが求める即座に得られる満足感（インスタント・グラティフィケーション）を与えてくれるサービスではなかった。キャンプによれば、モバイル時代の幕開けにおいては致命的なほどの「前時代的なＷｅｂ（ウェブ）１・０の使い心地」だったという。

調べてみてわかったのは、ｉＰｈｏｎｅにはＧＰＳ以外にも、地殻変動を起こしうるテクノロジーがひそかに搭載されているという事実だった。それが「加速度センサー」と呼ばれるモーションセンサーで、航空機の誘導システムや自動車のエアバッグにはすでに標準装備されていたものの、携帯電話に搭載されるのはまだ珍しかった。

精度の高い歩数計測を可能にする加速度センサーは、フィットビット（Fitbit）や後発のアップルウォッチ（Apple Watch）などのフィットネス製品には欠かせないテクノロジーでもある。だがキャンプはさらに、加速度センサーの新たな可能性に思いを馳せた。スマートフォンに搭載されたＧＰＳテクノロジーと加速度センサーを組み合わせれば、車の位置がわかるだけでなく、移動中の車の速度も計測できる。車の位置と速度がわかると、キャンプの言葉を借りれば、スマートフォンが「バックグラウンドで請求料金を自動算出する」ことが可能になる。つまり、タクシーメーターが移動中に料金を加算するしかないのに対し、チップ内蔵のスマートフォンを利用した配車システムなら、乗車場所と目的地に加え、所要時間や料金までが記載された地図を瞬時に表示できるようになるのだ。

さらにスマートフォンの高度な処理能力を利用すれば、中央コンピュータが乗客とドライバーをじかに結びつけるシステムを構築できる。間に入る配車オペレーターをそっくり除外してしまえる、というわけだ。

サンフランシスコの若い起業家の間では当たり前となっている習性にのっとり、キャンプはこのアイディアについて友人たちと検討した。その後キャンプは、大概の人は考えもしないだろうが、キャンプにとっては起業家としての小技の一つとなっているある行動に出た。二〇〇八年八月八日に三五ドルを払って、ウェブサイトのドメイン「www.ubercab.com」を取得したのである。数年後には「ウーバー」は、世界的規模で輸送サービスを提供するという包括的戦略を代表する名称となった。

ドイツ語の「über（ユーバー）」には、ニーチェの「超人（ユーバーメンシュ）」を連想して一種の脅威を覚えるという人も中にはいるだろう。だがキャンプがこの単語を選んだのには、超人思想はまったく関係がない。タクシー会社に苛立ちを覚えていたとはいえ、キャンプはそもそもリムジンの送迎サービスを改善したかったのであって、タクシーがつかまらないというお粗末な現状を改革しようとは思っていなかった。タクシーに関する問題がそれほど重大だとは、当時のキャンプは考えていなかったのだ。

キャンプが思い描いていたのは、サンフランシスコで一般的だった角ばったリンカーン・タウンカーではなく、流線型のメルセデス・ベンツ・Sクラスを揃えた、オンデマンドのリムジン送迎サービスだった。「当時あったよりももっとエレガントで、能率的な移動手段を考えてたんだ」とキャンプは言う。キャンプにとって「ｕｂｅｒ」は、「よりよい送迎システム」のドイツ風エレガンスを連想させる単語だった。こうして企業名が誕生したが、それもとりあえずの仮称として考えたにすぎなかった。

ドメインを取得したのは、キャンプにしてみれば最低限の努力を払い、いずれビジネスの形を成すかもしれないものに念のため権利を主張しておいただけのことだった。じつはキャンプは年がら年中、将来起業する日のために社名を登録していたのである。

「ギャレットはドメイン名を買うのが大好きでね」

そう語るのは、ウーバー創成期にツイッターの幹部だったキャンプの友人、ライアン・サーバーだ。

「起業のアイディアが浮かぶたびに、ギャレットに電話するんだ。そうすると、部下のだれだれのところに行けば、どのドメインが使えて、いくらかかるかわかるよ、って教えてくれるのさ」

いくらキャッチーな社名を思いつき、ドメインを取得したところで、アイディアをビジネスに昇華させるのに必要な労苦はそうした作業の比ではない。それ以前にスタートアップを起業し、カラニックのエグジットより数倍上を行く価格で売却していたという経験が、キャンプが腕を磨くまたとない機会となったと言えるだろう。

キャンプは二〇〇一年、カルガリー大学の友人数名とスタンブルアポンを立ち上げた。スタンブルアポンは、面白いウェブサイトを探してくれるタブをパソコンのツールバーにインストールできるという、シンプルなソフトウェア製品だった（スマートフォンやクレバーなサードパーティ製アプリなどが生まれるのは、まだ何年も先のことだ）。サムズアップかサムズダウンのマークをクリックして評価するだけで、あとはスタンブルアポンのアルゴリズムがユーザーが気に入りそうなサイトを見つけてきてくれる、というのが売りだった。キャンプ自身、のちにWeb1・0の使い心地だったと卑下している。

それでも製品のシンプルさの陰には、ソフトを作り上げるのに必要な複雑なコードが存在していた。キャンプはソフトウェア工学で修士号を取っており、努力とわずかな資金だけで完成させたお手製ソフトとはいえ、スタンブルアポンにはキャンプと友人たちの大学院での研究成果が存分に活かされていた。キャンプの修士論文のタイトルは、「共同インターフェースデザインと進化アルゴリズムによる情報検索」である。

＊　＊　＊

数年後に始動するフェイスブック同様、スタンブルアポンも大学の寮から生まれたサクセスストーリーだ。スタンブルアポンはたちまち数十万人のユーザーを有する人気ソフトとなったが、社員はキャンプと共同創業者たちしかいなかった（数年後には、ユーザーがいくつかウェブサイトと「遭遇(スタンブル)」したあとで現れる、まだ初期形態の全画面の「ネイティブ広告」によって、収益が発生するようになった)。修士課程をほぼ修了しかけていた二〇〇五年、キャンプはスタンブルアポンの共同創業者ジェフ・スミスとともに、サンフランシスコのベイエリアを訪れる。人間と機械が協調する未来を探る公益企業、シンギュラリティ・ユニバーシティ主催のカンファレンスに、スミスが出席するのが理由の一端だった。キャンプは同年後半にもベイエリアを再訪しているが、彼はこの二回の旅行中に、ジョシュ・コペルマン、ラム・シュリラム、ブラッド・オニール、ロン・コンウェイら著名なエンジェル投資家と面会した。いずれの投資家もスタンブルアポンのユーザー数の多さに惹かれ、株式の購入に乗り気だったという。

キャンプとスミスは、カリフォルニアではいともたやすく資金調達ができることに驚愕した。キャンプはこう回想している。

「全員に聞かれたよ。『従業員数は?』——だれも雇ってません。『これまでに調達した資金は?』——ゼロです。『だれがバックについてる?』——ぼくたちだけです」

キャンプいわく、修士号を取ったあとカリフォルニアに移住したいと熱望していたわけではなく、当初はバンクーバー、ロンドン、モントリオールなども候補にあった。だが二度の旅行で、テクノロジーを理解した投資家たちの醸しだす熱気に魅了されてしまったという。

「みんな、ぼくのやろうとしてることをちゃんと理解してくれたんだ。カルガリーにもテック企業は山ほどあったけど、どちらかというとワイヤレス製品とか、石油とかガス関連のテック企業が多かった。ウェブ関連のテック企業はそれほどなかったんだ」だが、サンフランシスコは違った。「五人としか会ってないのに、五人とも『金を出す』って言ってくれたんだよ」

ほどなくキャンプは、サンフランシスコのスタートアップ界で頭角を現すようになっていく。二〇〇七年、初めてベイエリアを訪れて資金調達をしてから二年も経たないうちに、キャンプはスタンブルアポンをイーベイに売却した。ユーザー好みのサイトを勧めてくれるこの直感的なツールに、イーベイが惚れこんだのだ。同年、キャンプはロビーという新しいカンファレンスに出席した。

オーガスト・キャピタルのベンチャーキャピタリスト、デビッド・ホーニックが始めたロビーは、「こうした催しでの最良の交流は、ステージ上でなく廊下で起きる」という奇抜な発想から生まれたイベントだ。すぐに本題に切りこむのをよしとするロビーでは、カンファレンスに付きもののプレゼンテーションやパネルディスカッションは割愛され、人脈作りのみが惜しげもなく全面に押しだされている。ホーニックの話に聞き入る聴衆は、そこに利己的な目的があることを隠そうともしない。彼らはみな、ホーニックが過去に共に働いたかこれから共に働こうと思っている、起業家やその卵なのである。

ハワイ島の高級ホテル《ザ・フェアモント・オーキッド》で開催されたロビーで、キャンプは初めてトラビス・カラニックと出会った。オーガスト・キャピタルのポートフォリオにレッド・スウッシュが入っていたことから、カラニックも招待されていたのだ。キャンプとカラニックはハワイで夕食を共にした。当時サンフランシスコで最も話題となっていたスタートアップ、ツイッターの共同創業者、エバン・ウィリアムズも同席していた。

＊＊＊

ウーバーキャブのドメインを取得した数か月後の二〇〇八年末には、キャンプはウーバーキャブのアイディアを起業家仲間と検討するようになっていた。

「あの当時は、友だちの意見を聞くためにディスカッションのネタにするコンセプトの一つ、っていうだけだったんだ」とキャンプは言う。「ただの頭の体操みたいなものさ。でもリンカーン・タウンカーに乗るたびに、少しずつ考えがまとまっていってね。運転手にもいろいろ聞いてみたよ。そうしたら、勤務時間の三分の二はただ座って客待ちしてるって言うじゃないか。それで思ったんだ。コストを下げて、空港との往復だけじゃなくて、一日ごとの短距離輸送の数をいまの五倍に増やしたら、リムジン送迎の値段も手頃になって、みんながタクシーみたいに気軽に使うようになるんじゃないかってね」

ウーバーキャブが生まれた瞬間に重要な意味が潜むように思えるのは、のちのウーバーを知っているからだ。当時の当事者たちにとっては、これは「ジャミング」の演習に毛が生えたようなもので、面白い結果を生むかもしれないが、失敗する可能性のほうが高いものだった。

「アドバイザーになってくれる友人を探してたんだ」とキャンプは言う。「興味があるって言ってくれた友人が四人いたんで、その最初の四人をアドバイザーにしたよ。トラビスもその一人だ」

他の三人は、近著『「週4時間」だけ働く。』で金鉱を掘り当て、著述家兼講師兼ポッドキャスターとしてポップカルチャーのキャリアを築いているティム・フェリス、スタートアップでささやかな成功を手中にしている友人のスティーブ・ジャング、スタンブルアポンに出資したスティーブ・ラッセルという顔ぶれである。実際にはウーバーはほぼ完全にキャンプの脳内だけに存在し、友人同士の話の種になるにすぎなかった。

「アイディアをいろんな人に話してみたら、面白いねって言ってくれる人がいたっていうだけさ。それくらい、どうってことない思いつきだったんだ。試用版のプログラムをいくつか作ってみたよ。そのうち、だんだんコンセプトが固まってきてね。ネットで長時間リサーチするようになっていったんだ」

創業直後のウーバーキャブは「どうってことない」会社だったため、オフィスもなければ従業員もいなかった。だがキャンプがウーバーキャブについて話すにつれ、関わる人間の数も増えてきた。カルガリー大学の同級生でニューヨークに住んでいたオスカー・サラザーは、キャンプのために試用版のコードを書くのを承諾した。サラザーはさらにメキシコに住む友人数人に、ウーバーキャブのウェブサイトを作る仕事を回した。サンフランシスコではカラニックがとくに力になってくれ、アイディアを生むのに手を貸してくれたり、自宅でジャムセッションを開いてくれたりした。

「ブレインストーミングの相手としては、トラビスは最高だったよ」とキャンプは言う。

リムジン配車サービスのアイディアはキャンプやカラニックら数人の興味を引いたが、仲間うちでこのアイディアだけに専念できる者は一人もいなかった。キャンプにはイーベイの仕事があり、カラニックもまだアカマイにいた。とはいえ二人とも、かかりきりにならなければならないほどの重責を社内で負わされているわけではなかった。大企業であるイーベイやアカマイの歯車の一つだったため、サイドビジネスに手を出したり、仲間同士会って話したりする時間はたっぷりあったのである。

二〇〇八年十二月、二人はル・ウェブという業界のカンファレンスに出席するためパリに飛んだ。シリコンバレーの起業家の世界に割って入りたいと熱望するフランス人ブロガー、ロイク・ルメールが始めたイベントだ。当時の妻ジェラルディンと共に、ルメールはアメリカからインターネット業界の有名な若手を大勢招くことに成功していた。アメリカ人たちは少々ゴリ押ししてでもパリに来たがったし、欧州の出席者にとっては、ル・ウェブはシリコンバレーの前途有望なエリートと袖触れあえるまたとない機会というわけだった。

十二年にわたってル・ウェブを運営してきたルメールは、これまでにル・ウェブで起きた重要な事柄を誇らしげに語った。

「ジャック・ドーシー（ツイッターの共同創業者）は、ル・ウェブでスクエア（Square）を立ち上げました。サウンドクラウド（SoundCloud）は、ル・ウェブのフレッド・ウイルソンから資金を得たんです」

サウンドクラウドはヨーロッパで人気の音楽共有サービスで、ウィルソンはニューヨークを拠点とする著名なベンチャーキャピタリストだ。のちにグーグルに買収され、グーグルがウーバーに対抗するための武器となったイスラエルの地図アプリ企業ウェイズ（Waze）については、「ウェイズはル・ウェブのスタートアップ・コンテストで優勝したんです」と語る。ルメールはさらに、グーグルの重役でヤフーのCEOに就任したマリッサ・メイヤーの名も出した。

「マリッサはル・ウェブに来て婚約したんですよ」。ルメールは当時メイヤーと付き合っていたザッカリー・ボーグに、パリでプロポーズに最適な場所はと聞かれたという。「『ル・ウェブのステージ上だよ』と言いましたよ。ザッカリーには嫌だって断られましたけどね」

ステージ上では特筆すべきことは起きなかったが、開催中にパリを襲った吹雪のおかげで、二〇〇八年のル・ウェブは記念すべきカンファレンスとなった。大雪のために、講師や出席者がなかなか会場入りできなかったとルメールはふり返る。ただでさえ悪評ふんぷんたるパリのタクシー運転手が、さらに状況を悪化させた。

「挨拶はしないし、近距離は乗車拒否するし、お釣りを渡すのを渋るんですよ」と、スペイン国境に近い南仏の町ペルピニャン出身のルメールは言う。「しかも吹雪になると、運転手は家に帰ってしまうんです。だから一台も見つかりません。そのおかげで、ギャレットとトラビスが名案を思いついたというわけですよ」

二人のうちキャンプは、とくに名案を必要としてはいなかった。愛想の悪いタクシー運転手をどうしたらよいかという問題への解決法を、すでに数か月前に別の都市で思いついていたからである。だが、実際にパリの吹雪で助かったこともあった。足とエレベーターを使ってカラニックと二人でエッフェル塔のてっぺんまで上り、ウーバーキャブの思いつきについてじっくり話し合うことができたのである。このときの会話はウーバーの創業秘話の一部となり、二人が起業を決意した瞬間だとされている。実際にはカラニックはウーバーキャブの設立に立ち会っていなかったことを思えば、これはとくにカラニックにとって都合のいい物語だ。ウーバーの企業サイトで「ウーバーの歴史」と題されたページには、こう書かれている。

「二〇〇八年の雪の夜、パリにいたトラビス・カラニックとギャレット・キャンプはタクシーを捕まえられませんでした。そのとき二人の頭に、シンプルな解決策が浮かんだのです。ボタンをタップして、タクシーを呼べばいいじゃないか――と」

企業の創業秘話がえてしてそうであるように、この話もひらめきの瞬間を単純化しすぎた優雅な逸話であり、実話の全体像を正確に伝えているとは言いがたい。

キャンプによれば、まあまあの「即興（ジャム）」スタートアップだったものを現在のウーバーたらしめるに至った鍵となる洞察力を、カラニックがもたらしてくれたというのが、実際にその晩パリであったことだという。当時とその後しばらくのあいだ、キャンプはリムジンを所有して運転手を雇う形でのビジネスを想定していた。ガレージを借りることも考えていたという。だが、カラニックはよせと言って止めた。

「エッフェル塔で、トラビスに説得されたよ。『車を買う必要なんかない。アプリだけ提供して、ドライバーに独立契約者として働いてもらえばいいんだ。独立契約者に好きな時間に働いてもらったほうが融通が利くし、ビジネルモデルとして優れてる』ってね」

「自社では資産を購入せず、他者の労働力と所有物を利用すべきだ」というキャンプへの高度なアドバイスが、初期のスタートアップ、スカウアとレッド・スウッシュでの経験に似通っていることにカラニックが気づいたのは、もっとあとになってからだった。

「あのときは気づかなかったよ」とカラニックは言う。「最初にやってたことを、ネットから現実世界に移しかえたようなもんなんだけどね。自然とそういうふうに頭が働く質（たち）なんだろうな」

ただし、その冬カラニックの心を占めていたのは、輸送ビジネスに創造的破壊をもたらすことだけではなかった。

「ちょっとした思いつきがあってね。基本的には、エアビーアンドビーのもっと管理がしっかりした企業バージョンみたいなものかな。一定レベルに達してる世界各地のマンションや家を長期で旅行者に貸しだして、自宅みたいにくつろいでもらおうっていうアイディアでさ。パッドパス（Pad Pass）って呼んでたよ」

当時のツイートを読むと、キャンプとリムジン送迎サービスについて話し合う一方で、カラニックがほかにもいくつかアイディアを温めていたことがわかる。二〇〇八年十二月、カラニックは医学記録転写に関わる企業でアドバイザーをしているとツイートしている。また彼は、美術品をレンタルする事業のプロジェクトにも関わっていた。

「みんな生活にアートがあってほしいと思ってるけど、買いたがる人はだれもいない。だったら定額料金を払って、美術品のコレクションを会員同士で回せばいいだろ？　予算は低く、カルチャーは高く、ってことさ」

二〇〇九年初頭には、キャンプとカラニックは気心の知れた旅仲間になっていた。ジャムパッドを頻繁に訪れていたクリス・サッカは、バラク・オバマの大統領選挙戦で一種の〝プロモーター〟を務めた。大統領就任式のために六〇万ドルを調達したサッカは、就任式、舞踏会、ビヨンセとブルース・スプリングスティーンのコンサートなど数日にわたる就任式典に、大勢のビジネス仲間を（一人頭一万二五〇〇ドルの会費で）招いた。キャンプとカラニックも連れ立って式典に出かけ、エバン・ウィリアムズや、オンライン靴小売店ザッポス（Zappos）の初期投資家、トニー・シェイとアルフレッド・リンらに加わった。

今回もまた、二人はじめじめした寒い天候に悩まされ――そしてある意味では助けられた。「パーティ会場を移動するとき、トラビスとギャレットはいらいらと落ちつかなげにタクシーを待ってましたよ」とリンは回想している。旅慣れていたにもかかわらず、ワシントンDCに来たカラニックは十分な防寒着を持参していなかった。

「就任式典のコンサートに一緒に行ったんですけど、トラビスったらかわいそうに、DCの寒さに対応できる服を持ってきてなくてね」とリンの妻レベッカは言う。「長い房のたれた耳あてがあって、真上にポンポンのついたペルー風ニット帽を、トラビスがかぶってたのを覚えてるわ。当時付き合ってた彼女から借りたんですって」

サンフランシスコに戻ったキャンプは、ウーバーキャブのアイディアをより具体的に検討しはじめた。だがアイディアが固まるまでには時間がかかったという。

「アイディアは年中思いつくんだ」とキャンプは言う。「でも実際に行動を起こそうと思ったら、その前に何度もアイディアを検討しなきゃならない。ウーバーキャブの場合も、しばらく検討したあとでもう諦めようって思ったこともあったんだけど、そのたびに、やっぱり行動を起こさなきゃって気になったんだ。そもそも、真剣に会社を興そうとも思ってなかった。むしろ製品を作りたかったんだよ。とはいっても、あの当時取りかかってたのはウーバーキャブだけだったんだけどね」

二〇〇九年の初め、キャンプは銀行口座を開設し、すでに体裁が整いはじめていたウェブサイト「Ubercab.com」の資金として、一万五〇〇〇ドルを入金した。キャンプの推定によれば、最初の十八か月間でウーバーキャブにおそらく二五万ドルほどはつぎこんだはずだという。

キャンプはスタンブルアポンとウーバーキャブを並行して運営していたため、起業のプロセスは遅々として進まず、二〇〇九年の大半がそれに費やされた。

「インタラクションデザインと、アプリがどう動くかを示すフローを考えたよ。どういう見た目にするか、プロトタイプを作ってみた。ボタンをタップすると、配車オーケーの画面が出て、そのあとドライバーの評価が見える。スタンブルアポンでもサイトを評価するシステムを取ってたから、ウーバーキャブでも評価システムがあったほうがいいと思ったんだ。でもサムズアップとサムズダウンの二択じゃなくて、星いくつっていうほうがいいかなと思った。評価の程度がもっと詳しくわかるからね」

当初、ウーバーキャブはウェブサイトだけの存在だった。それが多国籍の協力を得て、れっきとしたｉＰｈｏｎｅのアプリにまで進化したのである。カルガリー大学院でキャンプの友人だったサラザーは、ウェブサイトを作る仕事の一部を、メキシコのソフトウェア開発者に下請けに出していた。その後サラザーは二人のオランダ人を雇い、ｉＯＳ（アップルのスマートフォン・プラットフォーム）で動くウーバーキャブのアプリ第一号をデザインしてもらった。

徐々にビジネスが形を成すにつれ、キャンプはウーバーキャブにもっと積極的に関わってほしいとカラニックを口説きはじめた。アドバイザーとして加わるだけでなく、巣立ったばかりの会社の成功に寄与する中心的役割を担ってほしいと説得したのである。

「株式の一〇パーセントをやるからって言われてね」とカラニックは言う。「創業当初のエンジニアチームと長時間一緒に働いたよ」

年末も押し迫るころには、キャンプはウーバーキャブを稼働させたくてうずうずしていたが、アプリはまだ完全に仕上がったとは言いがたかった。カラニックはモブリー（Mob.ly）というソフトウェアエンジニアリング会社を雇ったが、モブリーはのちに共同購入型クーポンサイト、グルーポン（Groupon）のスマートフォン向け開発チームとなり、ｉＰｈｏｎｅアプリの全般的なチェックを請け負った企業だ。キャンプは言う。

「モブリーはｉＯＳアプリをほぼ一から書き直して、信頼性と安定性を高めてくれたんだ」

アプリの書き換えもほぼ完了したため、キャンプとカラニックは年が明けたらテストをしようと考えるようになった。その間にもキャンプは高級セダンに乗って街を流し、「リサーチ」を続けていた。ファースト・ラウンド・キャピタル（First Round Capital）のベンチャーキャピタリスト、ロブ・ヘイズは、二〇〇九年の一連のクリスマスパーティでキャンプがスタイリッシュな車に乗っていたのを印象深く記憶している（ちなみにファースト・ラウンド・キャピタルの創業者ジョシュ・コペルマンは、スタンブルアポンに投資していた）。「毎年、ラム・シュリラム（彼もまたスタンブルアポンの出資者だった）がウッドサイド（パロアルト近郊のしゃれた街）の自宅でクリスマスパーティを開くんですがね。そこに現れたギャレットをよく覚えていますよ。たしか女連れで、黒いリムジンに乗っていてね。『かっこいいな』と思いましたよ。『おれは自分の車で来たのに、ギャレットはリムジンで現れるなんて』とね」とヘイズは言う。「その光景が、なぜか脳裏に焼きついて離れなかったのを覚えています」

このときキャンプの姿に目をとめたことが、のちにヘイズに大金をもたらす端緒となった。

＊　＊　＊

二〇一〇年一月、まだウーバーキャブとの関わりはパートタイムだったとはいえ、キャンプとカラニックはアプリのテスト運用を行う準備を整えつつあった。二人はサンフランシスコでサービスを稼働させる計画も立てていたが、それに向けた専任の担当者を探していた。

二〇一〇年一月四日、カラニックはツイッターに「起業に伴い、位置情報サービス向けの優秀なプロダクトマネージャー兼事業開発者求む」と投稿した。カラニックは略語を多用して一四〇字の文字制限を守りながら、サービスは「集客（プレローンチ）」の段階であり、採用者には「ビッグな」エクイティ報酬のパッケージを用意するうえ、事業には「ビッグネームが関わっている」と美辞麗句を連ねたが、おそらくビッグネームとは自分自身とキャンプを指していたのだろう。

ツイートに返信した者の中に、ゼネラル・エレクトリック（General Electric）で中間管理職に就くシカゴ在住の二十七歳、ライアン・グレイブスがいた。スタートアップ業界で新規まき直しを図りたいと熱望していたグレイブスは、位置情報チェックイン型サービス、フォースクエア（Foursquare）にのめりこみ、シカゴの複数の地区でヘビーユーザーだけに与えられる称号「メイヤー」を獲得したほどだった。これより前、グレイブスはアポなしでニューヨークに飛び、フォースクエア創業者のデニス・クローリーにフォースクエアで働きたいと直訴したが、断られている。カラニックがサンフランシスコでのウーバーの稼働を取り仕切る人材がいたら教えてほしいとツイートした際には、グレイブスはわずか三分後にこうリプライしている。

「ここにいますよ。メールしてください。:)」

その後しばらくして、キャンプとカラニックはウーバーキャブのアプリを書き換えたモブリーの共同創業者イーシェイ・ラーナーを伴い、ニューヨークに飛んだ。現地でオスカー・

サラザーを加えた一行は、リムジンの運転手三人を手配すると、真冬の二日間を使ってアプリのテストを行った。一行はグレイブスもニューヨークに呼んでいた。面接をし、テストに立ち会ってもらうためである。

「何度も何度もくり返しテストしたよ」とキャンプは言う。アプリはうまく動くときもあれば、動かないときもあった。「大量のメモを取ったね」

グレイブスと面接したカラニックは、すぐにその場でグレイブスを雇うと決めた。スタートアップで働くという夢を叶えたグレイブスは、三月一日からウーバーキャブで働くことになり、幼稚園教諭の妻モリーとサンフランシスコに移り住む計画を立てた。

カラニックがウーバーキャブのビジネスパーソン第一号を探すのに頼ったのがツイッターなら、キャンプはウーバーキャブのエンジニア第一号を見つけるのに、ソフトウェア業界のカナダ人ネットワークを活用した。コンラッド・ウェランは、二〇一〇年初頭にカルガリーのテック企業を休職し、ヨーロッパ横断旅行に出かけていた。帰国したウェランはキャンプに連絡し、近況を尋ねた。キャンプはこのさすらいの旅人に、ウーバーキャブに加わってくれと頼んだ。

「それで会社に入ってみたら、アプリがサインアップできない仕様になってましてね」とウェランはふり返る。「リムジンの配車を依頼するだけのアプリになってたんです。だからクレジットカードの番号を聞いたり、アカウントを作成したりするサインアップのフローを作りましたよ」

創業したとたん、ウーバーキャブはスタートアップが決まってぶち当たる問題に直面した。オフィスの狭さである。ウーバーキャブはやはりスタートアップであるゾジ（Zozi）という旅行サイト会社の会議室を借り、そこにわずかな従業員を詰めこんでいた。ウェランの入社後ほどなくして、オハイオ州マイアミ大学でグレイブスの友人だったライアン・マキランも、ソフトウェア・エンジニアとしてウーバーに加わった。マキランが最初に突き当たった障害は、意外にも言葉の壁だった。

「いまも覚えてるけど、初日の朝、テーブルに本が山積みになってるのに気づいたんです」とマキランは言う。「コンピュータサイエンスとか、プログラミングとか、データベースとか、その類の本がね。でも、どれも新品同様でした。本の背に折りじわ一つついてないんです。だけどテーブルにある本で、一冊だけ手垢がついてぼろぼろになってる本があって、ものすごく愛用されてるのが一目瞭然でした。だから、まずその本のことを聞きましたよ。『なあ、コンラッド、なんでテーブルに西英辞典があるんだ？』ってね。するとコンラッドがふり返って、ぼくを見上げてこう言ったんです。『それはね、ライアン、コードが全部スペイン語で書かれてるからさ。ウーバーにようこそ』」（コードがスペイン語だったのは、オスカー・サラザーがメキシコ人のソフトウェア開発者を下請けに雇っていたからである）

エンジニアたちがウーバーキャブのコードの強化に取り組んでいるころ、グレイブスはサンフランシスコのガレージを訪れては、運転手に登録を促していた。ただでさえ説得力と忍耐力を要する仕事だが、通常のハイヤーと違い、プロトタイプのスマートフォンアプリの使い方も説明しなければならないのだから、なおさらだ。身長一九五センチメートルで、固い握手と満面の笑みを持つ中西部人のグレイブスは、当時ウーバーキャブのアドバイザー的立場だったクリス・サッカいわく、「一九六〇年代の煙草のコマーシャルに出てきそう」な容貌だ。

「ライアンはできるやつでね。不審そうな顔をしたアルメニア人の運ちゃんだらけのガレージに入っていって、出てくるときはみんなからハグされるような男だったよ」

二〇一〇年五月末、ウーバーは十指に満たない程度のドライバーと乗客を伴い、ひっそりとサンフランシスコで稼働した。乗客の大半は、口コミの新形態である、カラニックやキャンプらのツイッターの「フォロワー」だった。大企業の新商品発売、たとえば新型ｉＰｈｏｎｅなどと比べると、ウーバーキャブのデビューはごく地味なものだった。ツイッターをやっていない人は気づきもしなかっただろう。だが期間限定でオープンしたばかりのレストランやバーをなぜかたちまち嗅ぎつける事情通がいるように、サンフランシスコには、スタートアップの新商品をいち早く察知する人々がわずかながらいる。彼らが最初の乗客となった。

初期の販促スローガン「あなたのお抱え運転手」でも明らかなように、ウーバーは当初、創業者たちのような夜遊び好きの独身男性のためのお遊びツールとして登場した。倹約家のカラニックは（未実現利益で億万長者となって以降も締まり屋だった）、ウーバーのインスピレーションの源はキャンプのライフスタイルだと認めている。カラニックいわく、「ウーバー車を乗り降りするときに、ギャレット・キャンプほど自信に満ちあふれてるやつはいないよ」

ウーバーキャブの稼働から幾日もたたないうちに、カラニック（「チーフ起業支援者（インキュベーター）」という肩書だった）とグレイブスは、この新事業への出資を募りはじめた。スタートアップが資金集めをするにはCEOがいる。というわけで、カラニックにツイートしてゼネラルマネージャーの職を得たグレイブスが、CEOに就任することになった。

「CEOなしに、創業前後（シードラウンド）の資金調達はできないからね」と語るカラニックは、当時はまだウーバーとはパートタイムでしか関わっていなかった。「グレイブスはフルタイムで働いていたから、『グレイブス、きみがCEOをやれよ』って感じだったんだ」

カラニックとグレイブスはタッグを組んで出資を募ったが、初めのうちはなかなか成果が上がらなかった。オーガスト・キャピタルのデビッド・ホーニックは、リムジン送迎サービスというアイディア自体が、市場が小さすぎるという理由で気に入らなかったという。ベンチマーク・キャピタル（Benchmark Capital）のビル・ガーリーも、同様に出資を渋った。キャンプのスタンブルアポンに出資したラム・シュリラムは、ウーバーキャブはテクノロジー企業としてふさわしい特性を備えていないと感じたという。

「二人に言いましたよ。『私は資本集約型ビジネスには投資しないし、うちの私道にリンカーン・タウンカーが一五台停まってるなんてはめには陥りたくないんだ』ってね」

多くの投資家が、キャンプとカラニックがウーバーキャブにフルタイムで就業しようとしないことを問題視した。シリコンバレーの起業家として三か月の経験しかないライアン・グレイブスは、CEOとしては力不足だったのである。

唯一ウーバーキャブに将来性を見いだした投資家が、ファースト・ラウンド・キャピタルのロブ・ヘイズだった。キャンプのツイッターをフォローしていたヘイズは、キャンプがちょくちょく「ウーバーキャブ」に言及するのに気づいた。十歳年上で同じ社交グループに属していなかったヘイズには、その言葉が何を指すのかさっぱりわからなかった。サービス開始からまだ数週間しか経っていない二〇一〇年六月十五日、ヘイズはキャンプに「ウーバーキャブ」という件名のメールを送った。「興味津々だよ。:-) 詳しく聞かせてくれないか？」が全文の、短いメールである。キャンプは即座にヘイズをグレイブスに会わせ、グレイブスは出資を要請した。

「ウーバーキャブを一度使ってみたら、なかなかよかったんですよ」とヘイズは言う。「サンフランシスコの人間として、従来のタクシーはまったく使いものにならないと諦めてましたから、ここでならこのサービスはいけると思いましたし、他の都市でも見込みはあるんじゃないかという気がしましたね」

他のベンチャーキャピタリストは、リムジンサービスのポテンシャルの乏しさから、ウーバーキャブを鼻であしらった。ヘイズによれば、彼もリムジンそのものに惹かれたわけではなく、ウーバーキャブというサービスの使い勝手のよさに魅了されたのだという。

「この事業がどこまで拡大するかの目安として、現行のリムジン市場を判断材料にするのは間違っているということはわかっていました。ウーバーやウーバーXという未来までは見えていませんでしたけどね。ニューヨーク進出がうまくいくかすら、確信は持てませんでした。それでも、いま現在あるサービスよりいいことはわかっていましたし、顧客が抱える深刻な問題の解決策であることは確かでした」

ファースト・ラウンド・キャピタルが主体となり、クリス・サッカの投資会社ロウアーケース・キャピタル（Lowercase Capital）や、少数のサンフランシスコ在住のエンジェル投資家が加わったウーバーキャブの「シードラウンド」初の出資額は、合計一二五万ドル。新たな出資額を含めないウーバーの評価額は、四〇〇万ドルだった。わずか数年後のウーバーの評価額からすれば、四捨五入による誤差よりもわずかな額である。シードラウンドでのみ出資したファースト・ラウンドは、このとき四五万ドルの小切手を切った。この賭けに勝った同社は、のちに数十億ドルの利益を上げることになる。

＊＊＊

資金が調達できたことで、カラニックはようやくウーバーキャブで働く時が来たと感じた。ウーバーキャブはすでに、サンフランシスコのサウス・オブ・マーケット地区にあるファースト・ラウンド・キャピタルのオフィス内に移転していた。だがカラニックがやりたい仕事は一つしかなく、いまはライアン・グレイブスがその任に就いている。

カラニックはサッカを間に立て、グレイブスの降格を働きかけた。グレイブスをオペレーション部門担当バイスプレジデントおよびサンフランシスコ担当ゼネラルマネージャーにしようとしたのである（弁護士で取締役員で出資者であり、創業者たちの友人でもあったサッカは、いまだ同好会的雰囲気の抜けない企業で仲介者を演じるには適役だった）。カラニックはまた、キャンプが以前譲渡した一〇パーセントの株式よりも多い取り分を欲し、キャンプとグレイブスの持ち株からもいくらか割かねばならない、二三パーセントを要求した。持ち株を減らしてでも優秀な人材を雇用することの重要性を、自分はすでに学んでいたとキャンプは言う。

「任にふさわしい人材を得るためなら、かなりの株式だって喜んで手放してたよ」

グレイブスはといえば、テック関連ニュースサイト、テッククランチ（TechCrunch）の取材に、カラニックがウーバーのCEOになることに「超ワクワクしてる（スーパー・パンプト）」と答え、グレイブスの降格を伝える記事のヘッドラインで辛辣に皮肉られている。降格に傷つき、さらにその後創業者の一人と呼ばれる権利を否定されたことでカラニックと確執があったにもかかわらず、グレイブスはその後何年もウーバーの幹部と取締役員にとどまった。ウーバーの社風の中核をなすフレーズを生みだしたのも、グレイブスだ。ウーバーの従業員たちは、数年間にわたって（バカにしてではなく本心から）あらゆることに「超ワクワクしてる（スーパー・パンプト）」と言いつづけたのである。

二〇一〇年十月、カラニックがＣＥＯに就任したまさにその日、クリップボードを手にした男性がウーバーキャブのオフィスに現れ、ライアン・グレイブスはどこかと聞いた。男性が持参したのは、サンフランシスコ市交通局とカリフォルニア州公益事業委員会からの事業停止命令の書状だった。書状には、「ウーバーキャブという社名は貴社がタクシー会社であるかタクシー会社と提携していることを示唆するため、貴社はサンフランシスコ市交通局の管轄下に置かれるものとする」と記されていた。カラニックの対応は単純明快だった。すかさず社名から「キャブ」を取り除くと、業務停止命令は一切無視したのである。

第六章

トラビス、
ハンドルを握る

二〇一〇年の秋にトラビス・カラニックが引き継ぎを決めたのは、サンフランシスコ一都市で四か月稼働していたに過ぎない、零細企業だった。カラニックがＣＥＯになる条件を交渉していた九月の一か月間で、ウーバーキャブが運んだ乗客は総勢四二七人である。その後一年でウーバーは資金を調達し、数都市にサービスを拡大していくが、この若い企業の原動力となったのは、革新的なテクノロジーに加え、昔ながらの勘と経験に基づく社員の努力だった。ウーバーの社風は「ハッスル」だ。やればできるの精神で残業をものともせず、新しいものには一通り何でもチャレンジする。のちにカラニックは、デジタルの力と物理的な資産を組み合わせたウーバーのユニークな特性を表す言葉として、「ビットと原子」という表現を思いつく。この特性があるからこそ、ウーバーはそれ以前の有名インターネット企業と一線を画すことになるのである。

だがこのように簡潔にまとめてしまっては、実態から乖離することになるだろう。当時のカラニックの目に映っていたウーバーは、「解かねばならない数学の問題」だった。このお気に入りのメタファーを使ってカラニックが言わんとするところは、実際には難しい運用上の問題が山積していたということである。

映画『ビューティフル・マインド』でラッセル・クロウが演じたジョン・ナッシュさながら、カラニックが宙空に崇高なる方程式を見ていたとすれば、彼がフルタイムで参加する前の数か月間、ウーバー創成期の従業員たちは、起業に伴うはるかに俗っぽい日常業務に忙殺されていた。

ウーバー創業当時からの従業員の一人であるオースティン・ガイトは、二〇一〇年の夏、インターンとして雇用された。二十五歳だったガイトは、大学で英語学を専攻したのち、同級生より遅れて就職した（五年後、ウーバーの最高幹部の一人となっていたガイトは、ウーバー入社前に薬物依存症を克服したというどん底からの復活の物語を語ってくれた。彼女に言わせれば、驚異的成長を遂げる注目の企業で働くストレスなどは、依存症の克服に比べればまだしも楽だったということだ）。その他大勢と同様に、ガイトはツイッターを通じてウーバーを知った。

「仕事を探してたんですけど、不況でなかなかなくて」とガイトはふり返る。「テック業界の人のツイッターを、ランダムに何人かフォローしてたんです。そうしたらウーバーに関するツイートが目にとまって、面白そうだなと思いました。インターンを探してるというので、まだCEOだったライアン・グレイブスに連絡して、『私を試しに使ってください』って言ったんです」

小所帯のスタッフの中で数少ない非エンジニアの社員だったガイトは、規模の大小を問わずロジスティクス関連業務を請け負った。ガイトは事務部門の責任者であり、マーケットリサーチ担当者であり、カスタマーサービス担当者だった。口コミサイト、イェルプ（Yelp）で見つけたリムジン運転手にじかに電話をかけ、ウーバーのドライバーにならないかと勧誘した。サンフランシスコのモスコーニ・コンベンションセンター前で、「だれも欲しがらないチラシ」を配った。ウーバーのウェブサイトとアプリに載っていた唯一の電話番号は、ガイトのスマートフォンの番号だった。

「夜中の三時に電話が鳴って、『リムジンが一台もないぞ』とか『四番通りとなんとか通りの角に配車してくれ』なんて言われるんです。そういうときは、『アプリをお使いください』って答えてました。結局、その番号は掲載するのをやめました」ガイトはやがて、スタートアップで働くことの特殊性を悟る。「ビジネスメールの書き方がわからなかったんです。でもすぐに、なんだ、みんな適当に自分のやり方で書いてるんだってわかりました。スタートアップでは、だれもがみんな手探り状態なんですよね」

このスタートアップも、手探り状態のあいだに多くのミスを犯した。サンフランシスコで稼働して直後の二〇一〇年の夏、まだ最初のCEOライアン・グレイブスが社を率い、キャンプとカラニックは他の事業とかけもちしていたころのことだ。このとき犯したミスや、業務を行いながら学んだ教訓の多くは、そのままウーバーの「戦略本（プレイブック）」に直結している。一例を挙げれば、初めてのハロウィンに、ウーバーは販促の一環として乗車料の値下げを行った。だが値下げキャンペーンは効果が大きすぎ、かえって顧客の不満を招く結果となった。「乗れない人が続出したんです」とガイトは言う。キャンペーンによって、供給可能なドライバー数を上回る需要過多が生じてしまったのだ。「需要が高まる日にディスカウントを行ってはいけないって、これで学びました。私たちはそんなことも知らなかったんです」
（事実、のちにウーバーはこの値下げキャンペーンとは逆に、繁忙期に料金を上げる特需型値上げ（サージ・プライシング）を採用した。顧客の怒りと論議を呼んだ方策ながら、より多くのドライバーを路上に呼びこむという目的は達した）

やりながら仕事を覚えていったのは、ガイトだけではない。タクシーでなく、もっぱらリムジンの運転手のみを勧誘していたグレイブスは、リムジンハイヤー会社を頻繁に訪れていた。そのたびにグレイブスは、気づけば、テクノロジーへの見識が高いとは言えない運転手たちに「伝道」を行っていたという。

「売りこみにｉＰａｄ（アイパッド）を持っていったら、視覚的なプレゼンテーションができるなって気づいたんですよ。両方の見え方を示さなきゃいけなかったので」両方の見え方というのは、乗客が配車リクエストをするときと、ドライバーが配車リクエストを受けるときの、二通りのアプリの画面という意味である。「でっかいグーグルマップに、でっかい緑のボタンと、中央にピンが刺さった住所を見せる。それだけです。あとはライブデモの緑のボタンをタップして、デモがうまく動くことを祈ってました」

当時スマートフォンは売りだされたばかりの高額なガジェットだったため、ウーバーは全ドライバーにウーバー専用ｉＰｈｏｎｅを無料で貸しだすことにした。

「速攻でＡＴ＆Ｔと契約しましたよ」とグレイブスは言う。ＡＴ＆Ｔは電波の受信状況が不安定なことで知られる大手通信事業者だが、当時はアメリカ国内でｉＰｈｏｎｅを扱う唯一のキャリアだった。「たぶんあの契約で、政府機関以外の民間企業としては、ＡＴ＆Ｔの史上最大の得意先になったんじゃないかな。一時は数十万台のｉＰｈｏｎｅを所有してましたからね」

稼働一年目は、祝日や休暇には大幅な利用率の増減が見られた。シードラウンドで出資したファースト・ラウンド・キャピタルのロブ・ヘイズは、ウーバーの初期の成長を俯瞰で眺めてきた人物だ。二〇一〇年後半の数か月、ウーバーはサンフランシスコのサウス・オブ・マーケット地区にあるファースト・ラウンドのオフィスに移転していた。デスクが近かったため、ヘイズはよくカラニックと話をしたという。

「最初の数か月は急速に伸びてました」とヘイズは言う。「ところが感謝祭になったら、いきなりガクンと落ちこんだんです。トラビスが乗車数の伸びを示すチャートを見せてくれましたよ。感謝祭の休暇が始まって一週間のあいだずっと、乗車数が大幅に減少してるんです。『嘘だろう、いったい何が起きたんだ？　ちゃんと稼働してないってことか？』と焦りましたよ」

じつを言えば、ウーバーはきちんと稼働していた。ただ、サンフランシスコ市内で夜遊びをしていた若い利用客が、みな市外の実家に帰ってしまったのである。

「一週間経って休暇が終わると、また数字がもとに戻って、指数関数のような急成長が続いたんです。その後、新年にはさらに格段に乗車数が伸びました。だれも予測していなかったほどの伸び率でしたよ。下がったり上がったり、クレイジーでしたね」

ウーバーが初期に顧客の人気を集めたのは口コミのおかげだったが、供給を生むには（つまり乗客の需要に応えられるだけのドライバーを確保するには）、異なるアプローチが必要だった。リムジン運転手には、二十代のプログラマーたちほどソーシャルメディアを多用する習慣はない。テック業界の最新スタートアップを知ろうと、ツイッターを熱心に調べるような運転手はいないのである。当時ウーバー車を運転できるのは認可を受けたリムジン運転手だけだったため、どの運転手にもすでに得意客がいた。ライアン・グレイブスがいくら巧みに運転手を口説き落としたところで、ウーバーの専属になると誓約を立てる者は一人もいなかった。

とはいえ、飲めや歌えやのどんちゃん騒ぎが繰り広げられる大晦日は、ウーバーにとっては一年で最大の稼ぎ時である。二〇一〇年の大晦日、グレイブスはウーバーのオフィスにデスクを据え、リムジン運転手と契約を結んでは、ウーバーのドライバー用アプリがプリインストールされたｉＰｈｏｎｅを手渡すのに忙しかった。

「大晦日の午後十一時まで、働きづめでしたよ」とグレイブスは言う。「『今夜中に何人を中に呼び入れて、アプリの使い方を教えて、スマホを渡して、アカウントを作って、路上に送りだせるか？』って、もう必死でした。一人でもドライバーの数を増やせば、お客さんに気持ちよく乗ってもらえるし、供給も安定するし、販促にもなるっていう状況でしたからね。ぎりぎりまで粘りましたよ」

＊　＊　＊

明けて二〇一一年、サンフランシスコで勢いに乗ったウーバーは、他の都市にも進出しはじめた。ウーバーの拡張計画は当初、市場規模の拡大と、局地的市場におけるハイテクに精通した層だけに焦点を当てていた。少なくとも初期においては、新しいサービスを広げてもらえるという意味でも、進出先で派遣スタッフが必要な人脈を作る際の援助を頼めるという意味でも、テック業界の専門家が多い都市のほうがふさわしいという考えがあった。まずウーバーの新しい進出先となったのは、ニューヨークである。市場は大きいが、タクシー業界が盤石である点がサンフランシスコとは異なっていた。ウーバーは続けてシアトル、シカゴ、ボストン、ワシントンDCの各都市で、矢継ぎ早にアプリを稼働していく。

この年「運用部門（オペレーション）」のトップとなったライアン・グレイブスが、新都市への進出（ローンチ）の責任者兼、各地で運用担当者として雇われたゼネラルマネージャーたちの統括役を務めた。元インターンのオースティン・ガイトがグレイブスの副官となり、それぞれの進出先でオペレーション開始作業を進めた。ニューヨーク進出の際はガイトは補佐役にすぎなかったが、シアトル進出で初めて単独の責任者となり、実力のほどを試されることになった。荷物をまとめて北に飛び、数か月後に迫ったローンチの準備をしろというのが、ガイトが受けた指令だった。ここでもガイトは実際にやりながら仕事を覚えていった。カラニックからは、かつて《でたらめ旅行の会（ランダム・トラベラーズ・ソサエティ）》で海外の冒険に乗りだしたときと同じ方法で新都市に進出するよう、アドバイスを受けていた。

「現地のテック業界に入りこむために、あらかじめトラビスの大勢の知人とコンタクトを取るようにしたんです」

それは他にはないユニークな手法だった。そう、確かにドライバーとも、規制当局ともパイプは必要だ。だがウーバーはサンフランシスコでそうしたように、まずテック業界への販売促進を行い、噂を広めて、流行の先端を行くユーザーの気を惹くアプローチをとったのである。

「アマゾンやマイクロソフトの社員と話したし、イェルプのサイト管理者と、その友だちの写真家にも会いました。そりゃもう、いろんなところに行きましたよ。シアトルの業界に顔を売っておくっていう意味もありましたから。ローンチの準備期間中、テック業界の人たちはみんなすごくよくしてくれました」

ガイトの仕事の進め方は、一般人に送迎車を提供するという目的の、最終局面から序盤へとさかのぼるようなやり方だった。まず、ウーバーが規制の対象とされる懸念を考慮せねばならない。ガイトは関連法規の情報を入手するため、市役所を訪れた。
「規制の条項を一つ一つじっくり検討して、問題が生じる可能性があるのはどこかを知ろうとしたんです」

普通の企業なら、ここで地方自治体の担当者との面談をセッティングして、事業の意図をわかってもらおうとするだろう。だがウーバーは、どの都市に進出する際も、ゲリラ攻撃のアプローチを取った。あらかじめ敵に攻撃予告をするような必要はないというわけだ。さてお次は、運用上必要な構成要素の番である。
「山ほどパートナーを見つけないといけませんでした」パートナーとは、ウーバー語でドライバーの意味だ。「パートナーにアプリを売りこまなくちゃいけませんでしたし、価格も決定する必要がありました」

ガイトは各都市のドライバーとインフルエンサー向けにパーティを企画し、報道陣にコンタクトし、最後にようやくローンチの日取りを決めた。

ガイトは、準備の手順がくり返し可能なことに気づいた。
「新都市にローンチするたびに、やってることをすべてメモしていったんです。それがすごく大雑把ではありますけど、ウーバーの最初の戦略本（プレイブック）みたいなものになりました。それからは進出する都市に行くたびに、準備プロセスに磨きをかけて、より効率的に改良しようとしました」

シアトルでのローンチを終えたあと、ガイトはメモを携えて次の都市に向かった。「そのあとボストンに行ったときは、メモの中身をすっきりさせるだけでよかったんです」その後五年間、ガイトは世界各地での市場投入を監督する、次第に規模の大きくなるチームを率いることになった。その際にチームが参照するのは、二〇一一年の夏にガイトが社内用に作成したあのプレイブックだった。規制を見極める、ドライバーを勧誘する、価格を決定する、地元のメディアやセレブリティに秋波を送る——世界進出も、このプレイブックどおりに進めていったのである。

創業間もないこの時期、ウーバーは各都市でのPR活動に名人芸を見せた。まず、通常はカラニックがブログの記事でウーバーのローンチを知らせる。その際、進出先の都市をいかにウーバーが敬愛しているかを力説する。スポーツチームでも主要な産業でもいいが、その都市の鍵となるような特性に焦点を当てるのである。

「ここシアトルでは、ギークが主導権を握っています」と、カラニックは二〇一一年八月のブログに書いている。「三十五年前からあるマイクロソフト、十五年前からあるアマゾン、そして何十年も前からあるボーイング（Boeing）が、シアトルをガジェットとテックとアプリのギークの天国にしてくれました。未来的な生活すら、ここでは日常の一部です。ボタンをタップするだけで数分後には黒光りするリムジンが到着しても、シアトルの特色を考えればなんの違和感もありません」

カラニックは自分と本社からの派遣スタッフに、新しい土地を理解しようとやってきたアマチュア人類学者の役をふり当てたのだ。「都市を称賛する」というのは、モットーとして記載されたウーバーの価値観の一つになっている。

地方色を加えつつも基本路線はプレイブックに厳密に従うというのは、半導体の製造過程を「まったく同じにする（コピー・イグザクトリー）」という、インテルの有名な手法を応用したものだ。インテルの手法自体、世界中どこに行ってもビッグマックの味を正確に再現できるという、マクドナルド（McDonald）の技法から借りたものだ。内に対しては、ウーバーは最も効率のよい方法を探りつつ、厳密に定められた新都市での開業プロセスに従う。同じ工程をたどり、同じ言語を用い、同じ評価指標（メトリクス）を用いる（たとえば、移動行動率に応じて現地で雇うべき従業員数を割りだすときなど）。その一方で、外の消費者に対しては、できうるかぎり「地元感」を出そうと努力する。都市ごとにマーケティング用語に微調整を加え、その土地のドライバーと乗客を最も惹きつけるPRイベントは何かを決定するため、現地で新しくマネージャーを雇うのはその一例だ。

ウーバーの新たなサービスと夢のようなアプリを、地元メディアは概して褒めそやした。各都市の新聞やウェブサイトの多くは、電話をかけなくても車が呼びだせる手軽さや、降りるときに財布を探したり、クレジットカードのレシートにサインしたりしなくてよい快適さを事細かに報じた。チップは料金に含まれているとの誤解をウーバーが否定しなかったこともあって、乗客の大半はチップをめぐる運転手との軋轢が軽減されると喜んだ。

地元の有名人を通じてローンチを告知するというウーバーのやり方も、じつに気が利いている。最初の数都市でウーバーは、インターネット関連スタートアップの究極の夢である、「爆発的な（バイラル）」成長を見せた。その急成長に弾みをつけるため、ウーバーは都市ごとにセレブリティを一人選び、「乗客第〇号（ライダー・ゼロ）」になってもらった。ガイトによれば、『患者第〇号（ペイシェント・ゼロ）』をいい意味で真似た呼び名で、新しい都市でウーバーのサービスを一気に広める助けになる、最初のユーザー」を指す言葉だという。

初期に「乗客第〇号」の称号の担い手に選ばれたのは、地元のテック企業のＣＥＯやスポーツ選手など、影響力の大きい人々だった。二〇一二年初頭のロサンゼルスでは、トラビス・カラニックの両親が二人一緒に「乗客第〇号」となった。「乗客第一号」となったのは、ウーバーに出資し、同社を熱烈に支持するセレブとしても有名な俳優、エドワード・ノートンである。

外面的な斬新さとは裏腹に、ウーバーはやがて、テクノロジー業界の中でも職場環境が最悪の部類に入ることが知られるようになっていく。ウーバーで働きたがるタイプは決まっており、仕事と生活の調和（ワーク・ライフ・バランス）の心地よさよりもスタートアップで働く厳しさを重視する、「成長ジャンキー」を自任するような人々だ。レッド・スウッシュを一時タイのビーチに移転し、エンジニアにビーチサンダル履きでソフトウェアのコードを書かせたカラニックの手法をウーバーは慣例化し、社員旅行先で従業員を働かせた。ウーバーでは、こうした社員旅行は「仕事休暇（ワーケイション）」と呼ばれるようになった。

二〇一三年初頭にオーストラリアのメルボルンでサービスを開始する予定だったウーバーは、その直前にも同様の旅行を行ったとオースティン・ガイトはふり返る。

「二〇一二年の大晦日に、サンフランシスコから大勢の社員を連れてメルボルンに飛んだんです」ウーバーが大企業になりかけていると最初に悟ったのは、そのときだったという。「ほぼ社員全員が来ました。私たちにとっては、本当に記念すべき日だったんです。お互いにビデオを撮りっこして、全員徹夜してね。鳥肌が立ちました。『ワオ、すごくクールなことに加われてる。私たちみんなが巻きこまれてるんだわ』って思いましたよ」

＊　＊　＊

成長著しいビジネスは、事業拡張のための追加資金がいる。二〇一一年の初頭には、資金の調達先を見つけるのは比較的容易になっていた。すでにウーバーと、その使いやすいアプリに関する噂が広まっていたからだ。「あなたのお抱え運転手」が宣伝文句の高級セダン送迎サービスを提供していたウーバーには、他社にはない強みがあった。中核となる顧客層と潜在的投資家が、かなりの割合で重なっていたのである（当時のウーバー車はメーカーや車種を一つに限ってはいなかったが、ドライバーは全員認可を受けたハイヤー運転手だった。したがってウーバー車の大半はリンカーン・タウンカーか同様の高級車であり、企業の重役などの富裕層の送迎に使われることが多かった)。

メンロパークの由緒あるベンチャーキャピタル、ベンチマーク・キャピタルの投資家ビル・ガーリーによれば、二〇一〇年のシードラウンドでは、ライアン・グレイブスがCEOとして経験不足すぎるという理由で、ベンチマークはウーバーへの出資を行わなかった。だがその後、ベンチマークのパートナーとなってまだ日の浅い若いベンチャーキャピタリスト、マット・コーラーが、ガーリーの言葉を借りればウーバーの「パワーユーザー」となったのだという。

「マットが『ウーバーはぼくのスマホにある一番大事なアプリだ』と言いだしましてね」とガーリーは言う。「何度も何度も言うんですよ。『スマホのアプリを一つだけ残せと言われたら、これを残す』とね」

トラビス・カラニックは、大半の起業家よりも、資金調達に必要な知識や技を身につけていたと言えるだろう。スカウアやレッド・スウッシュのときは、はるかに不利な条件下で資金をかき集めていた男である。

「昔の事業の製品はそんなに説得力のあるものじゃなかったから、とにかくものすごく資金調達の技を磨く必要があったんだ」とカラニックは言う。「状況が厳しいと、いやでも完璧の知見を得るという意味で役に立った。

少し前にしばらく「エンジェル投資家」としてキャリアを積んだ経験も、出資する側からの知見を得るという意味で役に立った。

じつを言えば、カラニックにはすでにベンチャーキャピタルとの取引の技を知りつくした、一種の学者としての顔があった。二〇〇九年、フルタイムでの就業から遠ざかっていた時期に、同業の起業家に向けて資金調達のための十五箇条の「絶対に外せない」心得を述べたブログ記事を書いている。カラニックのアドバイスの多くは、取引に興奮をもたらす方法、他の投資家への紹介を依頼する重要性、「つねに結果を出す」姿勢など、スタートアップが生き残るための常識だ。平凡ではあるかもしれないが、カラニックが自ら編みだした秘訣であり、ウーバーでもカラニックはそれに従って資金調達を行った。「潜在的投資家とのやりとりは、つねに取引に勢いと切迫感を維持したまま行わなければなりません」とカラニックは書いている。投資家に決断を促すメールを出す場合、勢いと切迫感を示唆するおすすめの文面として、「事態は刻々と変化しております」「ほかにも投資に乗り気の方が大勢おられます」などが挙げられている。

多くの経験豊かな起業家の例に漏れず、カラニックもベンチャーキャピタリストを、スタートアップの弱みにつけこもうとする必要悪ととらえる傾向がある。だからこそ可能なときには、ベンチャーキャピタリストの鼻を明かそうと冷笑的にもなるのだ。

「まったく見向きもされないときもあれば、一挙に大勢が押し寄せてきたときもあったね」とカラニックは言う。「ベンチャーキャピタリストには、本当に時間を無駄にさせられたよ。数えきれないほど面談して、やっと一億ドル出資してもらえるっていう具合だからね」

だがここにきてようやくカラニックは、いままでになかった優位な立場を手に入れた。こちらが説得しようとしなくても、投資家が次々と金を出したがったのである。さらに驚くことに、カラニックは希望投資額を自分からは提示せず、投資家に言わせるようにするのだという。

「トラビスは要求を通すのがじつにうまいんだ」そう語るのは、初期のウーバーでアドバイザーを務め、出資も行ったクリス・サッカである。「トラビスはこんなふうに話すんだよ。『この日まではご連絡してこないでください。この日になったら、取引条件を伺います。そちらから条件を提示してください。提示していただいたら、こちらから出向きますので』」

　取引条件を提示するのにやぶさかでなかったのが、ベンチマーク・キャピタルである。イーベイやオープンテーブル（OpenTable）など、インターネット上の「取引所（マーケットプレイス）」に投資して成果を得たベンチマークは、次に有望なのはウーバーだと踏んだ。

「わが社には、インターネット・ビジネスの層を上位に置くと、他の産業も潤うという持論がありましてね」とベンチマークのガーリーは言う。「それでいろいろ検討するうちに、交通機関に関しても話題に上ったんです」

ベンチマークは、特殊なルール、公定統一運賃、株式所有の集中などが見られるタクシー業界は、投資に向かないと結論づけた。

「これは本当の話ですが、社内の協議で、タクシーでなくリムジン業界を変革しようという起業家が出てきたら、ただちに前向きに検討しようという結論に至りました」

周知のように、ウーバーはほどなくガーリーをひるませたその「特殊なルール」に楯突くことになる。だが初期においては、タクシーでなくリムジン市場を選択していたことで、ベンチマークの歓心を得るのに成功したのだ。

カラニックは同じ日に、セコイアとベンチマークのパートナー全員を含む、複数のベンチャーキャピタルと面談した。ベンチマークは出資を申し出たが、同時に、ウーバーを熱烈に支持していたパートナーのマット・コーラーをウーバーの取締役会に加えるよう求めた。カラニックはベンチマークの金は欲しかったが、やけに乗り気なコーラーは引き受けたくなかった。

「マット・コーラーはベンチャーキャピタリストになったばかりだったからね」とカラニックはふり返る。「投資スタイルをこの会社で実験しようなんていう心づもりで来る人間は、正直御免こうむりたかったよ」

カラニックにしてみれば、ビル・ガーリーのほうがましだった。ウォールストリートの元アナリストで、自身より十歳年上なうえ、コーラーよりはるかに長くベンチャーキャピタリストの経験を積んだ人物である。

「見知らぬ悪魔より知っている悪魔のほうがまし、って言うだろ？　少なくともビルなら、どんなふうに仕事をするか知ってたからね」

二〇一一年二月、ウーバーの「シリーズAラウンド」（ベンチャーキャピタルから最初に本格的な投資を受ける段階）で、ベンチマークは一〇〇〇万ドルを出資した。これによってベンチマークはウーバーの最大の出資者となり、ガーリーが取締役会に加わった。ベンチマークの投資額を除いて、ウーバーの評価額は六〇〇〇万ドルに達した。

＊　＊　＊

二〇一一年暮れ、カラニックは再び資金調達に乗りだした。稼働する都市はいまだ十指に満たないながら、ウーバーにはこのときすでに、具体的で信憑性のある将来の姿を提示することが可能だった。

創業間もないテクノロジー企業は、あてにならない未来予測を描き、根拠のない急成長の見込みを語ることが珍しくない。だがウーバーの場合は、最初の数都市での伸び率から、今後進出しようとしている都市数に基づく成長の度合いを推定することができたのである。

「ウーバーの顧客は九〇〇〇人、純売上高は一八〇万ドルでした」この少し前にメンロ・ベンチャーズ（Menlo Ventures）に入社し、ウーバーへの投資を熱望していたシャービン・ピシェバーは言う。「小さな会社ですよ。ですが、評価指標は驚異的でした。一年以内に総売上高一億ドルに達するだろうと見積もっていましたよ。実際には、六か月たたないうちに達しましたけどね」

ウーバーに出資したがっている投資会社は、ピシェバー以外にも数社あった。なかでも、ネットスケープ（Netscape）の共同創業者マーク・アンドリーセンが舵を取る創業二年のベンチャーキャピタル、アンドリーセン・ホロウィッツ（Andreessen Horowitz）はその名を知られていた。アンドリーセン・ホロウィッツはメディアに精通し、積極的に自社PRをする企業だ。異例の取引で、創業後まもなく大成功を収めている。投資家グループの一端としてインターネット通話サービスのスカイプ（Skype）をイーベイから買収し（ベンチャーキャピタルの投資というよりは、未公開株取引に近かった）、まもなくマイクロソフトに売却したことで、グループ全体で五〇億ドルの利益を得たのである。

カラニックは、アンドリーセン・ホロウィッツの知名度に惹かれた。これほど著名な投資会社の後ろ盾があるとなれば、ウーバーの信用性が高まる。知名度のなさに長年苦しめられてきたカラニックが著名なベンチャーキャピタルに魅力を感じたのも、無理からぬことだろう。

ウーバーがアンドリーセン・ホロウィッツと口約束での合意に達したため、カラニックはピシェバーを含む大勢の投資家に、彼らからは資金調達をしないと告げた。がっしりしたハグと熊のような容貌で知られ、仕事とプライベートを分けないピシェバーは落胆し、アンドリーセン・ホロウィッツとの取引がうまくいかなかったら、いつでも声をかけてくれとカラニックに告げた。

取引はうまくいかなかった。アンドリーセン・ホロウィッツは評価額三億七五〇〇万ドル弱でウーバーに出資することに合意していたが、最後になって怖気づいた。マーク・アンドリーセンはカラニックをディナーに誘い、評価額を合意の半値にしてもらえないかと頼んだ。「高すぎると思ったらしいね」とカラニックは言う。「『だったら、売り上げを倍にしたら合意どおり契約してくれますか？』って聞いたんだ。そしたらマークが『そりゃあするよ』と言うから、『三か月で売り上げを倍にしてみせますよ』って言ったんだ。でも、やっぱり高すぎたみたいだな」

ベンチャーキャピタル業界では新顔のピシェバーも、人脈作りではベテランの域に達していた。ホメイニ師が権力を奪取したイラン革命時に家族とアメリカに移住したピシェバーは、三十代半ばまでに数社のテクノロジー企業を売却した。二〇一一年十月にチュニジアの起業カンファレンスに出席中、カラニックから電話があり、まだ出資する気はあるかと聞かれた。ピシェバーはさらに、すぐダブリンに飛んでほしいとも頼まれた。カラニックがダブリンで、インターネット関連のカンファレンスに出席していたのである。ピシェバーは当時をこうふり返っている。

「丸石が敷きつめられたダブリンの古色蒼然たる小道を、トラビスと歩いたよ。ウーバー車にはまったく向かない道なんでね。トラビスは、当時はまだほとんどだれにも明かしていなかったビジョンの全貌を語りだしたんだ。ウーバー車を世界に広めて、自家用車がいらないようにしたいっていうことだったよ」

メンロ・ベンチャーズは、評価額二億九〇〇〇万ドルで二六五〇万ドルを出資した。まだ初期の段階でこの規模の出資をすれば取締役員の地位を得るのが通常だが、ピシェバーはどちらかといえば屈辱的な、取締役会のオブザーバーという役割を受け入れた。

ピシェバーはやがて、メンロ・ベンチャーズの出資金以上のものをウーバーにもたらすことになる（ピシェバーはこのあと二年足らずでメンロ・ベンチャーズを辞め、自身のベンチャーキャピタルを起業した）。これより数年前、ビデオゲーム関連の会社を経営していた際に、ピシェバーは俳優やハリウッドの実力者との人脈を築き上げていた。ウーバーと関わりだして以降、ピシェバーはこれら映画界のセレブリティに投資を持ちかけるようになった。ピシェバーが列挙した著名人には、エドワード・ノートン、ソフィア・ブッシュ、オリビア・マン、アシュトン・カッチャーらが含まれている。タレント・エージェントのアリ・エマニュエル、プロデューサーのローレンス・ベンダー、音楽プロデューサーのジェイ・Zらに出資させたのも、ピシェバーの功績である。ピシェバーはさらにカラニックをアマゾン

ＣＥＯのジェフ・ベゾスに紹介し、ベゾスの個人的な投資会社ベゾス・エクスペディションズ（Bezos Expeditions）も投資に加わった。

やはり新しく加わった重要な出資者に、ゴールドマン・サックスがある。ゴールドマンはウーバーの非公式な財務アドバイザーとなっただけでなく、その後数年にわたって同社の出身者がウーバーの非エンジニア幹部社員の多くを占めることとなった。

＊　＊　＊

人気が高まる一方で、ウーバーは進出する先々で物議を醸しはじめていた。ワシントンＤＣがいい例である。アメリカ国内で六番目の進出先となったＤＣは、規制当局側から初めて無視できない反撃を食らった都市でもある。ウーバーは二〇一一年十一月にワシントンＤＣに進出し、二十八歳の元経営コンサルタント、レイチェル・ホルトをＤＣ担当のゼネラルマネージャーに雇った。ホルトは二〇一二年一月、のちに〈ウーバーバーシティ〉と名を変える新入社員の訓練プログラム、〈ウーバーキャンプ〉に参加した。ホルトが首都に戻るやいなや、ワシントンＤＣのタクシー委員長が、ウーバーは違法なタクシー営業を行っているというツイートを行った。ホルトは驚いたが、そうした事態は想定していた。二〇一〇年の暮れにカラニックが、タクシーへの規制はウーバーには適用されない（自社の車両を持たず、タクシーを配車してもいないため）と結論づけたのと同じように、ホルトもウーバーの合法性には自信を持っていた。

「委員長は何の規定も引用していませんでしたからね」とホルトは言う。「違法だと主張しているだけでしたから」

その後、キング牧師記念日の連休前の金曜日に（ちなみに十三日の金曜日だった）、ツイートをしたのと同じタクシー委員長がウーバー車をリクエストした。まだサービスの規模が小さかったため、ウーバーのスタッフはドライバー全員と顔見知りであり、すべての配車リクエストをモニターすることができていた。

「わかっていましたけど、あえて委員長を乗せたんです」とホルトは言う。「違法なことは何もしていませんでしたから」

のちにわかったことだが、タクシー委員長は行き先の《メイフラワー・ホテル》にあらかじめ報道陣を招集していた。委員長はその後ドライバーの車を押収し、二〇〇〇ドルの違反切符を切った。ホルトは急いで全ドライバーに連絡をとり、罰金は全額ウーバーが肩代わりすること、車を押収されてもウーバーが還付の手助けをすることを請け合った。

ウーバーはさらにソーシャルメディア上で、顧客に同社のサービスへの支持を求めるキャンペーンを張る。ウーバーが規制当局から反撃らしい反撃を受けたのはこれが最初だったが、残念ながら最後でもなかった。むしろその後進出したほぼすべての都市で、ウーバーは規制当局やタクシー会社と真っ向から対決していくことになる。

カラニックは自社の人員不足と法規に関する経験の欠如を痛感し、外部の助けがいると悟った。それをもたらしたのが、三十代半ばにして経験豊富なニューヨークの政治コンサルタント、ブラッドリー・タスクである。タスクはロースクールを卒業後、若くしてニューヨーク市長マイク・ブルームバーグの陣営で働き、チャールズ・シューマー上院議員の広報責任者となり、その後（嘘のような話だが）汚職事件で逮捕・弾劾されたイリノイ州知事ロッド・ブラゴジェビッチのもとで副知事を務めた。投資銀行リーマン・ブラザーズ（Lehman Brothers）に職を得たタスクは、州営宝くじを民営化するためのまったく新しい金融商品を考案した（しかし商品が市場に出て真価を問われる前に、リーマン・ショックが起きた）。ブルームバーグの三選に向けた最後の選挙活動に加わったのち、タスクは政治コンサルティング会社を設立し、ペプシ（Pepsi）、AT&T、ウォールマート（Walmart）ら錚々たる大企業のアドバイザーを務めていた。そんななか、二〇一一年五月、カラニックから一本の電話が入ったのである。

タスクはウーバーが新都市に進出するたびに、規制当局とどう戦うかの作戦（ゲームプラン）を立てた。タスクは言う。

「新都市にローンチするたびに、タクシー会社が牙を向いて営業させまいとしてきました。最初は市のタクシー委員会を通じて、その後は市や州の規制当局や議会を通じてです。われわれは営業妨害をやめてもらうためのキャンペーンを行いました。主としてロビー活動、PR活動、草の根活動の三本柱からなるキャンペーンでした」

その後三年間、ニューヨーク、ボストン、フィラデルフィア、ワシントンDC、マイアミ、デンバー、シカゴ、ロサンゼルス、ラスベガスなど、アメリカ各都市でのウーバーと規制当局との攻防で、タスクのチームは参謀役を務める。その結果、タスクの名は一躍業界内に知れわたった。タスクはのちにこの高名を利用し、株式保有と引き換えにスタートアップのアドバイザーになるというビジネスを始める。ただ一度だけ起きた桁外れの幸運を再現しようというわけだ。二〇一一年にカラニックが初めてタスクに電話をかけたとき、ウーバーには高額な顧問料は払えなかった。そのためカラニックは、タスクにウーバーの株式を提供した。そのわずかな株式が、五年後には一億ドル以上の価値を持つようになったのである。

ウーバーの新都市への進出は、前線がいくつもある戦争を遂行するのに等しかった。たとえばデンバーでは、二〇一二年の夏、ウーバー稼働後わずか数か月にして、コロラド州公益事業委員会はウーバーを規制する新しい条例案を提出した。ウーバーはサービスを気に入った乗客と、貴重な収入源を断たれたくないドライバーを味方につけ、ソーシャルメディアを活用した集中的なPR活動で対抗した。「ウーバーのファンの皆さん」に宛てて書かれたブログ記事で、ウーバーは提出された法改正案が通れば、ウーバーの価格決定モデルは違法とされ（ウーバーはこれを、宿泊数に応じた料金を請求してはならないとホテルに言うようなものだ、としている）、ウーバードライバーはデンバーのダウンタウンに立ち入ることができなくなり（「最悪のタクシー保護主義です」）、リムジン会社とのパートナーシップが違法とされてしまうと警告した。

ウーバーは、コロラド州知事ジョン・ヒッケンルーパーにじかに抗議するよう、支持者らに呼びかけた。二〇一四年、ヒッケンルーパー知事は、ウーバーらライドシェア企業をごく緩いルールで規制する法改正案に署名した。これにより、事実上ウーバーのサービスは合法化されたのである。

こうした攻防は、ウーバー（さらにはそのあとに続くリフト）の行く先々で必ずと言っていいほど展開された。ニュースサイト、バズフィード（BuzzFeed）の統計によれば、ウーバーは二〇一四年初頭には、アメリカ国内の都市や郡や州で一七に及ぶ規制をめぐる争議を抱えていたという。そのうちの一つが、なかなか決着のつかなかったニューヨーク市での対立だ。ニューヨークでは、移動データを規制当局と共有せよとの市の要求が争点の一つとなった。オーランドでは、ウーバーらライドシェア企業にタクシーより二五パーセント高い乗車料金を課そうとする条例案が提出された。だがたいていは、大規模なロビー活動や猛然たるPR活動によって、ライドシェア企業が稼働の許可を勝ち取ることが多かった。

しかし、なかには例外もあった。二〇一六年五月、ウーバーとリフトはドライバーの指紋採取を求めるテキサス州オースティンの要求を拒否し、同市から撤退した。指紋採取を厭わない他のライドシェア企業は、すかさずオースティンでの稼働を開始した。

ウーバーの顧客はおおむねウーバーを熱心に擁護し、進出から数か月という初期の段階ではとくにその傾向が強かった。安く車を呼べる手軽さ（ウーバーはほぼすべてのドライバーに補助金を支払っている）や、サービスの質にむらのあるタクシーを使わずにすむ解放感を、まるで夢のようだと感じる顧客は多い。だがウーバーに慣れるにつれ、どうしても不満も出てくる。ついにはタクシーと同じくらい不満を抱くようになることも珍しくない。一番多く聞かれる不満は、ウーバーの価格決定方法に関するものだ。

タクシーの問題点は、なかなかつかまらないことにある。ラッシュアワーやバーの閉店時間など、需要が高まる時間帯はとくにひどい。それに対するウーバーの解決策は、経済学の教科書どおりの模範解答だった。需要が供給をしのぐときは「サージ乗数」をかける、すなわち割増料金を適用することにしたのである。航空運賃やホテル料金では一般的な方策である動的価格設定（ダイナミック・プライシング）のウーバー版だが、これには二つの効果が見込まれる。

一つは、割増料金で収入の増加が期待できるため、より多くのドライバーに労働意欲を持たせられること。経済学の用語ではこれを、「一時的なインセンティブは供給を刺激する」と言う。二つ目の効果は、割増料金を嫌って他の交通手段を選ぶ顧客が出てくるために需要が減り、割増料金を払うのを厭わない顧客にとっては、待ち時間が減ることである。

特需型値上げ（サージ・プライシング）は、理論上はじつに巧みな方式だ。だが実践してみると顧客の激怒を招く結果にしかならず、ウーバーにとってイメージ戦略上いつまでも頭の痛い問題となった。最初に顧客の怒りが噴出したのは、二〇一一年の大晦日、ニューヨークでのことである。一部の乗車料金が、なんと通常の八倍に達したのだ。その後も、ハリケーン・サンディ襲来中の東海岸や、猛吹雪のさなかの各都市、人質立てこもり事件が起きた際のオーストラリアのシドニーなどで、料金の高騰が見られた。カラニックが乗客に対し「文句も大概にしろよ」と言わんばかりの態度をとったことで、事態はさらに悪化した。比較的短い距離に一〇〇ドル以上を払わされた乗客がいた大晦日のニューヨークの出来事からまもなく、カラニックはニューヨーク・タイムズ紙にこう述べている。

「ふだん車を運転してる人なら、だれだってダイナミック・プライシングを経験してるんですよ。ガソリンの値段って呼ばれるものですけどね」

有名ブロガーで、一般にもベンチャーキャピタル業界の顔として知られるビル・ガーリーは、この二年後、サージ・プライシング方式を擁護する二五〇〇語に及ぶ記事を書いた。「結局、ダイナミック・プライシングを採用しないとなれば、現実には、多くの顧客が『ご利用可能な車がございません』と表示された画面とにらめっこするしかなくなるだろう」とガーリーは書いている。「ウーバーを批判する人々は、車が利用できることのありがたみを考えようとはしない」

ガーリーは読者に、ウーバーの料金高騰よりもさらに激しい怒りを引き起こした近年の出来事を思い出すよう促している。ある年のクリスマス、需要過多のためにUPSの配送ネットワークが機能しなくなり、荷物が届かなかったことがあったのだ。ガーリーはこう結論づけている。

「ウーバーがダイナミック・プライシングを断念することはない。顧客のためを思えばこそ、採用している方式だからである。この方式を採用しない場合に実際にどうなるかを理解していれば、なおさら断念などありえないとわかるだろう」

　長年論議の続いたサージ・プライシング方式は、研究者の興味の対象ともなった。二〇一五年、連邦取引委員会の委任を受けた研究グループが、ウーバーの価格メカニズムを分析した長大な論文を発表した。論文は、ウーバーの「秘匿された（ブラックボックス）」アルゴリズムは、「公正さと透明性に関して重大な疑義」を生じさせると結論づけている。

　不信感と同時に親近感も感じられるサービスをめぐって辛辣な議論が交わされたことで、新たにビジネス界の世界的な顔となった人物の名が知れわたった。〝クソ野郎（アスホール）〟トラビス・カラニックである。一躍時の人となり、あるいは雑誌の表紙を飾り、あるいはカンファレンスの講師として引っぱりだこになったカラニックは、向こう気の強い起業家という本人のセルフイメージだけでなく、顧客の感傷などには耳も貸さない、冷酷無情なビジネスマンとしても知られるようになる。世間の人々は次第にカラニックを、経済理論の前では慈悲心など歯牙にもかけない人物とみなすようになっていった。

そんな逆風のなかでも、ウーバーは急成長を続けた。批判が高まったのも、欠点をあげつらいたくなるほどウーバーのアプリが人気を博したことの裏返しとも言える。世間の風当たりが強くなるのと同時に、方向性が似通った起業家のあいだではカラニックのファンが増えていったのも事実である。ビル・ガーリーによれば、ウーバーに投資したジェフ・ベゾスはとあるディナーの席で、カラニックの起業家としての才能を褒めちぎったという。ベゾスがカラニックを称賛したのは、物議を醸した方式を採用した、まさにそのためだった。「サージ・プライシングを採ったトラビスは正しいよ」と、ベゾスはガーリーに語ったという。「根本的に、完全に、トラビスが正しい。メディアやその他大勢はあれこれ騒ぎたてて、トラビスにサージ・プライシングをやめさせようとしているだけだ。動じないトラビスはさすがだよ」

二〇一二年、ウーバーはアメリカ国内の事業を拡張すると同時に、国外の複数の都市で稼働を始め、二七の市場とともに年を終えた。また、ウーバーという企業の様相をがらりと変えてしまう製品の拡張を行い、試験的に導入しはじめたのもこの年だ。製品の拡張のうち最も重要なのは、七月にハイブリッド車を配車する新サービス、ウーバーXを開始したことだ。

これは新たに台頭してきたリフトという競合他社に対する、とりあえずの対応策だった。リフトは二〇一二年五月、自家用車のフロントグリルに巨大なピンクの口ひげ様の飾りをつければ、だれでも他人を車に乗せて「ライドシェア」ができるというサービスを開始した。

このときまでウーバーは、自社のサービスを高所得者層向けに限定していた。営業許可証のあるプロのリムジン運転手とのみ、独立契約を結んでいたのである。なんでもありのリフトのアプローチとは当初距離をとっていたウーバーも、いまとなっては大衆層向けサービスに修正を加えることにやぶさかでなかった。

「言うなれば、効率的な移動はお約束しますが、以前ほどエレガントではないといったところですね」テック関連ニュースサイト、オールシングズD（AllThingsD）の取材に、カラニックはこう答えている。「ウーバーXのドライバーは、お客様のためにドアを開けることはしません」

カラニックはまた、このころから公の場でウーバーを、人以外のものも運べる「プラットフォーム」と形容するようになる。「ウーバーはライフスタイルとロジスティクスが交わったものです」と、カラニックはオールシングズDに語っている。自社の潜在的可能性を示すため、ウーバーはオースティンのカンファレンス会場に熱々のバーベキューを配達し、真夏にアイスクリームを配ってまわり、バレンタインデーにバラの花束を届けるなど、数々のプロモーションを行った。目的はただ一つ――ウーバーの可能性を実演してみせることである。

その後も当分のあいだ、実質上ウーバーの全収益は、ドライバーが乗客を行き先まで移動させた際の手数料のみだった。だが、テクノロジー主導のプラットフォームというとらえ方は、次第にウーバーの将来性を予感させていく。食べ物の配達も、人間を運ぶのと本質的にはそう変わらないことが明らかになってきたのだ。上記のようなプロモーションは、フードデリバリーサービス、ウーバーイーツ（UberEats）などのその後の派生ビジネスを予感させる。徐々に、だが確実に、ウーバーは運輸業以外の産業分野にも拡大していけるポテンシャルを示しつつあった。まだこの段階では理論上の拡張にとどまっていたものの、ウーバーにはそれを実現する手だてがあったのである。

第七章

成長痛

二〇一二年春、サンフランシスコの住人は路上で奇妙な光景を目にするようになる。高級車などに縁のない住民の軒先に流線型の高級セダンが停車する光景は、ウーバーのおかげで珍しくもなくなっていた（ここで個人的な逸話を一つ。ウーバーのデビュー後まもなく、大学を卒業したばかりの、うるさくて野放図で無礼でパーティ三昧の三人の若者が、私たち一家が住むマンションのすぐ上に引っ越してきた。彼らが午後十一時にマンションをぶらりと出て、友愛会の飲み会にでも出るような普段着で停車中のリムジンに乗りこむのを見ては、どういうことだろうと頭をしぼったものだった。明らかにその三人は、私より先にウーバーのサービスを知っていたのだ）。

思わずぎょっとするような新たな光景は、ウーバーとは真逆の大衆性に満ちていた。普通の人が運転するありふれた乗用車が、鼻先に巨大なピンクの口ひげを付けて、街なかに出没しはじめたのである。

フロントグリルのピンクの飾りは、リフトという創業間もない企業と関係していた。俗にライドシェアと呼ばれる、ビジネスの新たな一分野を開拓したうちの一社だ（ほかにアメリカではサイドカー〔Sidecar〕、イギリスではヘイロー〔Hailo〕などがある）。「ライドシェア」はテック企業の専門用語で、微妙なニュアンスを含む新語だ。

タクシーでハンドルを握るのはプロの運転手だけであり、当時ウーバーのプラットフォームで稼働していたのはリムジンだけだった。だがリフトは違う。むしろ自社を、ウーバーへのアンチテーゼと位置づけている。ウーバーがタクシーに高額な割増料金をプラスした「あなたのお抱え運転手」だとしたら、リフトは人懐こい隣人だ。助手席にどうぞと誘い、座ったあなたとグータッチをし、「相乗り（ライドシェア）」にかかった経費と気持ちばかりの「寄付金」だけを求める隣人である。しかも、その料金がタクシーより安いことも多いとくる。

リフトのドライバーも金を稼ぐためにやっている点ではウーバーのドライバーとなんら変わりがないことを思えば、相乗り（ライドシェア）というのは誤解を生む名称だ。だがフレンドリーだというフィクションを商取引よりも前面に出す販促方法によって、リフトは（たとえ説得力に欠けようとも）自社の営業が営利目的ではないと主張することができた。営利目的ではないから違法タクシー営業にはならず、当局の規制を受けなくてもよいというわけである。

ウーバーのドライバーが営業許可を受けたハイヤー運転手のみだったのに対し、リフトのドライバーはフリーランスのアマチュアと、二社はまったく異なっていた。だがリフトには一つだけ、重要な意味を持つウーバーとの類似性があった。ボタン一つで車に乗れるという、ウーバーを一躍人気者にしたシンプルさが、リフトのスマートフォンのアプリにも導入されていた点である。

この二社はことにその誕生において、際立ったコントラストを成している。ウーバーはサンフランシスコの「マッチョなエンジニア（プログラマー）」文化と、スタイリッシュな生活を送りたがるギャレット・キャンプの好みから生まれた。一方のリフトは、ローガン・グリーンの理想主義的な思想が生みだした産物である。グリーンはまだ大学在学中に、カリフォルニア州サンタバーバラの市バス運営組織の取締役員に任命された人物だ。自家用車の使用に代わる代替手段を広めたいというのが、グリーンの飽くなき情熱である。卒業旅行でジンバブエを訪れたグリーンは、地元の人々がカジュアルだが効率的な相乗りシステムを利用していることに気づく。アメリカに戻ったグリーンは、アフリカ旅行のアイディアをもとに、さっそく相乗り用ソフトウェア企業、ジムライド（Zimride）を設立する。

二〇〇七年、グリーンは共通の友人を通して、コーネル大学でホテル経営学を専攻したリーマン・ブラザーズのジュニアバンカー、ジョン・ジマーと知り合う。ジマーとグリーンは一緒に仕事をするようになり、その後ジマーはリーマン・ショックの三か月前にリーマン・ブラザーズを辞め、フルタイムでジムライドに加わった（ジマーによれば、リーマン・ブラザーズの経営破綻を予見していたわけではなく、同僚には「リーマンみたいな手堅い銀行を辞めてくだらない相乗りスタートアップなんかに加わるなんて、頭がおかしいぞ」と言われたという）。

ジマーはコーネル大学で「エコな都市」に関する講座を取って以来、都市の能率を上げるというアイディアに心惹かれていた。ソフトウェアを使って相乗りサービスを提供し、渋滞を減らすというグリーンの考えに魅了されたジマーは、グリーンに協力することにし、二人はサンフランシスコに移住した。

「大学や企業に相乗りシステムを提供して、報酬を得るという事業を始めました」と、ジムライドの社長に就任したジマーは言う。「どこのキャンパスにもあった懐かしの掲示板に代わって、うちのソフトで相乗りしたい人同士を結びつけたんです」

大学と企業に続く第三の製品ラインは、サンフランシスコからロサンゼルスまでといった長距離ルートで、相乗りしたい顧客同士をマッチングするサービスだった。

ジムライドはそこそこの成功を収めたが、サンフランシスコのスタートアップ界を一望したグリーンとジマーは、さらに大きなチャンスが眠っていることに気づく。シリコンバレーの業界用語を借りれば、二人は「方向転換（ピボット）」することにした。つながりのゆるい大規模グループ向けに相乗りを手配してきた知識を活かし、それを（二人から見れば、顧客の一パーセントを満足させているに過ぎない）ウーバーのビジネスモデルに適用することにしたのである。

「あのころのウーバーは、高級車とリムジンのサービスしかやっていませんでした」とジマーは言う。「ぼくたちは、高級車の配車には興味はありませんでした。代わりに、『自家用車で同じことをやったらどうだろう？』と考えたんです」

二〇一二年春、三週間でスマートフォン用アプリを作成すると、ジムライドはサンフランシスコでリフトという新サービスをローンチした。リフトはたちまちヒットした。とくに受けがよかったのは、リムジンに乗りたいと思うような特権意識を恥辱と嫌う若者たちだ。

「あっという間に人気が出てしまって、順番待ちリストを作らなければならないほどでした」とジマーは言う。

ウーバーのお抱え運転手サービスの内容に疑問の余地はなかったが、リフトのユニークなアプローチを理解してもらうには、まず消費者の意識を改革する必要があった。

「リムジンサービスにはない解決しなければならない問題の一つが、リフトでは、顧客が非常に変わった行動変化を求められるということでした」とジマーは言う。「ローンチ前に、これはお客さんに見知らぬ他人の車に乗ってもらうサービスですと説明したら、頭がおかしいのかと言われたでしょうね。決してするなと両親から教わった行為ですから。他人のホンダ・アコードの後部座席にぜひとも乗りたいと熱望する人も、普通はいませんしね」

そのためリフトは乗客に、後部座席でなく助手席に座るよう勧めた。友人の車に乗るときに座る席である。

「後部座席でふんぞり返るのは、高級車でやることですよね」

では、ピンクの口ひげはどうして？　あれはただ、道行く人に笑ってほしかったからだとジマーは言う（マーケティングの手法としても口ひげは秀逸だ。サンフランシスコの路上でフロント部分にふわふわのピンクの口ひげをつけた車を見かければ、だれしもあれは何だと知りたくなるだろう）。

ウーバーもリフトの快進撃は知っていたが、当初は「ライドシェア」は好みに合わないうえ、タクシーの法規制に違反している可能性が高いとして取り合わなかった。「よく検討してみた結果、これは規制違反だという現実を認めざるを得なかったんです」と語るのは、ウーバーの運用部門のトップ、ライアン・グレイブスだ。グリーンもジマーも、最初は、ウーバーは大衆向けの市場をリフトに独占させてくれるのではないかと考えていたという。「ウーバーには、自分たちがゴージャスなライフスタイルを提案するブランドだという意識がありましたからね」とジマーは言う。「それにウーバーはいつも、すぐにその場で顧客に提供できるものは何かと考える企業でしたから」

ジマーが言及しているのは、アイスクリームや子猫などを配達するウーバーの実験的プロモーションのことである。

「ウーバーの考え方は、もらって当然だという態度につながる気がしました。『欲しいものは全部届けてくれ。最高のものを頼むよ』という感じです」

ウーバーのライドシェア参入は、「もともとのウーバーのDNAにはない方向性ですよね。それでも、そこに巨大なビジネスチャンスが眠っていることに気づいて、無視できなくなったんでしょう」とジマーは推測する。

実際、新しい市場に参入するウーバーの足取りは、おそるおそるというに等しかった。二〇一二年夏、ウーバーは、燃費のいいハイブリッド車を使った低料金の新サービス、ウーバーXを試験的に導入した。だがリフトは成長を続け、とくにウーバーの庭であるサンフランシスコで成長著しかったため、ウーバーは明らかに動揺した。カラニックは公の場でも苛立ちをあらわにした。二〇一三年三月のある朝、カラニックは「数十人の」リフトのドライバーと話したが、だれもリフトの保険証書を見たことがないらしいと当てこするツイートを投稿した。二十分後、ジマーはリプライした。

「トラビス――情報を探り出そうとしてるらしいね。保険を探してるのかな?」

二人はその後二時間にわたって公開口喧嘩を続け、カラニックが質問をそらしているとジマーを非難すれば、ジマーはなぜウーバーはドライバーの犯罪歴をチェックしないのかと切り返し、カラニックはウーバーの本社に寄ってくれ、話をしようとジマーをけしかけた。

やりとりにうんざりしたジマーは、カラニックはどうあってもとどめの一言を言いたいようだから、「言わせてあげるよ。ぼくは仕事に戻る」とツイートし、「#リスペクト」と付け加えた。ツイッターの用語では、カラニックがジマーにもう少し敬意(リスペクト)を払うべきだという意味である。カラニックは反論せずにはいられなかったらしく、こう言い返した。「追いつきたくても、まだまだだよ……#模倣品(クローン)」明らかに喧嘩を売る言葉である。

このあとも、ウーバーはリフトをけなす際によくこの「クローン」という言葉を用いた。投資家向けのプレゼンテーションで、リフトをクローンとこき下ろしたこともある。のちに天井知らずの成長を遂げることになるウーバーも、このときばかりは自社より小規模で資金も少ないリフトに先に市場を席巻されたことが、よほど腹に据えかねたらしい。

このときの過ちをウーバーはすぐに修正にかかり、二度と同じ間違いは犯さなかった。カラニックは二〇一三年四月、無資格ドライバーに運転させる市場へのウーバーの参入を正当化する、公開文書を執筆した。カラニックは同文書で、サンフランシスコにおいてリフトへの規制が行われていないことは、暗に当局が同社の事業を承認しているに等しいと結論づけている。また、他社に市場の反応を探らせたのは、ウーバーにとっては手痛い教訓となった。グレイブスは言う。「参入しているどの市場でも、競合他社に先を行かれてはならないと悟ったんです。スピードの必要性と、市場で最初の企業になる重要性について、多くを学びましたよ」

二〇一三年春、ウーバーは方向転換（ピボット）を敢行した。ウーバーXを位置づけしなおし、新たなサービスに向けてドライバーを募集しはじめたのだ。ウーバーはリフトの滑稽なフロントグリルの飾りを真似たり、ドライバーに友人めいたふるまいをさせたりはしなかった。ただA地点からB地点まで、できるだけ早く、安価に移動する手段を提供したのである。

リフトとウーバーの戦いは急速に激化し、二社はアメリカ全土でしのぎを削るようになった。ライドシェア開始から一年で国内六都市に拡大していたリフトは、ジムライドの事業をレンタカー会社エンタープライズ・ホールディングス（Enterprise Holdings）に売却した。エンタープライズはその後もジムライドの事業を続け、いまでも大学や企業に相乗りシステムを提供しつづけている（売却前はジムライドのライドシェア製品の名にすぎなかったリフトが、売却後は社名も兼ねることとなった）。ウーバーも製品の見直しを行い、当初は配車リクエストの際にリムジン以外の「エコな」選択肢として宣伝されていたウーバーXが、タクシーに対抗する配車サービスとなった。かつてウーバーだったものはウーバーブラックとなり、やがてウーバーの事業のわずかな一部を占めるに過ぎない存在となる。新たなアプローチを生みだしたのはリフトかもしれないが、リムジンサービスですでに先陣を切っていたウーバーには、ウーバーXを導入するためのより広範なネットワークがあった。二〇一三年の年末までに、ウーバーXは世界の七七の市場で稼働するようになる。

いくら事業規模が小さかろうと、厄介でわざとらしいほどフレンドリーな競争相手に、ウーバーは脅威を感じずにはいられなかった。リフトをいまの地位にとどめておくため、ウーバーは幾度となく攻撃的な戦術を用いた。二〇一四年、テック系ニュースサイトのザ・バージ（The Verge）は、ウーバーがニューヨークで汚い手を使ってライバルを蹴落とそうとしていたとする驚くべき暴露記事を掲載した。ウーバーに雇われたアルバイトが、プリペイド携帯電話を使ってリフトで配車リクエストをしたのち、ドライバーにウーバーに鞍替えしないかと持ちかけていたというのである（匿名のプリペイド携帯電話を使ったのは、姑息な手段を用いているのがだれかをリフトに悟られないようにするためだ）。さらにアルバイトへのeメールで、ウーバーは「#口ひげを剃り落とせ」とはっぱをかけていた。ウーバーは「長期事業拡大作戦（SLOG）」と名づけていたこの工作を認め、ドライバーの勧誘は公正な競争だと開き直った。鼻先でリフトに新市場を開拓されてしまったウーバーは、二度と同じことはさせまいと警戒を怠らなかった。

以後はウーバーもリフトも、ドライバーとの対話を欠かさなかった。自社サービスに磨きをかけるのと同時に、ライバル企業の情報を集めるためである。このころ、リフトが相乗りサービス、リフトライン（Lyft Line）を始めると聞き及んだウーバーは、リフトラインのローンチの前夜、ウーバープールという自社の相乗りサービスを発表した。

やがて、リフトは手強いナンバー2であることが判明する。まず数千万ドルの資金を調達し、次に数億ドルを調達したのだ。リフトの初期の後ろ盾のうち最も著名だったのは、アンドリーセン・ホロウィッツだ。二〇一一年にウーバーへの出資を取りやめたのと同じ投資会社である。リフトはウーバーが自社の邪魔をしつづけていると感じていたが、それは乗客の取り合いに限ったことではなかった。

「自分たちが勝つに決まっていると豪語するわりには、ウーバーは昔から一貫してわが社に戦々恐々としていますね」とジマーは言う。ジマーによると、リフトが投資会社と出資の相談をするたびに、ウーバーが「必ず先方と話し合いを持とうとするんです。なぜかわが社の面談日を把握していて、その直後に先方と会うんですよ。先方がわが社に出資しなかったとわかると、それより低い出資金を願い出たりするんです」

時が経つにつれ、ウーバーとリフトはますます似通ってきた。短期的な報酬やボーナスのよいほうを時々に選べるよう、多くのドライバーが両社に登録しているからである。リフトの企業規模がウーバーに匹敵することは、今後もまずないだろう。だがリフトが存在しているというそのことだけで、ウーバーは当初の予想をはるかに上回る出費を強いられ、収益性を低下させるか、ときにはまったく収益を上げられなくなっている。陽気なピンクの口ひげは、いくら頑張ったところで到底ウーバーの顔をほころばせそうにない。

＊
＊
＊

ウーバーは、スタートアップの思春期にさしかかった。社会現象を巻き起こしてはいるが、同社が目指す巨大企業には程遠い段階である。目指すゴールに達するには現代的な企業を作り上げねばならないが、その歩みは遅々として進まなかった。

ウーバーの特徴は、社員が「ウーバー・ハッスル」と呼ぶ、目まぐるしいペースと、やればできるの精神で成り立つ精神構造だ。ほぼ前例のない新しい事業だったため、実験的精神が同社の基準とされた。他社が直面したことのないような問題が生じるたび、ウーバーはその場その場で何とか取り繕いながら対策を講じてきた。このころの従業員には、特殊な人材が求められた。長時間の残業を厭わず、ルールに従うよりは新しいルールを作りだすのが得意で、たいていは若く、独身の男女である。仕事とプライベートが渾然一体となっていることを、ウーバーの従業員は否定的にとらえず、むしろ得だと考えていた。初期の従業員が社内をあちこち移動し、あるときはカスタマーサポート部門で、あるときはブランド・マネジメント部門で、あるときは製品開発部門で働くのも、珍しいことではなかった。

それは、トライアル・アンド・エラーの狂乱の時代だった。そうした戦術は、しばらくは功を奏しても、やがては尻すぼみになっていく。ドライバーの勧誘と消費者マーケティングにおいて、とくにその傾向が顕著だった。一例を挙げると、ウーバーは新しく進出した都市で顧客を獲得するため、販促努力だけに飽き足らず、広範な金のばらまきを行った。初回に二〇ドルを割り引く戦術はうまくいったが、それもある時点までだった。結婚式の関係者に割引チケットを出す手法は、しばらくは人気を博したが、やがてウーバーを使って結婚式に出席する乗客の数が増えすぎると、頭打ちになった。

同じ手痛い教訓を、ウーバーはドライバーの勧誘でも得ることになる。創成期には、クレイグズリスト（Craigslist）での広告が効果的だった。その後ウーバーは、もっぱらタクシー運転手を勧誘するようになる。その供給源が枯渇してしまうと、今度は学校の教師に目を向けた。フレキシブルな働き方が可能で、薄給を補う副収入を必要としているからである。

ウーバーはまた、ますます力を増すある産業の波に乗り、その上で革新を起こしていた。スマートフォンの台頭である。社内プレゼンテーションで、ウーバーは自社を「モバイルファースト」と当時人気だった用語で呼んだのち、「ファースト」を線で引いて消し、「オンリー」に置き換えている。テクノロジーの躍進はめざましく、新たな機能が追加されるたびにウーバーはサービスを劇的に改良していった。たとえば初期のｉＰｈｏｎｅでは、乗客のドライバー追跡機能にはひどくむらがあったが、のちのバージョンでは、小さな黒いウーバー車がアプリの地図上をスムーズに動きまわるようになった。

事業を拡大するにつれ、ウーバーはソフトウェア開発といった一部の重要な機能は中央集権化したが、日々のビジネスの決定権は現場のチームに委ねた。新都市への進出は、たった三人で行うことが通例だった。ゼネラルマネージャー、「コミュニティ」（ウーバー語で潜在的乗客を指す言葉）担当のオペレーションマネージャー、「パートナー」（ドライバーの意味）担当のオペレーションマネージャーの三人である（ウーバーはドライバーから手数料を取るため、ドライバーのことも「顧客」と呼ぶが、紛らわしいとして独立契約者は嫌がっている。乗客がウーバーに料金を払うと、ウーバーがそこから手数料を抜き、残りがドライバーに支払われる仕組みである）。

幹部マネージャー候補は、面接の一環として、経営コンサルタント会社への就職かと思うようなカラニックからの容赦ない質問攻めにさらされる。各都市のゼネラルマネージャー候補全員に、カラニックは「都市プレゼンテーション」を用意するよう要請する。ウーバーのための市場をどう構築するかをパワーポイントで提示しなければならないのだ。ロンドンのヘッジファンドで働いていたフランス人、ピエール＝ディィミトリ・ゴア＝コティは二〇一二年秋、パリのゼネラルマネージャーの職に応募した際、同様のプレゼンテーション資料を用意した。その後、ゴア＝コティはスカイプでカラニックとグレイブスの二人とウェブ面接を行った。カラニックの面接の目的は、「オフィスで日常的に交わす会話のシミュレーション」だとゴア＝コティは言う。

「トラビスは十分から十五分かけて、私のこれまでの仕事の経験や、私が行っている投資や、メディア産業をどう思うかについて聞いてきました」

ウーバーの事業とはほとんど関連のない話題である。カラニックはゴア＝コティに、これは「ジャム」なんだよと告げたが、当時のゴア＝コティはこの用語を知らなかった。

「それまで一度も聞いたことがありませんでした」

CEOのカラニックと運用部門のトップだったグレイブスは、初期ウーバーの重役の中でも中心的な役割を果たしていた。ギャレット・キャンプは従業員としてウーバーに加わることも、給与をもらうこともなかった。二〇〇九年にイーベイから買い戻した、スタンブルアポンのCEOにとどまり続けたのである。だがウーバーの会長の肩書は持ち、しばしば来社してもいた。ウーバーの評価額がうなぎのぼりに上がったおかげで億万長者となったキャンプは、新規株式公開（IPO）が話題にも上らないころから、非公開市場で相当数のウーバーの株式を売却してきた数少ない株主でもある。キャンプは物議を醸す企業を経営していく重圧を、早々に回避することにしたらしい。二〇一二年にスタンブルアポンを去ったのちもウーバーの重役にはならず、翌年、エクスパ（Expa）という投資会社を始めている。

「いまでもウーバーのことはいろんな人とよく話すし、返ってきた球は受けとってるよ（ウーバーの関係者から情報は得ているという意味）。毎日頭の片隅にはあるけど、いまはアドバイザーの立場っていうところかな」

数年後、キャンプはこう結論づけた。

「ウーバーはトラビスの会社だよ。ぼくのじゃない」

カラニックはテクノロジー産業の巨大企業から才能ある人材を引き抜くなどして、自身の経営陣を構築しはじめた。ウーバーの評価額が上昇しつづけたおかげで、カラニックには金（ウーバーの株式）があり、シリコンバレー中から優秀な人材を集められたのである。とくにカラニックが欲したのは、大手テック企業において、スタートアップから巨大企業への変貌に一役買ったような人材だった。たとえばフェイスブックには「成長（グロース）」チームと呼ばれる人々がおり、製品や他の部署が目的を達成し、事業を前進させるのを手助けしている。

二〇一三年秋、カラニックはフェイスブックのエド・ベイカーを、成長チームのトップとして雇った。ハーバード大学在学中にデートサイトを設立したベイカーは、「バイラリティ」のエキスパートだ。バイラリティとは、インターネット製品の人気を口コミなどで一気に爆発（バイラル）させる、芸術的とも科学的とも言えるテクニックを指す。ベイカーによれば、企業の成長の鍵は、ふさわしい目標に正確に狙いを定めることだ。フェイスブックにおいては、当初バイラリティの指標は月あたりのアクティブユーザー数だった。「ウーバーでは、まずゴールを明確に設定するところから始めました」とベイカーは言う。カラニックが社内各所から集めてきたベイカー率いる五人のチームは、目標をずばり、週あたりの輸送数に絞った。「中心となる評価指標（メトリクス）を一つ定めたことが、いい方に働きました。フェイスブックの従業員は全員、月あたりの平均ユーザー数が目標だということを理解していましたからね。ウーバーでは、まだまだ乗客の数も、ドライバーの数も足りませんでした。現在の乗客数、ドライバー数の変動も抑えなければならなかったんです」

成長目標を達成するため、ベイカーのチームはウーバーのどの事業の進め方にも自由に微調整を加えてよいとされた。マーケティングでも、財務でも、製品開発でも、その他どの部署の仕事でも、好きに改善してよいとお墨付きをもらったのである。カラニックはチームの成長を間近に観察していたとベイカーは言う。「毎週木曜の夜中に、トラビスと会議を行っていました。木曜の午後七時に会議の準備を始めるんですが、結局日が変わって午前三時までオフィスに詰めてることになるんですよ。会議のたびにトラビスは『今日』と書かれたカードを持っていて、その日解決してほしい問題をそれで提示するんです。（計画と実行の間の）余白を埋める、トラビスなりの方法なんですね」

あるときベイカーのチームが、ウーバーのウェブサイトにドライバーのサインアップボタンを付けてはどうかと提案したが、見栄えがよくないとしてブランドデザイン・チームに反対された。だがカラニックが「今日」カードで命じたことで、ブランドデザイン・チームを黙らせることができたという。

「付けたとたんに、そのボタンからのサインアップが、オーガニックなサインアップでは最大になりましたよ」ベイカーの言う〝オーガニックな〟とは、特別な報奨金(インセンティブ)が出されない、つまり無料のサインアップとしてはという意味だ。

「あれは『今日』カードの決定の中でも、非常にいいものでしたね」

二〇一四年初頭、カラニックはウーバーの製品部門の監督役として、アマゾンの元重役ジェフ・ホールデンを雇った。ホールデンはアマゾン入社前、DEショー(D. E. Shaw)というウォールストリートの企業で、またその後のアマゾンでも、ジェフ・ベゾスの同僚だった人物である。カラニックと知り合ったとき、ホールデンはグルーポンに勤めていた。シカゴの共同購入型クーポンサイトで、一時猛烈な勢いで急成長したが、その後失速した企業だ。ホールデンのウーバーでの任務は、製品開発を専門化することだった。

「私が入ったとき、新たな製品開発はほとんど行われていませんでした」とホールデンは語る。「バグを直してばかりで、できることだけやって、やるべきことに手を付けないという風だったんです。ひどいものでしたよ」

ホールデンには、こうした光景に見覚えがあった。

「小さなスタートアップがある程度の規模になると、どうしても手詰まり状態になるんです。会社が小さなときには、みんなで部屋に集まって話し合えば、それで万事解決していましたからね。それなりの組織を作るという必要がなかったんです」

ホールデンは、ウーバーにプロセスと構造をもたらした。また、ウーバーの製品に足りないと思えた二つの重要な欠陥を指摘した。乗客があらかじめ行き先を伝えておくことと、ドライバーがそこまで難なく運転できることである。

「ウーバーXに乗ったときのことを覚えてますよ。行き先を口頭で告げたら、ドライバーが車を路肩に停めて、小型のトムトム（TomTom）のナビか何かに行き先を入力しはじめてね。『まいったな、こりゃひどい』と思いましたよ」

ホールデンは、ウーバーの乗車を一変させる「だれでも簡単に使える」新しい機能の追加を命じた。乗客が事前に行き先を入力する機能と、ウーバーのドライバー用アプリ上での詳細なナビゲーションシステムである。

二〇一四年八月にウーバーがこの二つの機能を搭載するようになるやいなや、たちまち乗車ごとの所要時間が劇的に減少した。そこにはまた、タクシー会社との戦いの予兆も含まれていた。ウーバー登場以前には、いいタクシー運転手と悪いタクシー運転手の差は、都会の道にどれだけ詳しいかで決まった（ロンドンのブラックキャブ運転手（キャビー）の免許試験は、その名も「知識（ザ・ナレッジ）」という）。だがGPS誘導の地図がドライバーをナビゲートしてくれるなら、個人の知識は時代遅れなものとなる。ドライバーの価値はハンドルを操り、アクセルとブレーキを踏み分けるだけに限定されてしまうのだ。そのうち行き先の指示だけでなく、車の運転そのものさえも、コンピュータに外注する日が来るのではないだろうか？　ホールデンの頭にもその疑問が浮かんだ。そして、ほどなく彼はそれを口にすることとなる。

＊　＊　＊

デビッド・クレーンが人生で最も重要な取引の契約を明日にも交わすというとき、トラビス・カラニックから電話があり、いきなり「じつは聞いてほしいことがあるんだ」と言われた。クレーンはそんな言葉は聞きたくなかった。

クレーンの経歴は、一風変わった軌跡をたどっている。創成期グーグルのPR部門幹部だったクレーンは、グーグル・グループ内のベンチャーキャピタル、グーグル・ベンチャーズ（Google Ventures）の投資家へと転身した。投資経験の少なさは、グーグルと同社の一種独特な事業の進め方に関する、広範な知識で補った。グーグル・ベンチャーズから資金調達できれば、グーグル本社とも戦略的関係を築く道が開けるかもしれない。そう考えたからこそカラニックもクレーンも、二〇一三年の夏に、グーグルのウーバー株式購入を目指して話し合いを進めてきたのである。

クレーンのグーグル・ベンチャーズは、ウーバーに出資したい投資会社数社のうちの一社だった。数社の「競り合い」は、クレーン有利に進んでいた。カラニックの言葉を信じるなら、グーグル・ベンチャーズは残るライバル一社と競っており、勝者はウーバーの評価額三五億ドルに基づき単独で二億五千万ドルのチェックを切るはずだった。だがそこに、カラニックの「聞いてほしいことがある」という電話が入ったのである。

よくない知らせなのは明らかだった。

じつを言えば、ここ数か月の間、カラニックはプライベート・エクイティ・ファンド（PEファンド）という異なるタイプの投資会社、TPGキャピタル（TPG Capital）の熱烈なアプローチを受けていた。通常PEファンドは成熟した企業の経営権を取得することに重点を置くのに対し、TPGのパートナーであるデビッド・トルヒーヨは、自社に初期のインターネット企業に投資させようと率先して行動していた。カラニックと親しくなったトルヒーヨは、子どもを寝かしつけたあと、退社するカラニックとサンフランシスコ市内で落ち合っては、ビールを飲んだ。二人はウーバーの事業に関する突っこんだ話もし、カラニックはしばしばノートパソコンを開いて、ドライバー群、定着率、ドライバーと乗客の生涯価値、乗客獲得コストなどのデータを呼びだしていたという。

TPGはTPGで、ウーバーに関する独自調査を行っていた。MBA取得前の若いアナリストをニューヨークやサンフランシスコに送ってウーバー車に乗せ、ドライバーに複数の質問をさせていたのである。好きな時間に働ける快適さと、乗車がキャッシュレスなことで強盗に襲われる心配がないことをどのドライバーも高く評価していたことに、TPGは驚いた。

以前はカラニックのほうが投資家に懇願する立場だったが、いまや立場は逆転していた。とくにTPGは、すっかりウーバーにご執心だったらしい。TPGの二人の共同創業者のうちの一人、デビッド・ボンダーマンは、二〇〇九年にゼネラル・モーターズ（General Motors）が経営破綻した際、政府主導の救済策の一環として、GMの取締役員となった。ボンダーマンはGMの副会長スティーブン・ガースキーにわざわざサンフランシスコまで足を運ばせ、いつの日か自家用車が不要になるほど大きな社会的インパクトをもたらすかもしれない会社だとして、ウーバーと引き合わせた（ボンダーマンから聞くまで、ガースキーはウーバーの社名を耳にしたことがなかったという）。二〇一三年の夏には、ボンダーマンとトルヒーヨはTPGのプライベートジェット機でのアジア諸国訪問の旅に、カラニックを招待した。アジア各国の政財界のリーダーたちにカラニックが顔を売れるようにとの配慮からである。過去多くの規制対象企業に投資してきたTPGの二人は、政財界のトップと面識を持っておくと規制当局と何かあったときに役に立つぞとカラニックにアドバイスした。

二〇一三年八月、カラニックはTPGに出資してもらおうと決めた。ただしグーグル・ベンチャーズに単独出資者となると思いこませてしまったため、TPGを組み入れる奇策が必要だった。そこで思いだしたのが、新たに始めた投資会社エクスパの資金調達の必要性などから、ギャレット・キャンプがウーバーの持ち株を売りたがっていたという事実である（通常カラニックは従業員や投資家のウーバー株売却に猛反対するが、のちには一部の従業員の持ち株をウーバーが買い取ることは許した。キャンプはウーバーをこの世に生みだした当人のため、当初から特別に自由に売却ができる立場だった）。

ＴＰＧは直接ウーバーに出資するのではなく、約一億ドル分の株をキャンプから購入することになった。売買方法は、キャンプとＴＰＧが互いに相手への責務を負うという、ウェイバリー・ローンと呼ばれるあまり用いられない方法だった。「ぼくが損する取引だっていうのはわかってたよ」とキャンプは言う。だがＴＰＧを引き入れるという意味では、プラスのやり方だと理解していたという。

カラニックの強い要望で、トルヒーヨではなくボンダーマンが取締役会に加わった。カラニックはグーグル・ベンチャーズにも同様に要求を出し、クレーンに単なる取締役会オブザーバーの役割を求めた。それと同時に、グーグルで長年法務責任者を務めていたデビッド・ドラモンドを取締役員に迎え入れた。ベンチマーク・キャピタルからもマット・コーラーよりビル・ガーリーを望んだように、カラニックはより経験があり、社会的地位が高く、ネームバリューのある人物を重視するのである。

つねに言葉巧みなカラニックは、単独のつもりの出資が共同になったことに落胆するクレーンを、ＴＰＧにはグーグル・ベンチャーズとは異なる役割があるのだと言って慰めた。カラニックはクレーンに、「きみたちはデジタルだけど、あの人たちはアナログなんだよ」

と告げたという。

二億五八〇〇万ドルの資金調達を発表するブログ記事で（ちなみにＴＰＧからの「資金調達」が、ウーバーでなくキャンプの懐に入ったことは触れられていない）、カラニックはグーグルとＴＰＧそれぞれの力に言及し、初めて「ビットと原子」のフレーズを使っている。デジタルのノウハウと現実世界の経験との融合を意味するこの言葉は、ウーバーへの新たな出資者を表現したものだった。だがカラニックは「ビットと原子」を、ウーバーそのものを表す言葉としても用いるようになる。

＊　＊　＊

グーグルとＴＰＧからの資金調達後まもなく、カラニックはまた一人キーパーソンとなる人物を雇った。将来ウーバーの最高「業務（ビジネス）」責任者となる、エミル・マイケルである。弁護士として訓練を積んだマイケルは、シリコンバレーの小規模企業、テルミー・ネットワークス（Tellme Networks）とクラウト（Klout）で勤務した。音楽ストリーミング企業スポティファイ（Spotify）やフィットネストラッカー企業ジョウボーン（Jawbone）のＣＥＯに自分を売りこむ一方で、マイケルはふさわしい職を探しつづけた。テック企業の経歴の合間にかの有名なホワイトハウス・フェローの座を射止め、国防長官ロバート・ゲーツの特別補佐官として、「サイバーセキュリティ関係の仕事などの超激務」に勤しんだこともある。「アフガニスタンとイラクとパキスタンにはかなり長く滞在して、軍がテクノロジーを活用してモバイル決済を行う方法を模索しましたよ」とマイケルは言う。「一部のアフガニスタン兵に、国防に協力した報酬を支払っていたんです。でも上役の軍閥が横取りしてしまうんですよ。それで横取りされないよう、現金でなくモバイル決済にすることにしたんです」

マイケルは自身の武器を手にウーバーに加わると、さっそくアメリカン・エクスプレス（American Express）やユナイテッド航空（United Airlines）とのパートナーシップをまとめた。これら二社のスマートフォン用アプリに、ウーバーのサービスを組み入れさせたのである。過去の企業で資金調達に関わっていたことから、マイケルはウーバーでも資金調達を担当させてくれとカラニックに頼んだ。

「トラビスは言いましたよ。『エミル、うちは二億五〇〇〇万ドル調達したばかりなんだぜ。もう資金調達なんて二度としなくたってだいじょうぶさ』」

状況からすると、そうはならなそうだった。国内ではリフトとしのぎを削り、世界にも多くの競合相手が出現しだしたウーバーは、にわかに無限の資金を必要としはじめたのである。現に二〇一四年半ばには、カラニックはマイケルを資金調達の監督役に抜擢した。ただしカラニックは、自分のやり方を踏襲させたがったとマイケルは言う。

「それまでのキャリアで一度も学んでいなかった資金調達の方法を、トラビスは教えてくれましたよ。トラビスは、『結果にとらわれるな、過程にこだわれ』って言ったんです」

カラニックは事実上マイケルに、手際のいいオークションを開かせたのだ。ウーバーの「値段」つまり評価額と、出資したい金額とを、投資会社に言わせるのである。

「このやり方には、心底敬服しましたよ。こちらは全投資会社に同じ時間を割いたし、全社にまったく同じことを言いました。だれも特別扱いはしなかったんです」

二〇一四年六月、評価額三五億ドルで二億五八〇〇万ドルを調達したわずか九か月足らずのちに、ウーバーはさらに巨額の資金調達を果たす。投資信託会社のウエリントン・マネージメント（Wellington Management）、フィデリティ・インベストメンツ（Fidelity Investments）、ブラックロック（BlackRock）をはじめとする投資会社から一二億ドルを調達し、ウーバーの評価額は一七〇億ドルに達した。

この資金調達ラウンドは、二つの点で特筆に値するものとなった。第一に、出資者がベンチャーキャピタルやPEファンドではなかったこと。これはウーバーが企業としての魅力を拡大し、最もメインストリームで、テクノロジー業界ととくに関連のない投資会社にもアピールするだけの力を得たことを示している。第二に、過程を重視する資金調達アプローチによって、ウーバーは期待をはるかに上回る評価額を得られたという事実である。マイケルはこう打ち明けている。

「われわれは、評価額は八〇億ドルくらいだろうって思ってたんですよ」

＊　＊　＊

異様な急成長に周囲もかまびすしいなか、潤沢な資金を手にしたウーバーは全世界で社会現象を巻き起こし、世界二六二の市場で稼働しながら二〇一四年を終えた。二〇一四年はまた、ウーバーの評判が〈イノベーションを引き起こす時代の寵児〉から、〈相手構わず戦端の火蓋を切る、厚かましくて冷笑的で喧嘩っ早いいじめっ子〉へと変わった年でもあった。タクシー会社、交通規制当局、政治家、競合他社、ジャーナリスト、自社のドライバー、さらには女性全般――ウーバーがやったか幹部が言ったことのせいで、上記のだれが苦痛を感じてもおかしくはない状況が生じていた。

なかでも最も人々の感情を逆なでしたのが、ウーバーの公的な顔でありCEOであり、思ったことをすぐ口にする自分に誇りを感じるとうそぶく男、トラビス・カラニックである。公的な場であれプライベートであれ、カラニックには口をつぐんでいるということができないらしい。目の色や声の高さなどと並んで、あけすけな物言いがカラニックを形作るDNAに刻みこまれているかのごとくだ。

大々的に報道されたカラニックの大言壮語の一部は、知的な議論で言い負かされそうになってむきになっているだけという印象を受ける。だが同時にこうした発言から汲みとれるのは、カラニックのあきれるほどの共感力のなさである。たとえそれが当たらないにしても、少なくとも黙っていればいいときに黙っていられない性格であることは間違いない。

とくに問題なのは、カラニックの話しぶりに垣間見える女性観だ。もともとシリコンバレーに男性優位の「男文化(ブロ)」があることがさらに事態を悪化させている。コンピュータプログラマーやベンチャーキャピタリストになるのはたいていボスザルタイプの男性で、女性は極めて稀だ。シリコンバレーでだれよりフェミニズムに敏感な男性なら、性による偏見がテック業界に無自覚にはびこっている現状に嫌でも気づかされるだろう。

だがカラニックは、そんな繊細な配慮に汲々(きゅうきゅう)とする人間ではない。北米運用部門トップ、拡張部門チーフ、顧問弁護士をはじめ、ウーバーの最高幹部の多くは女性である。カラニックは雇用においては機会均等を守る経営者かもしれないが、それでもボスザルタイプという評判は消えない。カラニックはしばしば、サンフェルナンド・バレーで若いころ接したヒップホップ・カルチャーの影響もあらわな用語を使う。「ボーラー」であることを自慢げに語り(本来のスラングの意味は「金を稼ぎ羽振りのよくなったギャング」である)、配車サービスを行う自分の立場を「ヤベえポン引き(フリッキン・ピンプ)」と称したこともある(ここでは女性でなく車を客に用意するという意味で言っているのだが、それにしてもこの用語のチョイスで推して知るべしだろう)。

カラニックはレッド・スウッシュであれウーバーであれ、自身の会社を妻、それも夫を虐待する妻にたとえることがよくある。事業に心血を注ぐ起業家の目から見ればそれなりに納得の行く隠喩ではあるものの、文脈を離れたところで耳にすると異様なたとえには違いない。二〇一四年初め、男性ホルモン（テストステロン）に彩られたイケイケなウーバー体験の描写に大乗り気な雑誌GQのライターに、カラニックは新たに手に入れた成功で女性にモテるようになったと認めている。ウーバーで車を呼びだすのと同じくらい簡単に女性をお持ち帰りできるという主旨の冗談で、カラニックが「そう、おれたちは〝おっぱいサービス（ブーバー）〟って呼んでるんだ」と言ったとGQは報じている。

　ウーバーは固有の男尊女卑文化に毒されているという批判を、同社はどうやってもかわせそうにない。ウーバーが全世界の都市に急速に拡大しはじめてからこのかた、ドライバーにナンパされた、脅迫された、ひどいときには襲われたという女性客の訴えは引きも切らない。

　たとえば二〇一六年には、ボストン・グローブ紙のオンライン版ボストン・ドットコム（Boston.com）の女性記者アリソン・ポールが、ウーバー車での恐ろしい体験を綴っている。ポールはウーバーの勧告どおり、アプリで指定された車のナンバーと実際に配車された車のナンバープレートが一致することを確認してから、車に乗りこんだ。車はウーバーの規定に反して2ドアしかなく、ポールは後部に乗りこむ手間を嫌って助手席を選んだ。ドライバーはドアをロックすると、ポールにオーラルセックスを持ちかけてきた（記事では細かいやりとりが詳述されている）。ポールは、身体的被害は受けずに車外に逃げだすことができたが、心の底から恐怖を感じた。話はこれで終わりではない。ポールがウーバーに事件を報告したところ、カスタマーサービスの代表は謝罪し、三〇ドルのクレジットを送付してきた。だが当初は問題のドライバーが罰せられたか、あるいはプラットフォームから外されたのかとポールが尋ねても、言葉を濁していたという。

女性蔑視との批判の声は、ついにウーバー社内にまで広がった。二〇一七年二月、スーザン・ファウラーというウーバーの元エンジニアが、『ウーバーでのものすごく奇妙な一年をふりかえって』というタイトルのブログ記事を投稿したのである。ファウラーによれば、男性上司からセクシャルハラスメントを受けたため会社に被害を訴えたが、人事部に黙殺されたという。カラニックはツイッターに、彼女の申し立ては「忌まわしい内容で、ウーバーの標榜する思想にも信条にも反しています」と記した。カラニックはまた、ブログ記事を読むまでファウラーの訴えを耳にしたことはないと語り、この問題に対処するため、ただちに取締役員アリアナ・ハフィントンや元司法長官エリック・ホルダーらを含む調査委員会を組織した。こうしたすばやい行動も、すでにウーバーの前科を問題視していた女性たちの間の評判を好転させるには至らなかった。

たしかにウーバーがタクシーより安全な面もある。車が追跡可能な点や、ドライバーの氏名が記録に残る点などだ。またそこには、人間性一般の問題という面もある。女性にひどい態度をとる男がいるのは、何もウーバーのドライバーに限ったことではないからだ。それでもやはり、ウーバーが生じさせた「プラットフォーム」の斬新さゆえに、問題がかえって悪化している側面は否めない。タクシー運転手は規制当局の管理下にあり、ほとんどの都市のタクシーには、後部座席の目立つ位置に苦情のための電話番号と運転手のＩＤ番号が掲載されている。恐ろしい体験をした乗客の苦情に対するウーバーの対応が不十分だという報告は、かねてから何度もされてきた。

実のところ、まだ経験値の浅い非上場企業であるウーバーは、悲惨な体験をした乗客からの苦情だけでなく、あらゆる種類の苦情に対して反応が鈍いのが現状である。だが同業の中でもとくに規模が大きく名の知れたウーバーは、女性は使わないほうがいいサービスだというー度貼られたレッテルをなかなか剥がせずにいる。ニュースサイト、バズフィードの記事によれば、ウーバーのカスタマーサービスに寄せられた苦情を分析したところ、「レイプ」や「性的暴行」という単語が数千回現れたという。

ウーバーはこの記事に対する長文の反論を発表し、「格付け（rate）」という単語を「レイプ（rape）」と書き誤っているケースが多いことや、「ドレイパー（Draper）」のような氏名に「レイプ（rape）」という文字が含まれる場合があることを指摘している。ウーバーによれば、三年間のデータを自社で分析した結果、性的暴行に当たる事例が一七〇件見つかった。これは三三〇〇万回の乗車に一回の割合であるという。

問題(ボトムライン)は、女性蔑視の評判がウーバーの収益(ボトムライン)にも悪影響を及ぼしはじめたということだった。便利で秀逸なウーバーのテクノロジーは、使い方を間違えれば不気味な道具にもなりうる。強引なドライバーに迫られて嫌な思いをしたというだけなら、不幸な体験ですませることもできる。だがその同じドライバーが自分の名前や住所も知っているとしたら、話はまったく別だ。しかも「おっぱいサービス（ブーバー）」やその他の例でもわかるように、肝心のウーバーの経営陣はそうした問題に対するデリカシーすらなく、自ら墓穴を掘っているのだから世話がない。

カラニックはこれまで幾度となく、顧客の不安に対する無神経さを露呈してきた。動的価格設定（ダイナミック・プライシング）の問題が生じたとき、顧客が怒りを増大させ、ただの暴利を貪る便乗値上げだとウーバーを非難したのも、カラニックが同情の片鱗すら見せずにこの方式を擁護したからである。特需型値上げ（サージ・プライシング）に不満を漏らす者は、カラニックの目から見れば、需要と供給の法則すら理解できないうすのろなのだ。カラニックはまた、タクシー会社の肩を持つ監督官庁を、情け容赦なく、公然と嘲笑してきた。ときには、まったく見当違いな相手に矛先を向けてしまうことすらあった。

「われわれは選挙戦を戦っているんですよ。ウーバーが候補者で、対立候補はタクシー業界っていう名のクソ野郎（アスホール）です」

二〇一四年春のインタビューで、カラニックはこう答えた。この発言は、カラニックがタクシー運転手をクソ野郎と呼んだ、という文脈で大々的に報道されてしまった。実際にはカラニックがけなしたのはタクシー会社のオーナーであって、労働者たるタクシー運転手ではなかったのだが、引用や転載のあいだにその主旨は忘れ去られた。「タクシー業界がどんなにブラックで危険で不正に満ちているか、その真実を暴かなきゃいけないんです」ともカラニックは言っているが、「クソ野郎」と違い、こちらの発言が脚光を浴びることはなかった。

会社の大切な収入源であるウーバードライバーの苦境についても、カラニックは諦めろと一喝するに等しい無頓着な態度を見せた。自動運転ソフトウェアにウーバーが投資を始める一年も前、つまりそんな話題を振られてもまだ容易にかわすことができた時期に、カラニックは自動運転車がウーバーの事業に与えるインパクトについて話している。以下は、カリフォルニアのランチョ・パロス・ベルデスで開かれたテック業界の有名カンファレンス、コード・カンファレンスのインタビューでの発言だ。

「自動運転車はすばらしいですよ。ウーバーに乗るのが高いとしたら、それは乗車分だけじゃなくて、車内にいるもう一人のやつの分まで金を払わされてるからです。車内にいるそいつさえいなかったら、世界中どこでだって、自家用車を買うより安い値段でウーバーに乗れるんですよ」

ウーバーのドライバーはそんな未来をどう思うだろうかと聞かれ、カラニックはさらに状況を悪化させる答えを返した。

「うちのパートナーになってるドライバーが相手なら、こう言いますね。『いいか、これが世界の趨勢だ。この流れに乗らなかったら、ウーバーは消える。だからこれが未来だと諦めろ』ってね。テクノロジーとか人類の進歩って、そういうものじゃないですか」

このドライバーに関する失言で、カラニックは到底はい上がれないほどの墓穴を掘った。しかもその後、さらに墓穴を掘りつづけたのである。二〇一七年春、ウーバーブラックのドライバーを長年やってきた男性が、値下げでドライバーが苦境に陥っているとカラニックに直談判し、短気を起こすカラニックとのやりとりを車載ビデオに録画した。一〇万ドル近くあった貯金が底をつき、自己破産したと訴えるドライバーに対し、カラニックはこう言い放った。

「自分でクソしておいて、ケツもふこうとしないやつらめ」

ドライバーはビデオをブルームバーグビジネスウィーク誌に持ちこみ、この一件は同誌にすっぱ抜かれた。カラニックは「自分を恥じている」と告白し、リーダーシップのコーチングを受け、「大人になる」と約束した。

カラニックを批判する人々にとっては、彼の無防備な一面すら、その冷酷さが政治的な見解を形作った証拠とみなされた。カラニックのツイッターのアバター（ユーザーが自分を表すのに選ぶサムネイル画像）が、一時アイン・ランドの著書『水源』の表紙であったのは事実である。二十世紀半ばの小説家兼論客であるランドは、資本主義の力とテクノロジーの進歩を盲信し、政府の悪影響を説く、オブジェクティビズムと呼ばれる思想を広めた人物だ。

大学の共和党員や、初めて知的自由を謳歌する大学生の間で人気のある作家である。〈進歩は偉大なり、規則を打倒せよ〉というランドの信条をカラニックがモットーにしていると結論づけたところで、あながち拡大解釈とも言えないだろう。だがランド信者というレッテルが世間の目に悪影響を及ぼしかねないことは、さすがのカラニックも気づいたらしい。二〇一四年の秋、フォーチュン誌は当時三十八歳のカラニックを、傑出した若手ビジネスマンのリスト「四十歳未満の四十人」の一人に選んだ。付随する記事にカラニックはランドの愛読者だと載せたところ、カラニックは私にメールで抗議してきた。

「私がアイン・ランドの信奉者だなどというとんでもないネタ（ミーム）がネットに出回っています」

カラニックによれば、アバターが『水源』だったのは、読んだ本の画像をツイッターに投稿するのが好きだからに過ぎないという。「数年前に『水源』を読み、アバターにしたときには、政治的な問題が派生することなど考えもしませんでした」

だが、ロン・チャーナウの名高いアレグザンダー・ハミルトン評伝を読んで感銘を受け、すでにアバターをハミルトンに変えているのに、ランドのイメージを「ネットが忘れてくれないのです」とカラニックは書いている（ちなみに、カラニックはミュージカル『ハミルトン』の大ヒットによるブームに便乗していたわけではない。同ミュージカルのオフブロードウェイでの初演は二〇一五年二月であり、ブロードウェイでは同年八月だ）。

「当然ですが、ハミルトンの画像をツイッターに上げても、だれも私を熱烈な連邦党支持者（フェデラリスト）

と呼びはしません。（中略）『エンダーのゲーム』（オースン・スコット・カードのSF小説）の画像も上げましたが、狂信的なSFマニアとは呼ばれないのです」

　カラニックが周囲の厳しい目を感じはじめていたとしたら、カラニックとウーバーにとって事態は悪化する一方だったと言っておこう。リフトへの妨害工作「長期事業拡大作戦（SLOG）」が明るみに出たことで、テクノロジーに精通した人々の間ではますます〈ウーバーは極悪非道〉というイメージが固まっていった。ザ・バージに掲載されたウーバーのSLOG作戦の暴露記事には、「ウーバーがどれほど邪悪な企業かを早くみんなが悟って、ボイコットしてくれますように」という読者のコメントが寄せられた。別のコメントには、「ウーバーのCEOは、アイン・ランド好きの狂信的リバタリアンの一人だぜ。こんなことするのも当然だろ」とある。アメリカの東西海岸沿いの大都市では、ウーバーをまったく使用しないのが政治的に正しい（ポリティカリーコレクト）行為だという風潮が広まった。

　二〇一四年十一月、ウーバーは少しはよく書いてもらおうとの思惑で、ニューヨークの著名ジャーナリストを招いた夕食会を開催した。夕食会での会話はオフレコだったが、ニュースサイト、バズフィードの編集者が（「噂（バズ）を供給する（フィード）」というその名に過たず）エミル・マイケルの発言を暴露した。記事によればマイケルは、ウーバーに敵愾心（てきがいしん）を燃やしているらしい一部のジャーナリストの素行調査を行う可能性を匂わせたという。

　記事の引き起こした怒りの嵐で、シリコンバレーの問題児というウーバーの悪評は揺るがぬものとなった。マイケルは素行調査を行うかもしれない相手として名を挙げたジャーナリストに謝罪したが、時すでに遅しだった。翌月、イギリスのガーディアン紙はウーバーを大いに持ち上げた記事を掲載したが、記事の冒頭はこう始まっている。

「哀れな都会の人間は、つねに良心のうずきに苦しめられている。二酸化炭素の排出量を心配し、社会的不平等に胸を痛め、脱税するコーヒーチェーンのコーヒーを良心の呵責とともに飲むなど、道徳上の懸念は山ほどある。それに加えて、いまではとうとう、タクシーを配車できるスマートフォンアプリ、ウーバーを使うという罪悪感にも耐えねばならなくなった」

数か月後にサンフランシスコで開かれたテック業界の賞の授与式では、HBOのヒットドラマ『シリコンバレー』でつねにマリファナでハイになっている起業家アーリック・バックマンを演じた人気コメディアン、T・J・ミラーが、カラニックに「つねにクソを踏んづけてるで賞」をやるべきだとジョークを飛ばした。

ウーバーにとっては、どう転んでもおかしくない状況だった。事業が急速に拡大する一方で、ウーバーのイメージは地に落ちていった。

「ウーバーの物語の語り手は、完全にトラビスたちじゃなくなっていたよね」

そう嘆くのは、クリス・サッカだ。ウーバーの初期投資家でアドバイザーだったが、サッカが他の投資家からウーバーの株式を購入しようと試みたことで、この時点ではカラニックとの仲は険悪になっていた（カラニックは長年、新規株式公開（IPO）前のウーバー株売買を個人的に阻止しようとしており、自身も一切売却していない）。同年秋、オバマ大統領の選挙対策本部長を務めたデビッド・プラウフがウーバーに加わり、広報の監督役に就いたが、プラウフは二〇一四年の一連の出来事を「自発的なミス（アンフォーストエラー）」と呼んだ。ライアン・グレイブスはこの一年を、「ウーバーのタフな時代」と物憂げに言及している。希望の兆しがほしいグレイブスは、ウーバーが浴びた集中砲火を、上場企業が経験する株価の下落のようなものとみなした。二年後の二〇一六年、グレイブスは当時をこうふり返っている。

「ウーバーの株価が値崩れしたんですよ。あのときは厳しかったですね。でも正直なところ、あれがあってよかったと思ってますよ。ああした経験は、組織にはためになりますから。苦境を見事脱することができれば、働く人間にとってもいい経験になりますしね」

だがもちろん、ウーバーの「タフな時代」は、それで終わりではなかった。

第八章

巨大企業（ジャガノート）

二〇一五年が明けると、ウーバーは認識の違いなどではすまされない問題に直面することになった。企業規模が拡張したにもかかわらず、ウーバーはいまだ洗練された企業というよりは、喧嘩腰のスタートアップと言ったほうが当たっていた。だがそんな小兵の魅力が薄れるにつれ、好戦的で勘と経験が頼りのウーバーのアプローチは、一歩間違えば向こう見ずな無責任さに陥りかねなかった。つまり、乗客を運ぶ車両は高級車から普通の自家用車にダウングレードしたかもしれないが、ウーバー自体はかなりのアップグレードを必要としていたのである。ウーバーにはすべてが欠けていた。世界的大企業を経営したことのある経験豊かな人材も必要なら、シリコンバレーのスタートアップから巨大企業へと脱皮するにあたって、大企業にふさわしい事業プロセスを構築することも求められていた。

とくに粗が目立ったのは、安全に対するウーバーのアプローチだ。委託された情報の保護という意味でも、車内の人々の身の安全という意味でも、ウーバーの対応はお粗末だった。ウーバーのデータ、ドライバー、乗客、そのすべてにおいて、本来守られてしかるべき安全性が保証されていなかったのである。ウーバーは膨大かつ、他社にはない強大な影響力を持つデータを入手していた。配車サービスを行うため、ウーバーは全ドライバーの運転免許証と保険の情報に加え、乗客全員のクレジットカード番号と携帯電話番号を収集していた。ボタン一つで車が現れ、キャッシュレスで乗車できるという、ウーバーの魔法のようなサービスを可能にする情報を保持するということは、同時に重い責任を担うことも意味する。数百万人の独立契約者と顧客のデジタル個人情報にアクセスできる鍵を、ウーバーは一手に握っていたのである。

その重責を担う準備が整っていないことを、ウーバーは何度も露呈していた。二〇一二年には、ウーバーは一夜限りの情事（同社いわく「栄光の乗車」）の発生件数を計算する方法があるとのブログ記事を投稿した。夜遅くウーバー車を降り、その近辺で未明か早朝にまたウーバー車を利用した乗客を調べ、リストアップするのである。事実上、顧客のデータを無断で分析して、顧客の性生活のパターンを調べていることを公表したに等しい。記事は、ウーバーの分析力を誇らしげに自慢している。

「かつては目覚めると同時にパニックを起こし、薄暗い部屋で毛皮のコートだのベルベットのスモーキングジャケットだの、何であれきみたちクールな若者が着ていた洋服をあわててかき集めた日々があったことだろう。そしてまだ明けそめぬ薄明のなか、とぼとぼと歩いて家に帰るのだ。だがそれもいまは昔。世の中は変わった。もはや徒歩で恥ずべき帰宅をする時代ではない。われわれはいまや、ウーバーのある世界に生きているのである」（後日、ウーバーはこのブログ記事を削除した）

それにしても、プライバシー保護やデータの不正使用の可能性に関するウーバーの先見の明のなさには、つくづく驚かされる。二〇一四年五月、正体不明のハッカーがウーバーのサーバーに侵入し、データベースから五万件以上のドライバーの名前とナンバープレート番号を盗みだした。ウーバーは九月になってデータの流出に気づいたが、個人情報が犯罪者の手に渡った事実を翌年の二月までドライバーに公表しなかった。ウーバーが「パートナー」と大げさに呼び習わしているドライバーたちは、このデータ漏洩事件、ことにウーバーがこれほど長く事実の公表を差し控えたことに激怒し、騒然となった。ウーバーは、被害を受けたドライバーに無料でクレジットカードの機密保持サービスを提供するとし、流出したデータが悪用された形跡はないとの見解を発表した。だが、一度傷ついた評判はもとには戻らない。ウーバーはドライバーや乗客にデータの開示を要求しておきながら、そのデータの扱いに信用のおけない企業だというイメージが広まってしまったのだ。

　こうした、取り扱いに万全の注意が必要なデータを保管する組織としては、ウーバーが信用できないという証左はほかにもあった。データ漏洩事件の調査をするうち、ウーバーが「神の目（ゴッド・ビュー）」（のちに「天の目（ヘブン・ビュー）」と改名された）と呼ばれる、従業員に乗客の追跡を可能にさせるツールを保持していることが明るみに出た。このツールの存在自体は、驚きではない。ウーバーのアプリでは、GPS機能を利用して乗客がドライバーの位置を把握したり、到着予想時間をシェアしたりできるのだから、こうしたツールの存在は当然といえば当然だ。衝撃だったのは、このツールへの社内アクセス制限をウーバーがほとんどかけていなかったという事実である。ニューヨーク地区担当のゼネラルマネージャーが、このツールを使ってある女性ジャーナリストを監視していることを当の本人に伝えたことから、事が表面化した。

ウーバー社員の「ゴッド・ビュー」へのアクセスがあまりにも容易であることが、これで明らかになった。

さらにウーバーは、大々的に報じられた身の毛もよだつ事件にも関与していた。二〇一四年十二月、デリーのウーバードライバーが乗客への強姦罪で逮捕され、告訴された。デリー市はただちにウーバーの営業停止処分を下し、ウーバーは十分な身元調査を行っていなかったと非難された。容疑者のドライバーは、当時インドの別の都市でも強姦罪を問われ、保釈中の身だったのである（容疑者の男には後日有罪判決が下され、終身刑が宣告された）。インドでは事件は世間の耳目を集め、性犯罪への抗議運動が高まる契機ともなった。同時にウーバーは、顧客の身の安全を図る対策を十分に取っていないと糾弾され、窮地に追いやられた。本国アメリカでも、その後幾度となくウーバーは同じ批判にさらされることとなる。

これら数々の問題を抱えたウーバーには、一人の幹部が、サイバーセキュリティと物理（フィジカル）セキュリティをともに監督する体制が必要だった。テック企業全般において、これは難しい注文だった。前者には秀でていても、後者の経験がほぼ皆無の企業が大半だからである。その役目を担う人材として、ウーバーはすでにフェイスブックでサイバーセキュリティを担当していた、ジョー・サリバンを採用した。だがサリバンによれば、当初は怪しげな評判のウーバーに入社するつもりはまったくなかったという。フェイスブックで任されるやりがいのある仕事に満足しており、「おっぱいサービス（ブーバー）」の運営で女はよりどりみどりだと豪語するC

EOのいる企業への就職に魅力を感じなかったのだ。「娘を三人育てていましたしね」

最終的にサリバンの心変わりを促したのは、「現実世界の脅威とデジタル世界の脅威」をともに監視するという機会が得られること、カラニックにじかに報告できる立場であること、そして「資金や人材の制約が事実上ないに等しい」全権委任の状態で任務達成に臨めることだった。本人いわく、セキュリティをウーバーの「ブランド差別化要素」にせよとの指令がサリバンに下されたのである。

二〇一五年春にウーバーに入社したサリバンには、やることが山のようにあった。まず、ドライバーと乗客のデータを保護するためには、ウーバーがデータを保管しているアマゾンウェブサービス（Amazon Web Services）のアカウントに、より厳格な認証要件を課さねばならなかった。「基本(ベーシック)から始めて、最も効率のよい方法(ベストプラクティス)に至りました」とサリバンは言う。

次にサリバンのチームは、「テレマティクス」というシステムについて調査した。これは動きを測定したデータを、ネットワークを使って収集する機能を指す。たとえばウーバーには、ドライバーがスマートフォンを扱う際の詳細な動きのデータがあるため、ドライバーがスマホを持ちながら運転するという規約違反を犯しているかどうかを突き止めることができる。またドライバーがブレーキを強く踏みすぎているかどうかや、スピードを出しすぎているかどうかもわかるという。こうした事実を把握しておけば、乗客の苦情に対してウーバーが公正な審判役を務めることも可能となるのだ。酔った乗客が騒ぎを起こすというのはつねにウーバードライバーの悩みの種だったが、サリバンのチームはこれを、物理的かつデジタルでユニークなアプローチによって解決した。サリバンは言う。

「乗客の皆さんの気をそらし楽しませるもの、たとえばゲームなどをアプリに組みこむことで問題が解決できないかテストしたんです。また、ドライバーの詳しい略歴を表示することで、乗客の皆さんの共感を高められるかも試してみました。新しい世界では、問題の解決法も新しいものを試す必要がありますからね」

ウーバーの経営陣にも、セキュリティは他に類を見ない物理的な問題であること、カラニックの言う「ビットと原子」の「原子」であることが、ようやく飲みこめてきた。サイバー犯罪専門の弁護士であったこともあるサリバンは、日常的に消費者と物理的な交流を持つ企業で働いている人材を集める必要があると判断した。インターネット企業としては、珍しい決断だ。消費者と二十四時間体制で交流しているのは、ドライバーである。そこでウーバーはすべての大都市に、かなり目立つドライバーサポートセンターを、考えうるセキュリティ上の脅威に応じて複数設置した。「マクドナルドのセキュリティを担当しているようなものでしたよ」とサリバンは語る。サリバンは、ウエスタンユニオン（Western Union）の店舗向けにセキュリティ計画を立案したことのある、元シークレットサービス捜査官を雇い入れた。町外れで大きなスポーツ大会やコンサートが開催される際のドライバーと乗客の乗車場所にも、注意が必要だった。

「たとえば、スーパーボウルの会場の駐車場などは――」とサリバンは考えこみながら言った。「考慮しなければならない事項が多くあります」

＊　＊　＊

セキュリティや安全性の考え方を大企業らしく転換しようとする一方で、ウーバーは大半の有名企業に比べて、より一層規制に対する努力に力を入れはじめた。

ジャズ歌手やお針子だったこともある三十代半ばのサリー・ケイは、大学で公共政策を専攻し、カリフォルニア州の政界に身を置いてきた。ウーバーに入社する直前には、食品会社デルモンテ（Del Monte）のサクラメント支社で規制関連業務に従事している。二〇一四年春にケイが入社した時点で、ウーバーは営業停止に追いこまれないよう、アメリカ国内の州や市の条例案三三〇件の審議を見守っていた。

「デルモンテや地方自治体からスタートアップに移って一番よかったのは、物事がじつにスピーディに運ぶ点です」とケイは言う。「私たちはみんな、やる気満々で戦いに挑む戦士っていう感じでしたよ」

州議会の会期は気まぐれで、年によっては短期間であることも多い。たまたま大半の州で議会が長期にわたって開会された二〇一五年は、ウーバーにとって重要な年となった。ケイは、ウーバーへの風当たりが強い様々な区域の動向を注視していた。一例を挙げれば、シアトルでは、輸送ネットワーク企業が一度に保持できる車両を一〇〇台までに制限する条例が制定されていた。ケイはコロラド州議会に働きかけ、当初ウーバーがデンバーで営業できなくなるほどの規制強化を図っていた議会は、結果的に全国でも稀な規制緩和の条例を制定し、州全体でライドシェアが合法化されることとなった。ケイはその後ウーバーが最初に撤退を強いられたラスベガス市にも働きかけ、同じ二〇一五年に営業の権利を勝ち取っている。

当局が規制を強めるたびに、乗客とドライバーに支持を呼びかけるといういつもの戦略を、ウーバーは何度もくり返し採用してきた。

「いつでもわが社が勝ちました」とケイは言う。不眠不休で働き、「くたくたにはなりましたけどね。それでもつねに一〇〇パーセント、わが社が勝利してきたんです」

規制当局との戦いは、当初はつねに尻に火がついた危機の連続だったものが、いつしか散発的に炎が上がる程度に沈静化していった。二〇一六年になると、カラニックは危機を前提とした運営方法から、より安定した事業の進め方を志向するようになる。なかでも特徴的なのは、それまで費用に糸目をつけず事業拡張に傾注してきたウーバーが、無茶な支出は控える必要性に気づいた点だろう。

「基本を改善しろということを、トラビスは口を酸っぱくして言っていますよ」

そう語るのは、デビッド・プラウフだ。プラウフによると、二〇一六年にカラニックから社員に、意外な指示が出されたという。

「指示の内容は、乗客用アプリとドライバー用アプリを両方とも改善すること、地図を改良すること、カスタマーサービスをよくすること、事業を拡張しすぎるとシステムが追いつかなくなることがあると理解すること、でした。とても分別のある言葉で、トラビスらしくない態度でしたよ。スローダウンしろと命じた、というとちょっと語弊があるかもしれませんが、ペースを落とすことを優先するというのは、従来のトラビスにはないことですからね」

システムの再整備にあたってカラニックが担当者に選んだのは、昔から難しい仕事となるとよく頼ってきた幹部、オースティン・ガイトだった。インターンから新都市へのローンチの責任者に登りつめたガイトは、社内全般に広く人脈を持つ、稀有な社員の一人だった。ガイトはウーバー社員が「PRO」と呼ぶ、プロセス資源最適化チームを創設した。言うなればウーバー社内の経営コンサルタント部門で、企業の方針を決定し、最も効率のよい方法（ベストプラクティス）を体系化し、非効率性をなくす部署である。

PROは、「何が起きているかを把握するための、会社の脳のようなもの」だとガイトは言う。ドライバーにスマートフォンを配布するやり方から、従業員の分析テストの採点法、全世界の都市評価チームが事業の査定に用いる評価指標（メトリクス）を効率化する方法など、あらゆる業務を担っている。「ウーバーの体験を世界中どこでも均等にするにはどうしたらいいか」を問いつづけるのが、自分の役目だとガイトは語る。

「でないと、ひどい混乱が起きてしまいますからね」

会社が大きくなりすぎたとウーバーが自覚する瞬間もあった。カラニックは会議の出席者に、ここにいる全員が本当に出席する必要があったのかとよく問いかけた。経営陣には、不必要な官僚主義を一掃するよう求めた。東海岸では、排除できる方策を列挙するため、運用部門トップのレイチェル・ホルトが「官僚主義撲滅委員会」を組織した。「迅速に動き、すばやく決断を下しつづけるためには、どうしたらいいかを考えるための組織でした」とホルトは言う。たとえば、委員会は特定の市場での販促活動を考えだすツールに対し、アクセスできる従業員の数が少なすぎると判断した。ホルトらはアクセスできる従業員の数を増やした。

「そのおかげで、仕事がはかどるようになりました」

ウーバーがまったく逆の結論を導きだすケースもあった。必要なプロセスが少なすぎるというのである。その一例がカスタマーサポートで、二〇一六年半ばにガイトは一時カスタマーサポートの責任者となった。以下は、当時のガイトの発言だ。

「わが社のサポートは十分ではありません。ドライバーの皆さんは苛立っていますし、乗客の方々の不満も非常に高まっています。この状況は、われわれが掲げる原則に見合うものではありません」

ガイトはサポートの問題を、一つ一つ丹念に解決していった。コールセンターのスタッフをどのように、またどこに配置するか。どの電話を従業員につなぎ、どの電話を個人請負のコールスタッフに回すか。苦情をどの部署に、どうやって伝えるか、などである。

二〇一六年十月、ウーバーは全サポートの責任者として、イーベイで「顧客ロイヤルティ」担当の幹部だったトロイ・スティーブンソンを雇い入れた。この仕事の難しさを、スティーブンソンはよく理解していた。フルタイムで働く合間を縫って、スティーブンソンはパートタイムでウーバードライバーになった。それでもドライバーからの苦情が引きも切らない状況を鑑みると、スティーブンソンの苦闘はまだ終わりそうもない。

＊＊＊

ウーバーは社内の様々な問題に対処すると同時に、新しい試みにもチャレンジしはじめた。事業を始めてすぐのころから、カラニックはウーバーに、単なるタクシーの改善版以上の可能性を見いだしていた。カラニックにとって、ウーバーは人だけでなく様々なものを運ぶことのできる、物流(ロジスティクス)プラットフォームだったのである。だとしたら、このプラットフォームを使って、ほかに何を運べるだろう。ウーバーのユニークな輸送ネットワークを活かし、収益の期待できる事業アイディアをより拡張していくことは可能だろうか？

二〇一四年、カラニックはウーバーの幹部として、スカウアの共同創業者の一人だったジェイソン・ドローギを雇った。スカウア倒産後、創業グループの多くがカラニックとともにレッド・スウッシュに加わるか、マイケル・トッドの後を追ってグーグルに入社するかしていたのに対し、ドローギは独自の道を歩んでいた。バック9ゴルフ（Back 9 Golf）という、中古ゴルフ用品を売るオンラインショップを創業したのである。ドローギは次に、スカイプに似ているが中小企業を顧客に想定したインターネット電話サービス会社、ギズモ5テクノロジーズ（Gizmo5 Technologies）の創業を手助けした。同社はのちにグーグルに買収されている。そのあとドローギが加わったのは、スタンガンメーカーのテイザー・インターナショナル（Taser International）だ。テイザーは警察官用のボディカメラを販売しはじめていたが、警察官のアップロードした全ビデオをネット上で保管する、エビデンス・ドットコム（Evidence.com）というサービスの責任者がドローギだった。

ウーバーで働く可能性をカラニックと話し合ったことは以前にもあったが、ドローギは当面のあいだ、アリゾナを拠点とする上場企業であるテイザーで様子を見ることにした。それでもカラニックとは連絡を絶やさずにいたが、ウーバーが成長するにつれ、二つのことが明らかになってきた。第一に、ウーバーで重要な役職に就くという可能性への入り口はどんどん狭まっていたこと。そして第二に、評価額が比較的低いうちに加わっておいてのちに大儲けするという好機が、みるみるうちに失われつつあったということである。ドローギのスカウア後の多彩な経歴に見合うポストをカラニックが用意してくれたという点も、大きな魅力だった。

「トラビスは、ライドシェア事業にはもう十分心血を注いだって感じるところまで来ていたんだ」とドローギは言う。「部下は優秀だし、事業はどんどん拡大していく。このあたりでだれかに入ってもらって、特別なプロジェクトを始めてもらいたいって思ったんだろうね」

ドローギのミッションは、ウーバーのアプリ、顧客ベース、ドライバーのネットワーク、世界各地への進出などを利用して、「人の輸送以外にウーバーに何ができるかを見つけだすこと」だった。

ウーバーが移動手段でやったことを他業種でもできないかとすでに起業家や投資家が検討していたこともあり、ドローギが率いる部署の噂はあっという間に広まった。「いろんなところから電話がかかってきて、『ウーバーなんとか』をやってほしいというアイディアを聞かされたよ」とドローギは言う。ウーバー・クリーニングやウーバー・ペンキ塗りなど、まさに何でもありだった。ドローギは様々な提案に耳を傾けると同時に、ウーバーが始めるべき具体的なプロジェクトについて、数か月にわたって検討を重ねた。最終的にドローギは新事業を三つに絞りこみ、包括的なプロジェクト名「ウーバーエブリシング」部門の下に置いた。

ウーバーの持つ都市ネットワークは、毛色の違う事業アイディアを試すのに大いに役立った。各都市の事業は、支社というよりはフランチャイズ加盟店にも似た、それ自体が独立した小さな企業のように運営されている。そのため、需要を調べるために少数の市場でひそかに実験的なテスト運用を行うのに最適なのだと、ドローギは言う。

「ウーバーの現場チームは、アイディアに消費者需要があるかを即興的に調べるのに慣れているから、非常に迅速にテストを行うことができるんだ」

このようにして、三つの新事業のアイディアが固まった。コンビニエンスストアの品物を配送するサービス、ウーバーエッセンシャルズ（UberEssentials――これはすぐに失敗に終わった）。二〇一六年に人気に火がついた、企業間の宅配サービス、ウーバーラッシュ（UberRush）。そして、いまではライドシェアに次いでウーバーの第二の大事業に成長したフードデリバリーサービス、ウーバーイーツである。ウーバーイーツは二〇一五年春、バルセロナ、シカゴ、ニューヨーク、ロサンゼルスの四都市で運用が始まった。二〇一七年の初頭には、世界六二都市で稼働している。

ネットワークを活用した新事業を模索する傍ら、ウーバーは新たに乗客に提供できるオプションについてもテストを行っていた。その一つが、同じ方向に向かう乗客同士をマッチングする劇的に低価格な相乗りサービス、ウーバープールである（ドライバー目線で言うと、一度の輸送で複数の乗客を運び、複数の目的地を目指すのがウーバープールだ）。中国西部の成都で最初にテスト導入され、のちにシカゴでも運用が始まったウーバーコミュート（UberCommute）は、同じ方向に通勤する隣人を車に同乗させ、通勤コストにウーバーへの手数料を上乗せした金額を支払ってもらうサービスだ。

決まったルートを定額で走るウーバーホップ（UberHop）は、同じルートを走りつづける路線バスのサービスを真似たものだが、運転手がウーバードライバーという点が違う。ウーバーホップは二〇一六年にほぼ一年にわたってシアトル（乗車料金はわずか一ドルだった）とトロントで試験運用されたが、結局廃止された。ウーバーはどちらの都市でも「多くを学んだ」とし、その教訓をウーバープールに活かすつもりだと発表した。フィリピンのマニラでだけは、いまもウーバーホップが稼働している［二〇一八年にウーバーはフィリピンでのサービスを停止し、グラブに譲渡している］。

世界進出を進めるにつれ、ウーバーは版図内で学んだ知恵によって、事業にマイナーチェンジを加えるようになる。たとえばウーバーの中国部門では、配車リクエストをする際に、乗客が単独での乗車をするか、相乗りをするかを選べるようになっていた。相乗りをすれば料金が下がる仕組みである。ウーバープールの試験運用を行っていたシカゴのマネージャーたちは、社内で「中国スイッチ（チャイナ・トグル）」と呼んでいたその機能をシカゴでも試すことにした。単独乗車と相乗りで料金が比較できる機能は、いまでは相乗りサービスを行っている都市で標準装備されている。またインドでは、競合他社が、ウーバーの行っていない現金での支払いオプションを付けるようになった。ウーバーの人気の一端はキャッシュレス乗車が可能であるからだとカラニックが頑なに信じているため、これまでウーバーは現金払いを一貫して考慮に入れずに来たのである。だが、インドではクレジットカードの普及率が低く、それがウーバーの成長の足かせともなっていたため、ウーバーはインド南部のハイデラバードという一市場で試験的に現金払いを可とした。

ウーバーの成長戦略チームのトップであるエド・ベイカーによれば、試験運用が大成功のうちに終わったため、さすがのカラニックも折れたという。

「『きみたちなんか大嫌いだ。でもやらなきゃだめだろうな』って言っていましたよ」

現在、複数のラテンアメリカ諸国、アジア、アフリカの市場で、現金による支払いが可能となっている。さらにコロラドスプリングスとデンバーの国内二都市でも、現金払いの試験運用を行っている最中だ。

インド市場から生じたイノベーションのもう一つの例が、ウーバードスト（UberDost）だ。ウーバーとは別の独立したアプリで、紹介した知人がウーバードライバーになると、最初のドライバーに紹介料が入る仕組みだ。インドから始まったウーバードストは、いまでは全世界に波及している。

ウーバーは新たに、企業イメージを変える試みにも乗りだしていく。その一つが、飲酒運転根絶を目指す母親の会（ＭＡＤＤ）と連携し、飲酒運転をする代わりにウーバーに乗るよう若者を説得する運動である。また退役将軍による諮問機関を組織し、退役軍人にウーバードライバーへの登録を勧めるようになった。さらに病院とパートナーシップを結び、がん患者が治療後に、簡単に安く帰宅できる手段を提供するサービスも開始した。がん治療後の乗車サービスを最初に行った病院は、ニュージャージー州のハッケンサック大学医療センターである。「これは、ウーバーがかつて行っていた〝パーティからリムジンで帰宅する〟タイプのサービスとは、まったく異なるパートナーシップです」と、北米運用部門トップのレイチェル・ホルトは語っている。

こうしたプロモーションの際、ウーバーは各都市に権限を分与するというアプローチを取ってきた。病院をはじめとする施設への慈善事業を統括するのは、各市場のゼネラルマネージャーだ。同じことが、「PRスタント」（子猫のデリバリーや、避暑地ハンプトンズへのヘリコプターによる輸送など、人目を引く販促活動を指すウーバー語）に関しても言える。カリフォルニア州サンルイスオビスポ郡やメキシコのバジェ・デ・グアダルーペなどのワイン産地では、ワイナリーツアーの足を提供するウーバーワイン（UberWine）が利用できる。ニューデリー、ハノイ、バンガロールなどでは、バイクの後部座席に乗客を乗せて運ぶウーバーモト（UberMoto）が稼働中だ。アムステルダムやサンパウロなど自転車に優しい都市では、車載用サイクルキャリアを装備した車が選べる、ウーバーバイク（UberBike）というサービスもある。

世界各地のオフィスはそれぞれ独自のマーケティングのアイディアを生みだすことを期待されており、なかには効果的というよりはむしろ市民の苛立ちの種となった販促活動もあった。二〇一六年、メキシコシティのオフィスは、渋滞に捕まった車列の頭上にウーバーのロゴのついたドローンを飛ばし、スペイン語で「まだ自家用車を運転しているんですか？　だから火山が見えないんですよ」と呼びかけた。メキシコシティでは大気汚染によるスモッグがひどく、眺望が望めないことを皮肉ったのである。解決策は？　ウーバープールです、というわけだ。

＊　＊　＊

ウーバーは全部署で変わろうとしていたが、とくに変革が必要だったのは財務面である。次々と資金調達を行い、ベンチャーキャピタルが出資する従来の意味でのスタートアップとしては前代未聞の評価額を得たいま、財務専門のチームを作ることが何より急務だった。ウーバーは二〇一六年の末までに、二〇億ドル以上の負債を含む一七〇億ドル以上を調達していた。かつては出資するベンチャーキャピタルの代表者全員を会議室のテーブルに座らせることもできたが、いまでは株式を所有する投資グループはあまたに上り、その種類もヘッジファンド、プライベート・エクイティ・ファンド、ミューチュアル・ファンド、ソブリン・ウエルス・ファンドなど多岐にわたっていた。成長が最も著しかった二〇一三年から二〇一五年にかけての二年間、ウーバーの最高財務責任者（ＣＦＯ）はブレント・カリニコスが務めた。マイクロソフトやグーグルで長年財務部門の重役だったベテランである。二〇一五年の春に突然カリニコスが辞任して以降は、まだ三十代のゴールドマン・サックス出身者のチームが財務と資金調達を一手に担うことになった。チームを率いるゴータム・グプタは、ゴールドマンのジュニアバンカーだった二〇一一年、ウーバーに出資した投資チームの一員だった人物である。

ウーバーがすぐにも株式を公開するだろうと予想していたメディアや株式市場専門家は、一様に当惑していた。カラニックは新規株式公開（IPO）を急がないと何度も言明し、カリニコスに代わるCFOを立てなかったことからも（CFOはIPOの必須条件である）、カラニックが本音を語っていることが察せられた。ドットコム不況以来、シリコンバレーの企業のあいだでは、できるだけ非上場期間を長くする戦略が人気となっていた。財務状況をライバルに知られずにすむというのが主な理由である。かつてはIPOが資金調達の手段だった。だがウーバーのような企業は、IPOをしなくても十分資金が調達できるのである。

だが株式を公開しない一方で、ウーバーはいずれ証券当局と共有するはずの情報の一部を、投資家や潜在的投資家と共有しはじめていた。アメリカ証券取引委員会に自社の会計哲学を開示することまでしたが、これは非上場企業としては異例の行為である。ウーバーは上場企業とまったく同じように、四半期ごとの出資者との電話会議も行った。

「われわれは、できるだけプロフェッショナルに会社を運営しようとしています」

グプタは二〇一六年半ばにこう語り、ウーバーはアメリカ国内の上場企業の要件を「ほぼ」すべて満たしていると付け加えた（つまり上場企業は従わなければならないが非上場企業は回避可能な、一般に認められている会計原則や上場基準をウーバーはほぼ満たしていたという意味である）。グプラは言う。

「わが社は株式を公開することなく、上場企業の最善慣行（ベストプラクティス）を事実上行っているのです」

財務関係の数字を一瞥すれば、投資家がなぜそれほどウーバーに投資したがるのかは一目瞭然だ。ウーバーの投資家向け決算発表を目にした人物によれば、二〇一五年後半に評価額六二五億ドルで資金調達をした際、ウーバーの取扱高は年換算で約一三五億ドルだったという。六か月後には取扱高は一九〇億ドルに達し、四〇パーセントの増加を見せた。ウーバーが投資家向けプレゼンテーションで主眼としているのは、成熟市場においてウーバーがいかに「ネガティブチャーン」（ユーザーの解約による減収を現ユーザーの収益が上回ること）を見せているかという説明である。ウーバーは、当該市場での月間ユーザー数の割合が、時間とともに増加しているというデータを提示してみせる。この傾向が続けば（と言いながらウーバーは、乗客数のグラフがどの都市でも似通った増加傾向を見せていることを示す）、時間が経つにつれ乗客がウーバーを利用する頻度は高まり、ウーバーの成長とともにサービスの効率化が進んでいく。「チャーン」はユーザーの解約率を意味するが、時間経過に伴う利用率の増加を示すことで、ウーバーは解約による減収の影響を受けていないことを投資家に納得させられるのだ。

「この現象はロンドン、シドニー、ロサンゼルス、ニューヨーク、デリー、北京など、世界のほぼ全都市で見られます」とグプタは（ウーバーが中国から撤退する前に）語っている。「世界各地で同様の傾向が見られるのです」

同程度の成長段階にある複数の市場を比較するこの方法は、金融アナリストのあいだでは「コホート分析」として知られている。ウーバーは投資家に、最初期のユーザーであるサンフランシスコの顧客「集団（コホート）」において、三年間の間に、ウーバーの使用頻度が月二回から一五回に増加したというデータを示してみせる。

「これは最も古いコホートです」とグプタは言う。「ですが同様の現象は、世界中で起きています。他のコホートをご覧いただければ、どこも同様のパターンを示していることがわかります」

こうしたデータが開示され、予測可能な成長の軌跡をたどっているというウーバーの主張を耳にすることで、投資家はウーバーの今後に関する財務モデルを構築しやすくなる。その意味でウーバーのコホート分析は大きな意味を持つのであり、だからこそ投資家も、ウーバーの評価額を次々と競り上げているのである。

世界数百都市で事業を展開するウーバーは、各市場における採算性に至るまでの道筋も、ある程度正確に予測して投資家に示せるようになった。

「進出直後は、ドライバーが一日中忙しいという状況にはなりません」とグプタは説明する。「そこでわが社では、出動時間への対価としてドライバーに補助金を支払うことにしています。ドライバーの収入を保証するためです。補助金を支払う必要の生じる状況が、どの都市でもローンチ後九か月から十か月は続きます。これをわが社では都市支援（インキュベーティング・ア・シティ）と呼び、乗客がアプリを使用する際に十分な数のドライバーが路上にいるための、必要な投資と位置づけています」

グプタによると、必要十分なドライバー数を供給できれば、やがては乗車数の増加によって効率性の好循環が生まれ、ドライバーに補助金を支払う必要がなくなり、収益が見込めるようになるという。二〇一六年初頭の段階で、ウーバーは進出先の約四分の一に当たる世界一〇八都市で利益を上げている。

初期投資が潜在的な収益性を抑制しているにしても、それよりも問題なのは競合他社との競争だ。二〇一六年の年明け早々、ウーバーの国内最大の競合相手であるリフトが、ゼネラル・モーターズ（ＧＭ）とパートナーシップを締結し、同社から出資を受けると発表した。ＧＭは五億ドルの出資と引き換えに、リフトの国内ネットワークに基づいて自動運転車の開発を進める計画に同意したのである。この提携で、リフトはＧＭをテクノロジー業界のテーブルに着かせた。代わりにＧＭから得た資金で、リフトはさっそくサンフランシスコやロサンゼルスなどの最重要市場における、ウーバーの市場シェアを奪いにかかった。それまで重要な市場におけるリフトの市場シェアは、概して二〇パーセント程度だった。二〇一六年前半、運用コストの削減を図るウーバーを尻目にリフトはシェアを広げ、ウーバーの計算によれば、サンフランシスコでのシェアを三七パーセントにまで伸ばした。

製品が似通っている場合、市場シェアは単なる価格の作用で決まる。顧客により安い乗車料金を提供し、ドライバーにより多額の補助金を支払えるサービスが選ばれるのだ。二〇一五年第4四半期のアメリカ国内事業で黒字を出したウーバーは、ある問題を抱えていた。グプタはこう打ち明けている。

「われわれはその時点で、市場シェアで巻き返しを図るため、サンフランシスコなどの都市の収益性を諦めるという意図的な選択をしなければなりませんでした」

二〇一六年の半ばまでに、ウーバーは本社のあるサンフランシスコでのリフトのシェアを、三七パーセントから三〇パーセントまで下げることに成功した。ウーバーはこのシェア争いを「バランスシート戦争」と呼んだが、五〇億ドルの資金を調達していたウーバーの貸借対照表(バランスシート)は、リフトよりもかなり大きくなっていた。

＊　＊　＊

結局のところ、ウーバーは時に奇矯でしばしば気まぐれなＣＥＯ、インスピレーションを与えることもあるが、最も忠実な部下でさえ頻繁に怒らせてしまうCEOのふるまいに振りまわされている面があった。ウーバーの成熟を見守ることは、相反する衝動をめぐって自分自身と闘うCEOの葛藤を見ることにほかならない。そこには、近代的な企業を築く必要性と、喧嘩腰で機敏で、対話を受けつけないスタートアップを経営したいという欲求とのせめぎあいがあるとガイトは言う。

「頭の中では、トラビスは『全体を調和させると同時に、イノベーションを起こして全部破壊してやる』と思っているんじゃないでしょうか」

分別や賢明さの必要性をわかっていながら、いまだに新しい実験に乗りだそうとする欲求を抑えられないカラニックに、ガイトは「葛藤」を見てとっている。ガイトによれば、ウーバーの創成期には、ガイトも同僚も、各自の裁量で好きなだけ資金を使えていた時期があったという。

「でもいまでは、いちいち面倒な予算会議を開かなくてはいけません。予算会議を避けて通ることはできないんです。毎回、予算を勝ち取ろうと懸命に戦っていますよ」

財務部門のチェックをできればなしにすませたいというガイトの願望を、カラニックは熱心にそのかすような態度を取ることもあれば、一方では策定した計画の金銭的価値を証明するよう要求してくることもあるという。

「私たちも、いずれは株式を公開したいと考えています」とガイトは言う。「それは本当です。ですから昔のような、社員全員に自由裁量権が与えられるといったやり方をすべきではないんですよね。そうした様々に相反する要素のバランスを取ろうと、トラビスは必死に努力しているんです。投資利益率（ＲＯＩ）を証明する実験をしたいと私が言ったりすると、いまでは、以前にはなかったような検討だの会議だのを経ないといけないんですよ」

心の奥底では、カラニックは管理者というよりは、つねに起業家であるのだろう。

「トラビスは、何もかもを同時に起こしたがるんです。私からすれば、『そんなの無理よ』っていう感じなんですけどね。でも結果的に、不可能を可能にしようと、いろいろ試してみることになるんです。トラビスは結局、イノベーションを起こせ、創造的破壊をしろ、もっとやってみせろって、つねに圧をかける人なんですよね。トラビスが『よし、これで完璧だ。このままこの軌道に乗って、おとなしく周回していよう』なんていう風だったことは、一日たりともありません」

カラニックが帰属意識を持つ「明確なビジョンを持った」ＣＥＯたちの集団（コホート）がそうであるように、カラニックも新しいコンセプトを吸収することに目がない。だが生まれつき思いついたことは何でも言ってしまうたちのカラニックは、衝動的に行動したいという欲求のせいで、よく練られた計画を台無しにしてしまうこともあった。

「トラビスが電話してきて、『あのさ、クレイジーなこと思いついたんだけど』って言うたびに、『ああ、勘弁して』って思うんです」とガイトは言う。「そういうときは決まって、ものすごく突拍子もないことを言いだすんです。私は『無理よ、不可能だわ』って言います。でも結局はお互いに譲歩して、妥協点を見いだすんですけどね」

あるいは、頼んだことを四の五の言わずにやってくれる部下をカラニックが探しだすことも多い。カラニックは先ごろ、グーグルの親会社アルファベットの執行会長であり、個人投資家としてウーバーに投資もしているエリック・シュミットが主催するイベントで、著名なパキスタン人に会った。カラニックは直後にガイトに電話し、「ラホールだ」とパキスタン第二の都市の名を宣言した。「ラホールに進出しよう」その言葉どおり、数か月後にはウーバーはラホールで稼働していた。

自分が部下の立場でさえなければ、矢継ぎ早にアイディアを出してみせるカラニックのやり方はじつに面白いとも言える。

ある晩、長時間のディナーも終わりかけたころ、私の生業であるメディア業界にまつわるとんでもない着想を、カラニックが私に売りこもうとしたことがあった。否定的な報道ばかりされることにうんざりしていたカラニックは、ウーバーなどの企業から委託されてその企業に関する記事を書く、一流ジャーナリストからなる報道機関があってもいいではないかと言いだしたのである。クライアント企業は記事の方向性を指図することも、他のやり方で記事の執筆を妨害することもしない。ただ、記事をボツにする権利は持つのだという。私が相手では到底勝ち目のない議論をしていることも、いくらビールを飲んだところでその着想への私の侮蔑が和らぐことがないことも、カラニックはわかっていた。

後日、その逸話をガイトにしたところ、よくわかりますと言いたげな倦怠感を漂わせて、ガイトは答えた。

「そういう突拍子もないアイディアを、トラビスは四六時中出してくるんですよ。でも、トラビスの言うことが当たっていることもあります。たいていは、私が〝理性の声〟を演じないといけませんけどね。トラビスは私たち数人の幹部社員に、新しい計画へのゴーサインを求めてくることがあります。でも最初に相談した幹部が反対すると、すかさずトラビスは次の幹部のところに行って、それでもだめなら次というふうに、計画に賛同してくれる人間が出てくるまで粘るんです。ですけど、そのおかげで会社はよくなってきたんだと思いますよ。トラビスがそうやって新しいアイディアを売りこみはじめるたびに、こっちはげんなりしてしまうんですけどね。『お願いだから、そんなことしないで。いくら頼まれたって、絶対やらないわよ』って思うんです。でも、私たちがいまいる場所まで来られたのは、間違いなく、トラビスにここまで追い立てられたおかげでしょうね」

第九章
運転席

本書の執筆を決めた時点で、短期間でもウーバードライバーになってみるのが得策だろうということはわかっていた。はたしてうまくやれるだろうかという不安もないではなかったが、私はこの機会に心躍らせていた。ビジネスジャーナリストが執筆対象の企業の仕事をやらせてもらえる機会など、そうはない。私がグーグルのためにプログラミングをすることなど不可能だし、アップルが小売店の店員として私を雇い、iPhoneを売らせてくれるとも思えない。だがウーバーのドライバーになら、ほぼだれでもなれる。今回ばかりは、理解したいと思っている当の企業を、足元から観察することも可能なのだ。

おそらく多くの人もそうだろうと思うが、私もタクシー運転手の生活についてはぼんやりしたイメージしか持っていなかった。シカゴでジャーナリストとして働き、かの偉大なる街を隅々まで知りつくした私は、タクシーの運ちゃん並みにシカゴを知ってるとよく豪語した。だがそれが真実ではないことを、当時から私は知っていた。何時間もぶっ続けに町なかを走り、大勢の住民や滞在客と交流したあとでなければ、本当の意味でその街を知っているとは言えない。これまでタクシーを運転するだけの時間も、十分な興味も、私は見いだせずにいた。だがタクシーを運転するという考えには、昔から惹かれるものを感じていたのも事実だ。そして今回、とうとうそれに近い仕事を試せるチャンスが訪れたのである。

じつを言うと、ウーバードライバーを務めようとしたのはこれが最初ではない。二〇一〇年、まだウーバーが稼働したばかりのころ、フォーチュン誌に書く記事の一環として、運転手をやらせてほしいとウーバーに頼んだことがあるのだ（告白しよう。主な動機はおそらく、お抱え運転手の黒い帽子をかぶった自分の写真が紙面を飾るのを見たいという気持ちからだった。なぜ黒い帽子に気をそそられるのかは、自分でもはっきりとは言葉にできない。だが現にそうなのだ）。当時のウーバーは職業運転手による高級車の配車サービスしかやっておらず、いま思えばそのことは、運転を許可されるまでに課された種々の面倒な手続きを見ても明らかだった。サインアップすればそれだけでウーバードライバーになれるという手軽さは、当時は存在しなかった。営業許可を受け、保険に入り、サービスにふさわしい車両が用意されているリムジン運転手だけがドライバーになれたのである。

まだ創業間もなく、宣伝に熱心だったウーバーは、自社のネットワークに追加したリムジンサービスの一つ、サンフランシスコの7×7（セブン・バイ・セブン）エグゼクティブ・トランスポーテーションの運転手になるのはどうかと申し入れてきた。7×7（セブン・バイ・セブン）は、一度の週末だけドライバーになることができ、ウーバーの保険契約に一時的に名前が追加されるというプログラムだ。

運転手になるまでの道のりは、最初から難所続きだった。まずはウーバーから、アドバイスの書かれたeメールが届いた。幹部の記名入りeメールには、運転手はサンフランシスコの道を熟知しているのが望ましいため、「市内をよく走りまわるか、地図をよく見ておくように」と書かれていた（地図とは！）。これに加えて、運転手には薬物検査が義務づけられていた。検査が終わると、一時間半の「同乗教習」を受講するため、ウーバーの指導教官に予約を入れなければならない。その後指定の会場に赴き、約一時間に及ぶ筆記試験と面接を受ける必要があった。

残念ながら、私は結局ウーバーのリムジン運転手にはなれなかった。二〇一〇年の秋にウーバーと話し合いを始めてすぐ、アップルの内部構造に関する著書の仕上げといった、急を要する他の仕事に忙殺されるようになってしまったのだ。だがこのときは不発に終わった運転手になる試みに関するメモが、数年後に思わぬ役に立つことになる。

時計の針を二〇一六年の春まで進めよう。

私はウーバードライバーの隊列に加わるという冒険に、再び乗りだそうとしていた。まずは車がいる。しばらく前にウーバーのウェブサイトに載っていた情報から、愛車の二〇〇二年式日産パスファインダーは、古すぎて配車サービスには使えないと考えたのだ。私はウーバーがドライバーに提供しているサービスを使って、カーリースまたはレンタカーの契約を結ぶか、新車に買い換えるかを検討しはじめた。だが五月下旬のよく晴れたその日、昼休み前にデスクに向かってコンピュータで検索したところ、十四年落ちで走行距離一〇万マイル弱のわが愛車も、結局のところウーバー車の除外対象ではないことがわかった（ドライバーの登録数を増やすため、ウーバーは使用できる車の年式に関する規則を次第に大幅に緩和するようになっていった）。運転免許証の情報を入力し、犯罪歴の照会をウーバーに許可するのに、十五分ほどかかった。それだけでもう、サインアップは完了だった。

私はデスクを離れ、たまたま近所にあったウーバーのサンフランシスコ市内車検場に車で向かった。見るかぎり、車検待ちの列はない。ウーバーの従業員が車をぞんざいにチェックした（シートベルトは？　よし。テールランプは？　よし。終わり）。次に別のウーバー従業員が自動車保険と車両登録証を調べ、ドライバー用アプリをスマホにダウンロードするやり方を指南し、地元の空港での送迎時にフロントガラスに提示する許可証をくれた。最後に、フロントガラスとリアウィンドウ用のウーバーのロゴ入りステッカーなどが入ったウェルカムキットが手渡された。

車検場を立ち去りぎわ、近くに身を潜めていた男がぬっと姿を現した。車内清掃サービスの会社に勤めているという。男はパンフレットを差しだし、後部座席で乗客が吐いたら電話してくださいと言った。その口調から判断するに、どうやら「万が一吐いたら」ではなく、客の嘔吐は時間の問題らしかった。

以上で手続きは終了。オンラインで登録してから、ウェルカムキットを手渡してくれた快活な従業員に礼を言うまで、およそ一時間しかかかっていない。まもなくテキストメッセージが届き、犯罪歴の照会に最大五営業日かかる見込みだと知らされた。実際には照会は三日ですみ、翌週には私はれっきとしたウーバードライバーになっていた。自家用車を運転するのに、薬物検査の必要はない。地図と首っ引きになるのも過去のこと。いまではアプリがどこで曲がればいいかを懇切丁寧にナビしてくれる。私は企業自動車保険をつけることを選んだため、自動車保険の変更が必要だったが、それは私個人の事情でウーバーの問題ではない。実際にはプロのドライバーになるわけではないため、普通免許以外に必要な免許もない。筆記試験も、面接も、何もなし。唯一あったのは、酔っぱらいが後部座席で嘔吐したらどうするかに関する、親切な（非公式の）アドバイスだけである。ウーバーのドライバー用アプリを立ち上げれば、それでもう金を稼ぐ準備は万端だった。

＊　＊　＊

準備はこれだけ、じつに簡単なものである。初めてドライバー用アプリを開くと、新人ドライバーへの助言を盛りこんだビデオを見るよう促された。ビデオを見ると、正しい乗客をピックアップしているか確かめるため、乗客が乗りこんできたらまず名前を尋ねるようにと勧められた。また、丁寧な接客を心がけるとサービスが向上し、ドライバー評価も上がるだろうとアドバイスされた。

乗客に好印象を与えたかった私は、まず洗車をした。次にクーラーボックスを用意し、中に小さめのミネラルウォーターのボトルを詰めて助手席に置き、乗客全員に一本どうぞと差しだした。残念ながら受けとってくれた乗客は一人もいなかったが、好感は持ってもらえたのかもしれない。現在まで私のウーバードライバーとしての評価は、満点の星五つである。

洗車して冷たい水を用意したとはいえ、私はドライバーとしてはビギナーに過ぎず、私もすぐにそれを悟った。その後一時間のあいだ路上を流しつづけたにもかかわらず、乗客を一人も乗せられなかったからである。経験豊かなドライバーなら、午前十時前後にサンフランシスコの住宅街を走るというのは、乗客を見つけるには時間も場所もふさわしくないとすぐにわかっただろう。ドライバー用アプリにあるサージ・プライシングの色分け地図（ヒートマップ）の見方を、私がまだ完全には使いこなせていなかったせいもある。このヒートマップを見れば、現在どの地区で一番稼げるかがわかるのだ。

夕方になって、私はダウンタウンに行くべきだと本能的に悟った。その読みは当たり、私はアリゾナ大学の学生ダニエルから初の配車リクエストを受けた。ダニエルはビジネスSNSの運営会社リンクトイン（LinkedIn）で夏季インターンシップ中で、初日の就業を終えたばかりだという。私は午後四時十八分にダニエルをピックアップし（初日からなぜそれほど早く退社できたのかは謎だ）、ダニエルが夏季休暇中だけ数人とルームシェアしているという、インナーサンセットという地区のアパートに向かった。幸運にも最初の乗客ダニエルはこれ以上ないほどの好青年で、私がアプリの使い方に手間取り、二度ほど曲がるところを間違えても、笑って許してくれた。

サンフランシスコ中心部のオフィス街から、年中霧のかかっているゴールデンゲートパーク近くのインナーサンセット地区まで、五マイル弱、二十二分の乗車だった。ダニエルはこれまでに経験したインターンシップや、大学卒業後の進路の希望などの話をし、私は娘が参加しているサマーキャンプについて話した。大学出の中年男が、家に帰るのに公共交通機関を使わずに平然とタクシーを呼ぶ大学生の送迎をしていることのちぐはぐさを、私は意識せずにはいられなかった。一方のダニエルは、この奇妙な状況を何とも思っていないように見えた。

ウーバーのアプリに内蔵された地図アプリのおかげで（ドライバーはグーグルマップ、ウェイズ〔グーグルの子会社〕、ウーバーの地図アプリの三つから選ぶことができる）、ダニエルの夏季のアパートは苦もなく見つかった（アプリが曲がり角をすべて教えてくれ、目的地も乗客が入力してくれるため、ドライバーが道を知っている必要も、さらに言えば地元の言語を話す必要もなくなった。一度サンフランシスコ市内で配車をリクエストしたところ、中国から移住したばかりで英語をほぼまったく話せない女性がドライバーだったことがある。彼女のカーナビの音声案内は、中国語だった）。

ダニエルを降ろしたあと、私はいくら稼いだかを確かめ、次にどうするかを決めるために、車を路肩に止めた。経験豊富なドライバーなら、停車などせずにそのまま車を走らせ、次の乗客を見つけようとするだろう。だが私は、労働の成果をこの目で見てみたかったのである。最初の乗車の料金は一二ドル二二セントだった。ウーバーが二五パーセントの手数料（三ドル六セント）を取り、残りの九ドル一六セントが一時間弱の労働の報酬となった（洗車代一二ドルとミネラルウォーター代九ドル九九セントを払っていたため、いまのところまだ赤字だった）。さらに郊外まで来てしまっていたため、次の乗客を拾うには人通りの多い中心部までまた戻らなくてはならなかった。私は二十五分かけてサンフランシスコ中心部に戻り、市庁舎の近くでやっと二件目のリクエストにありついた。

今度の乗客は、二十代のテック業界ビジネスマン二人だった。二人の話から、いま会議を終えたばかりで、これからどちらかのアパートに行って仕事を続けるのだとわかった。二人とも完全に私を無視していたため、それ以上のことは何もわからない。ウーバーやタクシーに乗った際、私自身が何度もとってきた態度だ。一マイル先の目的地には、わずか六分で到着した。右側から降りた客はドアを閉めずに立ち去ったが、気づいたときにはもう遠くに行ってしまっていたため、呼び戻すこともできなかった。おかげで私は信号の先で路肩に停車し、わざわざ運転席を降りてドアを閉めねばならなかった。今回の乗車料金は五ドルで、ウーバーの手数料を引くと残りは三ドル七五セントだった。この仕事で生活費を稼ぐのは並大抵のことではないということがようやくわかりはじめ、ドライバーを本業にしている人たちへの同情の気持ちが沸きあがった。私はドライバー用アプリを閉じ、夕食をとろうと家に向かった。

ウーバードライバーが直面する厳しい現実を知りたいとの好奇心から、私はさらに数回、ドライバーとして路上に出た。あるときは、セーリングヨットに熱中しているブラジル人のソフトウェア企業幹部を空港まで送り、入れ替わりにダラスから来た経営コンサルタントを空港で拾い、会議が行われるというダウンタウンまで送迎した。ウーバードライバーをしているわけを打ち明けると、どちらの乗客もかなり興味をそそられた顔をした。同日、巨大なスーツケースを携えた母娘(おやこ)が客となった。どこのタクシー運転手もそうだろうが、私はスーツケースをSUVの荷室に入れながら、空港に行くのだと考えてほくほくした。だが違った。母娘はわずか一マイル先のレストランに朝食を食べに行くところだったのだ。

ある朝などは、私の自宅からわずか二ブロック先で小綺麗に着飾った若い女性を拾ったが、彼女は投資銀行のバンカーでまず間違いないだろう。降車地点のダウンタウンのビルには、投資銀行がいくつも入っているからである。何の仕事をしているかはっきりしなかったのは、道中、彼女がほぼ一言もしゃべらなかったからだ。女性はひたすら無言でiPhoneをいじっていた(報酬:六ドル八セント)。

一時的なドライバー業にも、少しはお楽しみの要素があってもいいではないか。そう思った私は、ある夏の朝、妻と娘をダウンタウンに送っていった。妻は仕事に、娘はデイキャンプに参加するためである。私がドライバー用アプリを開くと同時に、あらかじめ助手席に座っていた妻が配車リクエストをした(妻の一番近くにいるドライバーが私である以上、アルゴリズムが私を選ぶのはほぼ確実だった)。私が世界でだれより愛する妻と娘は、道中ずっと私の運転をけなしつづけていた(珍しいことではない)。だが私は厚顔無恥にも評価制度の不正に乗りだし、満点を付けてくれるよう妻に懇願した（妻はその通りにした）。妻は九ドル七一セントの乗車料金を払った。つまり実験的な調査を行うという恩恵だけのために、私たち夫婦はウーバーに二ドル四三セントを支払ったことになる。

結局私は、ウーバードライバーとしての技を極めることはできなかった。サージ・プライシングが適用されている地区を集中的に走ったり、周期的に付与される報奨金（インセンティブ）を巧みに活用したり、空港周辺の複雑な分岐を把握したり、後部座席が吐瀉物だらけになりそうな地域を避けたりといった芸当を身につけるには、長い時間がかかるものだ。さらには、赤の他人を送迎する、乗客から完全に無視される、他人の用事のために渋滞にはまるといった小さなストレスの積み重ねの結果、私はいまの仕事のありがたみを実感するようになった。ウーバードライバーになると勤務時間を自分で決められるという自由さは間違いなく魅力的だ。だが賃金は安く、仕事は難しい。私は喜んでジャーナリズムの世界に居座りつづけることにした。

＊＊＊

ハリー・キャンベルは、世界のウーバードライバーたちのスポークスマンとしては意外なキャリアの持ち主だ。三十歳でロサンゼルス出身、痩せぎすのキャンベルは、サンタモニカ高校を卒業後、カリフォルニア大学サンディエゴ校で航空宇宙工学を学び、二十代のあいだはボーイングを含む航空機メーカー二社で構造設計者として働いた。数十万ドルというかなりの高給取りで、専攻を活かした仕事ができていた。だがキャンベルは満足していなかった。

「仕事が大嫌いだったとは到底言えませんが、ものすごくやりがいを感じていたわけでもありません」

ロサンゼルス国際空港近くの洒落た地区で、キャンベルの現在の住処であるロングビーチにもほど近いマンハッタンビーチで昼食をともにしながら、キャンベルは言った。

「ただ、月曜になるたびに、出社するのが憂鬱だったんです」

キャンベルがのめりこんでいたのは、彼の言う「サイドハッスル」だった。いわゆるギグ・エコノミーとの関連でよく使われる流行語で、「副業」を指す。かなりの余剰資金を得て資産運用に熱を入れたキャンベルは、二〇一二年に資産運用を考える人向けのブログを始めた。ブログ名は《あなたの資産運用プロ》で、キャッチコピーは「専門職の若者に贈る資産運用アドバイス」だ。ブログはそこそこの成功を収め、副業による収入も相当額に上った。たいして苦労もせずに、月二〇〇〇ドルが転がりこんできたのである。ブログから直接流入する収入に、キャンベルは本業の固定給では得られない沸き立つような喜びを味わった。

「すごい、やったぞ、おれが稼いだんだ、おれが作った金だ、っていう感じでした。多くの人はあまり重要視していませんが、そういう実感ってすごくクールな感情だと思うんです」

その後二〇一四年に、キャンベルはウーバーと出会った。終業後に自分の趣味の範囲で副収入を稼ぐのが楽しいことはすでに知っていたため、試しにドライバーになってみようと考えた。するとたんに、「頭の中で電球がピカッと光ったんです」ウーバーの斬新さに惹かれたキャンベルは、新しいビジネスを実験的に体験するだけでなく、それについて書いてみたらどうだろうと考えたのだ。

「ウーバードライバーに登録し、ある晩、路上に出て試してみました。なんだ、思ったより簡単じゃないかと感じましたよ。でも、やる前にはわからなかった問題もいろいろ出てきました。A地点でお客さんを拾って、オレンジ郡で降ろせばいい、っていうような簡単なことじゃなかったんです」

当時はまだ、ドライバーの業務上のルールの多くが明確になっていなかった。

「あのころは、信じられないようなことが山ほどありましたよ」とキャンベルはふり返る。「空港の行き帰りの送迎とかね。当時はウーバー車で空港まで送ったり、空港で客を拾ったりするのが違法とされていて、ドライバーは悪くすると罰金を払わされてたんです。でも、ウーバーからはやれって言われてましたけどね」

言ってみれば、当時は新事業の西部開拓時代（フロンティア）だったのだ。キャンベルはさしずめ、ゴールドラッシュ時代の町のブン屋といったところだろうか。新しいブログ《ライドシェア・ガイ》を始めたキャンベルは、瞬く間に世界中の独立契約者のドライバーを代表する、分析的だが熱意にあふれた声となった。

キャンベルはまず、ドライバーとしての自らの経験について綴るところから始めた。主に務めたのはウーバードライバーだが、リフトやドアダッシュ（DoorDash）など、似たようなビジネスモデルを持つ競合他社のドライバーも経験した。余計なしがらみがなく斬新なこの業界を気に入っているキャンベルは、未来は明るいと考えている。だが同時に、急成長を遂げるこの業界で、キャンベルはどの陣営にも属さない忌憚のない批判を聞かせてくれる声でもある。

「ドライバーとしての仕事の成果を、詳しく解説したんです。エンジニアなので表計算ソフトを使って、細目にわたる解説をね。その日いくら稼いだか、時給にしたらいくらか、乗車ごとの料金はいくらか、乗客を乗せていたのは何時間何分で、客待ちをしていたのは何時間何分か、などです」

キャンベルは、ウーバードライバーの代弁者となった。ドライバーの大半は、ウーバーは自分たちを収入源としてしか見ておらず、人間扱いしてくれないと不満の声を上げている。

「ぼくは、なるべくリアルな目線からの意見を述べるようにしました。ドライバー業には、いい面も間違いなくいろいろあります。ですが、大変な側面が数多くあるのも事実です。たとえば、困ったときにウーバーにメールを送ってみたことがありますか？　ウーバーのカスタマーサービスは、まったくお話にもならないんですよ」

当初は記事を書くのが目的だったブログは、やがてウーバーの提供するお粗末なドライバー向けサービスの穴を埋めるビジネスへと変貌を遂げた。ウーバーがドライバー用アプリ上で通りいっぺんの説明をなぞったビデオを見せるだけなのに対し（私が運転を開始する前に見た二、三分のビデオだ）、《ライドシェア・ガイ》では、あらゆる情報を網羅したビデオ・トレーニング・プログラムを九七ドルで提供している。ウーバーは自動車保険の見つけ方について、ごく簡単な最低限の説明しかしていない。対するキャンベルは、保険代理店から自動車保険を購入できるオンラインの取引所（マーケットプレイス）を運営している。

さらにキャンベルは、ドライバーを顧客としたいスモールビジネス向け事業を展開する企業に、広告スペースを販売している。その中には、シリコンバレーの巨人イントゥイット（Intuit）が所有する会計ソフト、クイックブックス・セルフエンプロイドなど、個人事業主向けの有名な製品も含まれている。キャンベルの広告主には、ウーバーや同種の企業を中心として発達したニューエコノミーの担い手である、種々雑多な企業が含まれている（キャンベル自身も担い手の一人だ）。

たとえばサンフランシスコのストライドドライブ（Stride Drive）は、走行距離を調べてくれるほか、医療費、洗車代、駐車代、高速料金などの支出を監視する機能も付いた、ライドシェア・ドライバー向けのアプリだ。ニューヨークのスタートアップ企業デイリーペイ（DailyPay）は、稼いだ報酬を一日単位で現金化するサービスをドライバーに提供している。

《ライドシェア・ガイ》の収入源で最も安定しているのが、ウーバーやリフトなどのサービスに新たなドライバーを紹介することで得られる報酬だ。キャンベルのブログはウーバーで働くための情報源として有名なため、ドライバーとして稼ぐこつを知りたい人はみな訪れる。仕事が忙しくていまではドライバー業をする時間はほとんどないが、キャンベルはいまでもたまに路上に出て、ユーザーステータスをアクティブな状態に保っている。そうすることで、全ライドシェア企業が提供している新人ドライバーへの紹介料が入るからだ。キャンベルは言う。

「そこ（ブログ内）に紹介コードを載せてるんです。ウーバーについて調べようとぼくのブログに来た人が、そのコードを使ってドライバーとして登録すると、ぼくに紹介料が入るんですよ」

キャンベルにとっては、難解すぎて解きほぐせないテーマなどない。ウーバーや競合他社から金をせしめる方法を、キャンベルはあらゆる角度から分析している。ウーバーやリフトらの競争を逆手に取り、よりよい報奨金（インセンティブ）を出す企業はどこかを調べて、どのアプリをいつ使って運転するのがベストかを読者にアドバイスする。車のメンテナンス、自動車保険、税金の確定申告といった面倒な話題についても、キャンベルのブログには役立つ情報が満載だ。さらにキャンベルは、たった一人でクレーム処理係まで務めている。ウーバーとは違い、キャンベルは受けとったすべてのeメールに返事を書く。おかげでキャンベルは、ウーバーの長所と短所を鮮明に浮き彫りにするという稀有な存在になった。三年間で、メールやソーシャルメディアや直接の対話を通じて、三万人以上のドライバーとじかに交流してきたとキャンベルは見積もっている。

ウーバー側も自分の動向を注視している、とキャンベルは言う。

「ぼくの一挙手一投足をウーバーは見てますよ。ウーバーとミーティングしたことも何度もあります。この前サンフランシスコに行ったときは、ウーバーの社員に会って、ドライバーの要望や訴えを理解してもらおうとしてきました」

社内に招き入れられたことで、初めて見えてきたこともあった。

「社内に入ってみると、ドライバーが使いやすいサービスにしようと、大勢の社員が努力しているることがわかったんです。ドライバーからしたら、アプリをにらんでいるときには、その背後で大勢の社員が働いているなんてことはあまり頭に浮かびませんからね。だからぼくにとっては、両者の言い分に耳を傾けるということが重要なんです。ドライバー向けのサイトを運営してはいますけど、不満に思っていることについて、じゃあウーバーの言い分はどうなんだというのも聞いてみたいと思ってます」

同様に、ウーバーもキャンベルの話に耳を傾けたがっていることがわかった。

「いつもウーバーから聞かれるんですよ。『どこをどう変えたらいいか、教えてくれ』ってね。しかも実際にこちらの要望を取り入れて、サービスを変えてくれたりもするんです。変更してほしい点がウーバーにとっても優先事項である場合は、とくにね」

キャンベルは紹介コードを通じた新人ドライバーへの紹介料を除けば、ウーバーから一切報酬は受けとっていない。むしろ、ウーバーのためにただ働きしているのだ。サンフランシスコ本社でのあるミーティングでは、「ウーバーは払った紹介料のもとを完全に取ったと思いますよ。なにしろぼくは、社員一九人と面談したんですからね」

ドライバーの立場を熟知しているキャンベルは、ウーバーをめぐるあらゆる重要な議論について、一家言を持っている。二〇一六年、カリフォルニア州とマサチューセッツ州のドライバーがウーバー・リフト両社と交わした和解合意を、サンフランシスコの連邦地裁判事が却下した。合意ではウーバーはドライバーに一億ドルを支払うが、ドライバーの身分は独立契約者にとどまるとされていた。却下前の合意は、ドライバーに従業員としての待遇を与えたくないウーバーにとって、勝利と言えるものだった（従業員であれば、福利厚生や最低賃金を要求する権利が与えられるからだ）。キャンベルは、どちらの言い分にも一理あると考えている。

「本来、独立契約者であれば、稼げない仕事は引き受けないという選択肢があってしかるべきです」

だがウーバーの規則に、仕事を引き受けないドライバーについては本来出るはずの報奨金を出さず、アプリの使用をブロックする「タイムアウト」を課すという決まりがあるのだという。

「これは、ウーバーにとってじつに都合のいい規則なんですよ。辺鄙な場所で配車リクエストをした場合、乗客は市街地にいる人よりも高い料金を払わされますけど、これは仕方ないですよね。自由市場経済の単純なルールでしょう？　でもタクシーと違ってウーバーでは、どんな辺鄙な場所だろうと、ドライバーはわざわざ出かけていってお客をピックアップしなければいけないんです。だからこそウーバーは最高なサービスなわけですけど、最高なのは乗客にとってだけなんですよ。仕事を拒否できないというのは、本来の独立契約者のビジネスモデルとは相容れないんです。でも、ぼくは同時に現実主義者でもありますからね。ドライバーが乗客の選り好みを始めてしまったら、このプラットフォーム自体が立ち行かなくなるのはわかっています。そんなことを許したら、客を選ぶという悪習を続けているタクシーと同じになってしまいますから。でもドライバーの言い分だって、少しは聞いてくれてもいいじゃないかと思うんですよ」

サービス開始から時が経つにつれ、ウーバーは乗車料金とドライバーへの補助金をともに減額するようになった。システムは以前より効率化されているため、結果的にドライバーが得る報酬は減っていないというのがウーバーの主張だ（以前は単価が高く、乗車回数が少なくてすんでいたが、いまでは乗車回数が増えて忙しくなっただけで、収入は変わらないという）。キャンベルに言わせれば、その主張はおかしい。

「メールをくれたドライバーの中で、『乗車料金が下がったおかげで収入が増えました』なんて言ってきた人は、一人もいません」

キャンベルによると、ウーバーは自説を補強するのに都合のいい数字を見つけてくるのが得意なのだという。

「以前には、『ニューヨークのウーバードライバーは年に九万ドル稼いでる。タクシー運転手の年収よりずっと多い』なんて言っていました。でも九万ドルっていうのは、経費込みの値段なんですよ。一方のタクシー運転手の年収は、経費を抜いた所得ですからね。本来、比較できない数字なんです」

キャンベルがウーバーに抱く最大の不満は、ドライバーを「顧客」と呼ぶ習慣があるにもかかわらず、つねに乗客を第一に考えている点だ。事業内容であれ、資金調達であれ、規制当局との対立であれ、ウーバーに関して広く行き渡った〝物語〟を修正するのに、ドライバーに焦点を合わせたキャンベルの視点は役に立つ。

《ライドシェア・ガイ》は人気サイトとなったため、いまではキャンベルは人を使って記事を書かせている。その一人であるジョン・インスが書いたのが、二〇一六年後半にヴァニティ・フェア誌の編集者グレイドン・カーターがトラビス・カラニックに行った壇上インタビューの、批判記事だ。以下はインスの記事の引用である。

「このインタビューを聞くと、カラニックの言いたいこと以上に、カラニックがいかに世間から隔絶されているかがよくわかる。巨大な象が――『ドライバーの不満』という名の巨大な象が部屋の隅にどんと立っているのに、カラニックはその存在に気づいてすらいないらしいのだ。安全性についてはひと言も言及せず、大半のドライバーが置かれている過酷な財政状況については知らず、ドライバーの長時間のつらい労働や苛立ちには気づきもしない。代わりにカラニックが語るのは、大いなる構想であり、展望である。それがカラニックの世界の人々が聞きたがる事柄だからだ。カラニックの世界の人々とはもちろん、投資家やアナリストや弁護士やメディア関係者を指す。こうした人々が寄り集まって、ここ十年で最も魅力的な物語の一つである、ウーバーという社会現象を引き起こしてきたのである」

キャンベルに限って言えば、生まれついての批評家である彼も、感謝の念を忘れてはいない。「このビジネスモデルを考えだしてくれたウーバーには、とても感謝しています」と語るキャンベルは、自らのチームを企業の信用調査会社に例える。ウーバーがいなければ存在しなかったが、ウーバーの恩義を受けているわけではないという立場だ。

「このビジネスモデルのおかげで仕事を辞めて自分のビジネスを立ち上げられましたし、事業も非常にうまくいっています。人を雇ったり、自宅を仕事場にできるようにもなりました。おかげで、ぼくの人生はがらっと変わったわけですからね。感謝していますよ」

＊　＊　＊

ウーバードライバーに同じ物語を語る人は二人といないが、多くのドライバーの話を聞くうち、ある種のパターンは見えてくる。勤務時間に縛られない点は気に入っているが、目指す収入を得ようと思ったら、長時間労働は避けられない。昔に比べて運賃は下がっている。ウーバーのカスタマーサービスはお粗末だ。乗客はめったにチップをくれない。面白い気晴らしを求めて、あるいは小遣い稼ぎで、純粋なパートタイムの副業としてやっている少数の例外を除けば、大半のドライバーは私と同じ結論に達していた。ウーバードライバーという仕事は、生計を立てる手段としては厳しい。

どのドライバーにも、彼らなりの工夫があった。オマハ在住のフリーランスの写真家であるトッド・スノーバーは、週十時間ウーバードライバーとして働いている。州間高速道路八〇号線を五〇マイル以上南下し、ネブラスカ大学のアメリカンフットボールチーム、コーンハスカーズのファンをリンカーンまで送ることも多い。スノーバーはドライバー業を行う時間帯について、厳密な方針を立てている。

「料金の割増（サージ・プライシング）がないときは、運転しません」

二〇一五年からライドシェア企業のドライバー（リフトのドライバーでもある）を務めているスノーバーは、ウーバーの報酬の減少を身をもって体感してきた一人だ。スノーバーによると、ドライバーになった当初は一マイルにつき約一ドル五〇セントの稼ぎがあった。それがじきに一ドル二〇セントになり、その後わずか九〇セントにまで下がった。サージ・プライシング適用時にのみ運転するという方針も、これを聞けばうなずけるだろう。

その一方で、ウーバーとリフトがドライバーの数を増やすために支払っている気前のよい報奨金(インセンティブ)の恩恵を最大限に受ける方法を、スノーバーは習得している。ウーバーとリフト双方に妻をドライバーとして登録したことで、五〇〇ドルの実入りがあったそうだ。少額のボーナスなどをすべて合わせると、妻がドライバー業を開始しただけで、ウーバーとリフト両社から夫婦合わせて一四〇〇ドルの報酬を得たという。

ウーバードライバーの多くは、興奮から失望、そして諦めへというお決まりのコースをたどっている。

ワシントンDC在住の元タクシー運転手ビニヤム・テスフェイは、二〇一六年にウーバードライバーとして働きはじめた。週最大一二〇〇ドルを稼げることに、当初は満足していたという。バージニア州リッチモンドでタクシー運転手をしていたころも景気がよければ同じくらい稼いでいたが、その後ライドシェアの広まりとともに、タクシーでは到底食べていけなくなった。ウーバードライバーの仕事は、タクシー運転手よりもきついとテスフェイは言う。以前はタクシー乗り場で客待ちしているあいだに、ストレッチをしたり、運転手仲間と会話したりする時間の余裕があった。だがいまは、必要な収入を得るためにはつねに車を走らせていなくてはならず、勤務時間も増えた。

「ひっきりなしに運転してるせいで、車にはガタがくるし、体もぼろぼろだよ」とテスフェイは嘆く。他の多くのドライバーと同様、テスフェイも車のメンテナンス費はドライバーの負担なのに、二五パーセントもの手数料をウーバーに支払わねばならない現状に不満を漏らした。「ドライバーは働きすぎだし、運賃は安すぎるよ。ウーバーはだれのおかげであんな巨大企業になれたと思ってるんだ」

ウーバーが圧倒的なシェアを誇っているため、一番乗客にありつけるサービスはウーバーであることが多い。顧客数が多いということは輸送回数が多いことを意味し、他のサービスに比べて報酬もより多いはずである。だがウーバーは、どうしてもカスタマーサービスの質を上げることができないらしい。少なくともそのレベルが、ウーバーのプラットフォームで生計を立てようとしているドライバーが満足する域に達していないのは明らかだ。

サンディエゴ近郊に住む元海軍将官のマーク・レワンドウスキは、現役兵士や退役軍人が多い土地柄、元軍人という経歴が自分の強みになると考えていた。ウーバーのアプリには、ドライバーがレワンドウスキのように退役軍人の場合、そのことを乗客に知らせる機能がついている。だがレワンドウスキの軍関係者のマークは、なぜか乗客のアプリには現れていなかった。レワンドウスキはウーバーのカスタマーサービスに何度かメールを送った。「ですが、当事「問題は解決ずみですという返信が来ましたよ」とレワンドウスキは言う。

者の私が解決ずみだと言うまでは、解決ずみではありませんよね」

だが、レワンドウスキは結局ウーバードライバーを続けている。ウーバーはある意味で軍隊を思い起こさせると、レワンドウスキは打ち明けてくれた。

「以前は教練軍曹の命令に従っていましたが、いまはアプリ内のカーナビの命令に従っているというわけです」

第十章

自動運転車の未来

ビジネスリーダーの最も重要な仕事とも言えるのが、順調な現状を破壊しかねない要素をつねにすばやく認識することだ。その要素とは、新たな競争相手かもしれない。自社が営業していない新たな市場かもしれない。顧客の意識や行動が突然の予期せぬ変化を見せれば、事業が壊滅的なダメージを被る可能性もある。以上のどの要素にも、いまあるビジネスや産業を破壊しうる力がある。だがテクノロジー以上に、現状を一気に破壊してしまう要素はない。技術革新（イノベーション）は、産業界全体に時代遅れの烙印を押す。その衝撃を物語る、使い古された隠喩がある。内燃機関の発明が馬車産業（ホース・アンド・バギー）を壊滅状態に追いやったため、いまではこの言葉は存在意義をほぼ失ったビジネスに警鐘を鳴らす、「時代遅れの（ホース・アンド・バギー）」という意味で使われている。

ウーバーの登場で、タクシー業界はたちまち時代遅れの馬車産業と同一視される憂き目にあった。やはりテクノロジーにまつわる聞き飽きた常套句を使わせてもらえば、ウーバーのほうが魅力的な新製品（マウストラップ）を作りだしたからだが、最大の魅力はある重要な機能を、人間でなく機械に担わせたことにある。ウーバーは、愛想の悪い配車オペレーターをGPSが使えるスマートフォンに置き換えることで、満足度の高い、より優れた配車システムを構築した。さらには、従来のタクシー会社よりも効率的なビジネスモデルを提示してみせた。ウーバーは大枚をはたいて何千台という車両を揃える必要を免れただけではなく、自ら志願して集まった無数のドライバーを、会社として管理する責務もほぼ負わずに済ませている。

二〇一三年の夏、成長著しい事業が稼働開始からまだやっと三年を数えるころ、トラビス・カラニックはウーバー自体を破滅に追いやる可能性のある存在と対峙した。――自動運転車、別名ロボットカーである。自動運転技術の発達は業界を一変させる力を秘めており、場合によっては、ウーバーがまだ人間に頼っているたった一つの領域すら消滅させる可能性があった。自動運転車は急速に進化するセンサーや人工知能を用い、運転手が避けたり、たどったりする障害物や道しるべを「見る」ことができる。

理論上は、自動運転車は人間が運転する車よりはるかに安全だ。ロボットは睡魔に襲われたり、運転中に気が散ったりすることがないからである。自動運転車という概念は革新的だが、使われている技術はすでに多くの分野で活用されてきたものだ。航空業界では、数十年前にすでに自動操縦装置（オートパイロット）が登場し、以来航空事故の死亡率の劇的な減少に一役買っている。

ロボットのもう一つの強みは、当たり前だが、人間よりも安く使えるという点だ。ウーバーは収益一ドルごとに、じつに七五セントを人間のドライバーに支払っている。人間のドライバーというこの手に負えない代物は、不平を言い、ときにその声は耳を聾（ろう）するほど大きい。食事や生理現象のために、いちいち車を停車させる。金を払ってくれる顧客に対し、十分とはいえない対応をすることもしばしばだ。人間のドライバーという邪魔者を排除できさえすれば、ウーバーの事業はずいぶん改善されるだろうと考えても不思議はない。

だが、ロボットカーの導入は、ウーバーにとっては単なるコストカット以上の意味を持っている。ウーバーが人間のドライバー向けに世界的な交通インフラを構築してきた事実を鑑みれば、自動運転車は自社の存在を危うくする脅威の代表である。他社が最初に自動運転技術を開発し、ウーバーの対抗馬として自動運転車サービスを提供したり、技術を使用させる代わりに法外なライセンス料を取るようなことになれば、ウーバーは自社がタクシー業界に及ぼしたのと同程度の壊滅的打撃を自ら被るかもしれないのである。

二〇一三年の時点では、この話は奇妙にSFめいた響きを持っていた。だが、タクシーのようなサービスを提供してウーバーを打ちのめす可能性の最も高いとある企業は、すでに自動運転車を開発していた。しかも、ふとした思いつきとしか思えない理由で、である。その企業とは、潤沢な資金を要するテック業界の巨人であり、世界最高級のデジタル・ストリートマッピング・システムを開発した企業——そう、グーグルである。そしてグーグルは、いままさにウーバーに巨額の投資を行おうとしていた。

とはいえ、当時はまだ自動運転車の揺籃(ようらん)期に過ぎない。自動運転という概念が取り沙汰されていたのは、主に工学部のロボット工学科の研究室においてだった。初めてグーグルの自動運転プログラムの性能を試す機会を得たカラニックは、期待外れの結果にがっかりしたという。カラニックがグーグルに赴き、CEOラリー・ペイジとの面談に備えていたところ、グーグルの自動運転車に乗ってみませんかとの誘いを受けた。カリフォルニア州マウンテンビューの本社敷地内でのみ、自動運転車の試運転を行っていたのである。自動運転車の試乗は、グーグルの幹部と会う客に提示するお決まりのコースになっていた。中国と言えば万里の長城へ行き、映画会社の見学ツアーと言えばひと気のない映画セットの通りをそぞろ歩くのと同様に、グーグルを訪れた賓客は自動運転車の試乗に誘われるのだ。だが、カラニックに感銘を与えるには派手な小道具だけでは十分ではなかったらしく、グーグルがどれほど大掛かりなテクノロジーの実験で夢のような未来図を約束しようとも、カラニックの低評価は揺るがなかった。そのときの体験を、カラニックはこうふり返っている。

「グーグルの車は、ろくに機能しなかったんだよ。そこそこ期待どおりの動きをすることもあった。でも、全然できていないこともあったんだ。まだ、ちゃんとした自動運転車が作れる時代にはなっていなかったってことさ」

カラニックはだめなものには容赦ない批評を下す人物であると同時に、テクノロジーの歴史を注意深く学んできた学徒でもある。グーグルの自動運転車のお粗末なパフォーマンスを目の当たりにしたカラニックは、自身が体験したある画期的な技術革新の初期の段階を思いだした。それより十数年前、テック業界の見本市で行われた、音声認識ソフトウェアに関するパネルディスカッションに参加を依頼されたときのことだ。

「パネリストとして登壇する前に、音声認識についてがっつり調べていったよ」とカラニックは言う。「見本市のフロアに行って、音声認識を扱ってる企業の関係者全員と会ったんだ。期待の新技術って感じだったよ。でも、まだ製品として人気が出るようなレベルには全然達してなくてね。あれが二〇〇〇年のことだった。二〇一三年の段階での自動運転車が、ちょうどそんな感じでさ。まだ早すぎたんだよ」

頭の中で電球がピカッと光り、グーグルの自動運転技術がやがてはウーバーに影響を及ぼすだろうと直感した、などということはなかったという。

「たしかに面白い技術だし、クールだなとも思ったよ」

だが、それ以上ではなかった。「でも――」とカラニックは付け加えた。「いまは、あっという間に物事が移り変わる時代だからね」

事実、グーグルでの自動運転車試乗で刺激を受けたカラニックは、日進月歩の進化を見せるかもしれない自動運転技術について、友人や同僚と話すようになった。ウーバーが自動運転車を真剣に受け止めるべき理由を説く指南役として、だれよりも最適な立場にいた人物をカラニックは知っていた。グーグルの自動運転車開発を率いたドイツ人ロボット工学者、セバスチャン・スランである。

スランが機械学習と人工知能の研究では先端を行くカーネギーメロン大学でロボット工学の教授を務めていたとき、自動運転車の開発を推進するため、アメリカ国防総省の研究機関、国防高等研究計画局（DARPA（ダーパ））がロボットカーレースを開催した。「DARPA（ダーパ）グランド・チャレンジ」の名で知られるこのカーレースは、兵士を危険な目に遭わせないような戦闘部隊の出動方法を模索するアメリカ軍が、研究者の協力を要請するために始まった試みである。

第一回のレース後の二〇〇五年、スランはピッツバーグのカーネギーメロン大学を去り、陽光あふれるシリコンバレーの中心に位置するスタンフォード大学に移った。スランの研究チームは第二回ＤＡＲＰＡグランド・チャレンジで優勝し、二位にはカーネギーメロン大学のチームが入った。

グーグルの創業者ラリー・ペイジとセルゲイ・ブリンも、博士論文提出寸前までいった元コンピュータサイエンス研究者であり、そうしたレースに目がないシリコンバレーの科学技術者グループに属している。民間チームによる月面探査機の開発を競う、Ｘ（エックス）プライズというコンテストに嬉々として関わっているほどだ（ラリー・ペイジはＸプライズ財団の理事に就任している）。

二人はテクノロジーの歴史も当然熟知している。彼らが巨万の富を築く基盤となったインターネットも、国防高等研究計画局（ダーパ）の前身である高等研究計画局（ＡＲＰＡ（アーパ））が出資した研究で生みだされたのだ。コンピュータサイエンスの研究者が参加する革新的な科学コンテストの数々を、二人は（控えめに言っても）熱心に注視してきた。主催する政府機関のみならず、グーグルがそこから優秀な人材を数多く採用していることからも、それは明らかだろう。

ＤＡＲＰＡグランド・チャレンジの数年後、ペイジとブリンは自分たちも自動運転車を開発したいと考えた。グーグルの情報検索サービスとはほとんど何の関係もないが、そんなことはどうでもいい。月面探査ロケット打ち上げ（ムーンショット）にも似た、夢のようだが実現できれば新時代を画すはずの「ムーンショット」事業を推進しようと、二人は決めたのである。

二〇一〇年、二人に口説き落とされたスランはスタンフォード大学を去り、グーグルXという社内研究所の立ち上げに関わった。グーグルXは、のちにアンチエイジング薬品や、メガネ型やコンタクトレンズ形のウェアラブルコンピュータなど、様々な技術の開発を進めた研究所である。グーグルXの最初のプロジェクトが、自動運転車だった。

スランは道路標識から障害物の位置まで、あらゆる情報を網羅した地図を作製し表示する、ストリートビューというソフトウェアの開発に尽力した。エンジニアが運転するストリートビュー用の撮影車を路上に送りだしたのも、スランである。グーグルはさらに、510システムズ（510 Systems）という小さな会社を買収した。アンソニー・レバンドウスキーというエンジニアが創業した、自動運転技術に特化した企業だ。グーグルの試みは、古典的な秘密開発プロジェクトそのものだった。奇妙でばかげているとすら見える科学実験をこっそり行っておき、あとでその成果を公にすることで、概して世間から好意的な反応を得るのである。

スランは二〇一三年にグーグルを退社し、自動運転車開発プロジェクトからも身を引くことになった。退社の理由は、まったく分野の違うオンライン教育ベンチャー企業、ユダシティ（Udacity）を設立するためである。スランはその後二年間グーグルのアドバイザーを務めたため、結果的にどの自動運転車開発企業とも距離を置くことになった。同時期に交流を深めるようになったスランとカラニックは、しばしば自動運転車について語り合った。「トラビスに質問攻めにされましたよ」とスランは言う。「自動運転タクシーがウーバーの脅威になることを、トラビスは非常に心配していましたね。明らかに偏執的でしたよ」

カラニックが偏執的な不安を抱いたのも無理はない。自動車メーカー数社は、自動運転技術を利用した運転支援機能を人間が運転する通常の車に付加しようと考えていたのに対し、グーグルはハンドルそのものを取り去ってしまわないかぎり、交通事故の激減は望めないというスタンスだった（緊急時に人間に運転を委ねてしまっては、自動運転で得られる安全性の意味がなくなるからである）。

他社とは異なり、グーグルは自社の目指すゴールをとりたてて隠そうとはしなかった。グーグルが二〇一四年半ばに公開した自動運転車開発に関するビデオを見ると、傘下の投資会社がウーバーに二億五〇〇〇万ドル以上を投資し、幹部の一人がウーバーの取締役会に加わっているにもかかわらず、グーグルがウーバーに照準を合わせているのは明らかだった。グーグルによれば、同社の自動運転車のアプリケーションの一つは、自動運転タクシーの配車をリクエストできるスマートフォンアプリだという。

このころにはすでに、トラビス・カラニックは自動運転開発の行方を油断なく注視するようになっていた。

カラニックが製品開発の改革を依頼した幹部が、自動運転プロジェクトの連絡係も兼任することとなった。ジェフ・ホールデンである。

＊　＊　＊

痩せ型のコンピュータサイエンス専門家で、赤毛でそばかすだらけの腹話術人形ハウディドゥーディを思わせる顔立ちをし、猛烈な早口でまくしたてるホールデンは、初の仕事がアマゾン創業者ジェフ・ベゾスの部下であったという、テック業界でも稀な逸材である。イリノイ大学でコンピュータサイエンスを専攻し、卒業後の進路にはシリコンバレーではなくウォールストリートを選んだ。DEショーという、コンピュータに基づく商取引戦略を得意とするヘッジファンドに就職したのである。DEショーでの上司が、わずか数歳年上なだけのプリンストン出のコンピュータの達人、ベゾスだった。

ベゾスがDEショーを退社してアマゾンを立ち上げると、二年後にはホールデンもそのあとを追った。すぐ加わらなかったのは、ベゾスが社員の引き抜きはしないという取り決めをDEショーと交わしていたからである。

ホールデンは、のちのウーバーでの業務に役立つ仕事を二つ、アマゾンで行っていた。一つは、アマゾンのサプライチェーンの「最適化」システムを構築したことだ。倉庫の棚から消費者の玄関まで商品をすばやく配送するために、コンピュータを駆使した複雑極まるネットワークを作り上げたのである。二つ目は、アマゾンが「消費者アプリケーション」と呼ぶ、アマゾンでのショッピングを可能にするあらゆるテクノロジーを統括したことだ。サイト検索、パーソナライゼーション（登録情報や閲覧履歴に基づき顧客個人に向けた情報を提供すること）、他社の多くが追随するショッピングカートなどである。

ホールデンは二〇〇六年にアマゾンを去り、ショッピングサイトを創業したが、同サイトは二〇一一年に共同購入型クーポンサイト、グルーポンに買収された。シカゴを拠点とするグルーポンは一時評価額三〇〇億ドルをつけたが、グーグルが買収交渉をした際に売却しておけばよかったものをその機を逃し、その後失速した企業である。

二〇一四年初頭のある冬の日、カラニックはシカゴを訪れ、ホールデンに会った。まだホールデンがウーバーに入社する前のことだ。このときもカラニックは、真冬のシカゴにふさわしい格好をしていなかった。中西部に行くというのに、コートを着てこなかったのである。

ホールデンは当時をこうふり返っている。

「夕食を食べに行こうということになったので、トラビスに言いましたよ。『その格好で外は歩けないよ。レストランに着くころには凍死してる』ってね。結局、私のコートを貸しました。いかにもトラビスらしい逸話ですよ」

暖かい店内に腰を落ちつけると、ホールデンとカラニックは、ホールデンが用意した製品のアイディアを検討する作業に取りかかった。

「ウーバーの製品になりそうなアイディアを、七四個くらいリストアップしておいたんです。それを二人で一つ一つ検討していきました。自動運転車という項目に来たとき、こう言ったんです。『ちょっといいかい。ぼくは自動運転車については、じつはかなり詳しいんだ』」

ホールデンによれば、カラニックはまだこの話題についてそれほど深く考えてはいなかったが、自動運転車が避けがたい未来だということは理解していた。カラニックは、「ウーバーが参入するしないにかかわらずどうせ起きる未来なら、もちろん参入しておきたいよ」とホールデンに言った。ホールデンはこのとき、やがて上司になるカラニックに警鐘を鳴らす言葉を発した。

「私は言いました。『そのとおり。ぜひ参入すべきだよ。ただし問題は、これがすでにバックミラーに映っていて、一刻の猶予もなく迫りくる破壊の波でもあるということだ』」

ホールデンの言葉を聞き、カラニックは驚いた。前年の夏、グーグルを訪問した際に試乗した自動運転車は、がっかりするような出来栄えだったからである。ホールデンは、あなたが評価を下している対象は、自動運転車の完成形の十年、十五年前の状態なのだと告げた。

「『自動運転車は、みんなが考えているより早く実用化するよ。しかも、特許技術としてね』とトラビスに言いました」

自動運転技術が一社の独占する特許技術になるという考えは耳に快いものではないが、そうなるはずだとホールデンは言う。

「だれでも加入できる自動運転企業の提携団体が、すばらしい自動運転ソフトをユーザー全員に提供する、というふうにはなりませんよ。消費者リーチと資金とふさわしい技術を手にした企業だけが、『未来のウーバー』になるんです」

まだ入社前だったが、ホールデンはすでにウーバーに起こりうる悲惨な未来図を想定していた。

「その企業はウーバーを凌駕し、ウーバー車の自動運転バージョンによって、ウーバーに取って代わるでしょう」

二〇一四年二月にウーバーに入社すると、ホールデンはマット・スウィーニーというエンジニアとともに、世界中のロボット工学専門家を探す作業に最初の半年間を費やした。二人はやはり国防高等研究計画局（ダーパ）が主催したロボットカーレース、DARPA（ダーパ）アーバン・チャレンジの出場チームについて調べ、できるかぎり多くの出場者に会いに行った。その結果、自動運転車の開発に役立つロボット工学専門家を数多く生みだしている研究機関は、三つに絞られることがわかった。マサチューセッツ工科大学、オックスフォード大学、そしてセバスチャン・スランが最初に研究を行っていた、カーネギーメロン大学である。

ホールデンのチームは、ピッツバーグのカーネギーメロン大学の研究者数名が起業した会社、カーネギー・ロボティクス（Carnegie Robotics）に目をつけた。ウーバーはひそかに同社を買収し、ここを自社の自動運転車開発チームの中核と位置づけた。ピッツバーグで最初にウーバー従業員となった彼らが、今度はカーネギーメロン大学ロボット工学研究所の一部である、国立ロボット工学センター（ＮＲＥＣ）の大勢の研究者に連絡を取った。そして二〇一四年十二月初旬、ウーバーは一気に六〇人の研究者をＮＲＥＣから引き抜いたのである。ホールデンは言う。

「これでわれわれも自動運転技術の到来を世界に告げるチャンスを得たと、社員だれもが確信しましたよ」

　カーネギーメロン大学にとっては、寝耳に水の出来事だった。エンジニアを無差別に奪い去るようなこの引き抜きで（自動車関連の研究をしていたのはほんの数名だった）、ウーバーはＮＲＥＣの主要な研究者を根こそぎ持っていってしまったのだ。噂が外部に漏れだしたころ、ウーバーとカーネギーメロン大学は被害対策（ダメージコントロール）に乗りだすことで合意した。ウーバーはカーネギーメロン大学に五五〇万ドルを寄付し、二者は「戦略的パートナーシップ」を結ぶとする共同声明を出した。研究者の穴を埋める資金をウーバーが出すという事実を除けば、「パートナーシップ」の実態は、ウーバーがカーネギーメロン大学の研究者を擁する自動運転車開発センターを作ったことの再確認に過ぎなかった。最小限の出費で、ウーバーは欲しいものを手に入れたのである。

だが、カーネギーメロン大学の損失は、ピッツバーグ市の利益でもあった。ウーバーは研究者たちを現地にとどめ、ピッツバーグを自動運転車開発プロジェクトの一大拠点としたのである。

＊＊＊

二〇一五年から二〇一六年にかけて、ウーバーのピッツバーグの拠点はグーグルら数社の自動運転技術開発企業に追いつこうと、ひそかに研究開発を進めていった。開発企業の中には、自社の電気自動車すべてに運転支援技術を組みこんだ、テスラ・モーターズ（Tesla Motors）も含まれていた。

二〇一六年八月、ウーバーはピッツバーグで範囲を限定した公道でのデモ走行を開始すると発表し、ピッツバーグでの試乗会に報道陣を招待した。ウーバーの車は完全な自動運転車ではなく、人間の監督役が必要なタイプで、万が一のときのために各車の運転席にはウーバーのエンジニアが乗りこんだ。試乗会のおかげで、世界で初めてウーバーが自動運転タクシーの実用化に成功したとのヘッドラインが各国メディアを賑わせたが、科学者たちは懐疑的だった。

「ウーバーが自動運転タクシーの試走開始を発表した理由の一つは、マーケティングでしょう」と、NREC所長のハーマン・ハーマンはニュースサイト、マザーボード（Motherboard）の取材に答えている。「技術的には、おそらくまだ完成には至っていないのではないかと思います。エンジニアを運転席に座らせないといけないわけですからね。技術的な面から見れば、ウーバーの自動運転車はまだ完成していません。ですが事業の面から見て、話題に上らせるのが得策だと考えたのでしょうね」

ウーバーはさらに、業務停止命令を食らっていた日々に比べ、規制当局のご機嫌を取るのが格段にうまくなっていることも証明してみせた。ウーバーがピッツバーグでのデモ走行を開始したあと、ピッツバーグ市長ビル・ペドゥートは、カラニックが市長相手にプレゼンテーションを行い、ウーバーの「ピッツバーグ計画（プロジェクト）」を、第二次世界大戦中の原子爆弾開発プロジェクト「マンハッタン計画」に比してみせたとワシントン・ポスト紙に語った。ペドゥートは自動運転車がドライバーに与える衝撃の大きさという、ウーバーがあまり聞きたくないであろう話題も持ちだした。

「ある晩、トラビスと夕食をともにしたときのことです」とペドゥートはポストの記者に語っている。「私は聞いてみました。『大勢の人が心配しているのは知っているかい？　自動運転車のことだよ。道で運転していて、ふと横を見ると、運転席にだれもいない車があったらどうしようと大勢が不安がっているんだが、それについてはどう思う？』とね」

カラニックと二人のエンジニアはその問いには答えず、話題を変えたという。

「『そんなことより、みんな遺伝子操作の心配をすべきですよ。ゲノムが編集される恐れがあるんですから』と彼らは言いましてね。そこから話題が、動物のクローンを作っている韓国のビジネスの話に移っていきました」

ペドゥートとウーバーの関係はその後悪化し、ペドゥートは二〇一七年初頭のピッツバーグ・ポスト・ガゼット紙の記事で、ウーバーは約束した市への貢献を果たしていないと不満を漏らしている。「ウーバーには、ピッツバーグのコミュニティに対してもっと関心を抱いてもらいたいですね。地元に密着するという意味でも、国際化に協力するという意味でも」

カラニックはピッツバーグ以外でも、ひそかに有能な人材を探していた。

二〇一六年夏、カラニックはアンソニー・レバンドウスキーという名のグーグルの元エンジニアと、サンフランシスコ市内を長時間散歩するようになる。レバンドウスキーが設立した会社510システムズはグーグルに買収され、開発した自動運転車プログラムもグーグルの資産となっていた。レバンドウスキーは二〇一六年にグーグルを退社し、新たにオットー(Otto)という企業を創業する。自動運転技術を組みこんだ長距離トラックの開発を目指す、秘密主義の会社だった。レバンドウスキーとの長い散歩は、歩きながら、自動運転車を可能にする科学的知識の個人レッスンを受講しているようなものだったとカラニックは言う(二人はサンフランシスコのマーケット通りから海岸沿いに出て、有名なエンバーカデロ通りを北上し、ゴールデンゲートブリッジまで延々数マイルを徒歩で移動していた)。

二〇一六年八月、ウーバーはオットーの買収を発表した。ウーバーの評価額の約一パーセント（六億八〇〇〇万ドル）に加え、ウーバーが今後トラック事業で得る利益の二〇パーセントを支払うという条件だった。その後、ウーバーの自動運転車開発プロジェクトはレバンドウスキーが率いることとなった。

しかし明るい未来を約束するかに見えた買収劇は、カラニックの頭痛の種を増やすだけの結果となった。二〇一七年初頭、ウェイモ（Waymo）と名を変えたグーグルの自動運転車開発部門が、レバンドウスキーとウーバーを相手取って訴訟を起こしたのである。ウェイモは訴状で、レバンドウスキーが退社前、グーグルの技術が記載された一万四〇〇〇件に及ぶファイルを不正にダウンロードしていたと訴えた。ウーバーはウェイモの主張を「事実無根」と断じた。

その間も、世界各地で自動運転車開発の競争は続いた。ウーバーはスウェーデンの自動車メーカー、ボルボ（Volvo）と提携し、ボルボの車にウーバーの自動運転技術を搭載することで合意した。こうなれば、他の自動車メーカーも黙ってはいない。ゼネラル・モーターズは二〇一六年を通じてリフトに大規模な出資をし、その後創業二年の自動運転ソフトウェア企業、クルーズ・オートメーション（Cruise Automation）を一〇億ドルで買収した。ＧＭの出資によって、リフトは主要な市場でウーバーと対抗する資金を得た。同時にＧＭは、全国ネットワークを備えた緊密なパートナーを得たことで、リフトのネットワークを使っていつでも自動運転技術をテストできることになった。

一方、グーグルは地図アプリのウェイズを使って、一般ドライバーと配車を求める乗客とを結びつけるサービスのテストをベイエリアで行った。金儲けが目的でないことは、グーグルが乗客に、かかったガソリン代だけをドライバーに支払うよう求めたことでもわかる。グーグルの実験の目的は、自社のモバイルOS、アンドロイド（Android）の価値を強化するビジネスモデルを試すことと、将来稼働するつもりの自動運転タクシーサービスの地ならしをすることにあった。

ウーバーの眼前に大きく立ちはだかっていたのは（少なくとも競争心旺盛なトラビス・カラニックの目にそう映っていたのは）、テスラとその創業者イーロン・マスクだった。テスラは自社の電気自動車に、「オートパイロット」という物議を醸す機能を搭載していた。クルーズコントロールの一種を美化して言ったもので、高速道路で運転中にハンドルから手を離せるという機能である。これを受けて、マスクは自動運転車の市場以上のものを狙っているのではないかという噂が広まりはじめていた。化石燃料に頼らない製品を作るというのがテスラ創業者の長年の夢であり、マスクはソーラーパネル企業ソーラーシティ（Solar City）も創業している（二〇一六年後半にテスラに吸収された）。その夢の一つが、ライドシェア業界に参入することなのではないかという憶測が飛ぶようになったのだ。

カラニックもその噂は耳にしていた。電気自動車を開発中と広く信じられているアップルが、ウーバーの中国での競争相手、滴滴出行（ディディチューシン）に一〇億ドルを出資したと報じられると、カラニックはマスクに電話し、ウーバーとテスラで提携関係を結ぼうと呼びかけた。

「『なあ、パートナーになろうぜ』って言ったんだ」とカラニックは言う。

アップルの動向は、ウーバーよりもテスラにとって、より大きな脅威であろうと踏んでの行動だった。だがカラニックによれば、マスクは自動運転車によるライドシェア・サービスという考えを――それどころか自動運転車そのものを、鼻で笑ったという。

「イーロンは電話のあいだじゅう、『自動運転車なんて突拍子もなくて現実離れしすぎてる。きみたちはライドシェアで成果を出してるんだから、それに集中すべきだ』って説得されつづけたよ。そして、『そんなふうにうかうかしてると、足元をすくわれるぞ』って言うんだ。その瞬間に、テスラは自動運転もライドシェアもやろうとしてるなってわかったのさ」

カラニックは、単に勘だけでマスクが嘘をついていると断じたわけではなかった。カラニックがマスクと電話で話したのと同じころ、ウーバーのジェフ・ホールデンがテスラの技術部門のトップと話をして、自動運転車の開発がテスラの最優先事項であることを突き止めていたのだ。その言葉を裏づけるように、わずか数日後にマスクはテスラの今後十年の包括的な事業計画をオンラインで発表し、その中でウーバーと競合するつもりであることを明言している。

事業計画には、太陽光発電用のソーラールーフを作るなど、テスラを多用な商品を扱う企業へと変貌させる計画も盛りこまれていたが、それに加えてマスクは、テスラ車のオーナーがスマートフォンアプリを通じてカーシェアリングを行えるようにする、新たな事業プランを明かした。

「テスラのスマホアプリ内のボタンをタップするだけで、お手持ちの車をテスラ・シェア・フリートに加えることができます。お仕事中や休暇でお留守のあいだに、月々のローンやリースの費用を大幅に補填し、ときには上回る可能性すらある収入を得ることが可能になるのです」とマスクは書いている。さらにマスクは、カラニックが懸念していた、ウーバーを狙いすました威嚇射撃も行ってみせた。「お客様が所有する車の供給数を上回る需要がある都市では、テスラがカーシェアリング用の車両を運用し、どこにいらしても、つねに配車をリクエストしていただけるようにいたします」

事業を始めるのが早かったウーバーは、アメリカ国内および世界の多くの市場において、大きなリードを保っていた。だが、GMやグーグルやテスラといった他社の動向で明らかなように、ウーバーの大幅なリードは、参入したいという他社の願望をより刺激しただけだった。ところがここでもまた、ウーバーは驚くべき方針転換を見せる。二〇一七年初頭、ドイツの自動車メーカーであるダイムラー（Daimler）と、同社の自動運転車をウーバーの「プラットフォーム」に則って配車するとする、包括的契約の合意に達したのである。車の作り方は知っているが配車システムは持ち合わせない自社の弱みを、ダイムラーはよくわかっていたのだ。

この提携で、ウーバーの自動運転戦略は新たな章に突入した。一方でウーバーは、自社の自動運転技術を搭載した車の開発で、ボルボと提携関係を結んでいる。これによりウーバーは、自社の自動運転ソフトウェアを他の自動車メーカーに販売するという、グーグルの方針に酷似した戦略を取る立場となった。また他方では、ウーバーはダイムラーとの提携においては、ドライバーと乗客をつなぐ自社の世界的ネットワークを活用することに力を傾注している。ウーバーの世界的ネットワークは、自動運転車の開発には意欲的だがそれを金儲けに変える手段を持っていない自動車メーカーにとって、大いに魅力的な資産なのだ。

ウーバーは賭け金を分散し、リスクを回避しているように見える。大企業のとる戦術だ——ウーバーがもし、大企業のままでいられるならの話だが。

第十一章

中国で出し抜かれる

二〇一六年夏。上海から遠からぬ人口九〇〇万人超の沿岸都市、杭州にある壮麗なリゾートホテル《バンヤンツリー》に、ウーバーの中国事業の幹部たちが集結していた。中国の各都市や地方の統括責任者である、総勢一八名のゼネラルマネージャーたちである。男性は流行の先端を行くジーンズ姿、女性はカラフルなスラックスやスカートなど、いずれもカジュアルだがスマートないでたちだ。全員が三十代か、せいぜい二十五から四十五のあいだに入り、みな流暢な英語を話している。言い換えればウーバーチャイナの幹部全員が、ウーバーのサンフランシスコ本社（入社後のオリエンテーションで訪れたはずだ）にいてもまったく見劣りしない、トップビジネスパーソンの風貌を備えていた。

彼らが一堂に会したのは、ウーバーというういかにもアメリカ的な企業を率いる、カリフォルニア色の強いCEOと会うためである。杭州郊外の五つ星ホテルにある窓のない会議室で、二時間に及ぶ会議が始まった。ウーバーチャイナのゼネラルマネージャーたちが、トラビス・カラニック相手に、何でもありの質疑応答を行うのだ。ウーバーの主要な市場の中でも問題の多い、ある都市の状況について話し合うという重要な議題もあった。一同は、互いの顔が見えるよう四角く配列されたテーブルの席についた。一番上座のコーナー部分に座ったカラニックが、氏名、都市名、勤続年数の自己紹介を時計回りにするよう告げて、会議は始まった。全員の自己紹介が終わり、再び座の支配権がCEOに戻ると、カラニックはすぐさまそれを中国人幹部たちに投げかえした。

「どうも。トラビスだ。このクソ事業を始めた張本人だよ。さあ、何でも質問してくれ」

　この時点で、ウーバーの中国進出から三年近くが経過していた。中国事業は成長を見せていたものの、金食い虫の様相も呈していた。地元のライバル、滴滴出行（ディディチューシン）との飽くなき抗争で、ウーバーの中国部門は毎年一〇億ドルを失っている。サンフランシスコを拠点とするウーバーは、法令遵守や企業統治（コーポレート・ガバナンス）の見地から、世界第二位の経済大国である中国という市場においてのみ、北京に本社を置くウーバーチャイナという別会社を作っていた。組織を分けたのにはいくつかの理由がある。中国に進出した他のシリコンバレー企業の失敗（グーグル、フェイスブック、イーベイなどが手痛い失敗を被った例として有名だ）を反面教師に、ウーバーは中国での拠点を単なる子会社ではなく、極力中国に即したものにしたかった、というのが一つあるだろう。また、どれほど事業が順調だろうと熾烈な競争が必至の中国市場での損失を、アメリカ国内や他国で収益を上げはじめていたウーバー本社の業績に響かせたくなかったのもある。ウーバーはウーバーチャイナの筆頭株主であるため、ウーバーに出資する投資家は間接的にウーバーチャイナの株主でもあるのだが、ウーバーチャイナには数社の中国企業を含む、ウーバーとは別個の投資家も存在していた。

　不屈の精神力や権威に屈しない意志の強さで選ばれている面もある中国人幹部たちは、カラニックに遠慮するそぶりも見せず、矢継ぎ早に質問を飛ばした。どの質問にも、カラニックがどこまで中国に肩入れしているのか、その意向を探る意図が透けて見える。中国人幹部たちが知りたいのは――ウーバーチャイナはいつになったら独自のエンジニアチームを備え、サンフランシスコから送られるソフトウェアの修正に頼らずにすむようになるのか？　ウーバーチャイナの地図アプリはいつになったら改善されるのか？　ウーバーと滴滴（ディディ）がときに従い、ときに抗っている中国当局の規制をカラニックはどう思うか？　中国西部の大都市、成都のみで試験運用されているウーバーコミュートは、いつになったら中国全土に拡大されるのか？　さらにはアメリカで開始早々成功を収め、カラニックが得々と語っていたフードデリバリーサービス、ウーバーイーツはいつ中国で稼働するのか？

だがどの幹部の頭にもまず浮かぶのは、いまや全面戦争に突入している滴滴（ディディ）との競争だった。たとえば、職業運転手によるタクシー配車サービスは滴滴（ディディ）のビジネスの中核をなしているが、同様のタクシー配車アプリをウーバーチャイナが提供することに、カラニックはなぜ反対しているのか？　といった質問である。

問題に深く切りこんだ容赦のない質問が飛ぶこと自体は、本来好ましいことであると言えるだろう。有能な現場のリーダーたちが現地を訪問中の上司に楯突くことも恐れないということ、それこそまさに、活気あるスタートアップの成長に伴う健全な痛みを映す鏡であるからだ。だが同時に、中国人幹部たちが取り上げた話題によって、滴滴（ディディ）との終わりの見えない戦いでウーバーが陥っている危機的な状況もあらわになった。さらに中国人幹部たちに漂う不安感は、ウーバーの不都合な真実を明かしてしまっていた。法律上は、ウーバーチャイナは独立した中国企業であるかもしれないが、実際に同社の采配を振るっているのは、サンフランシスコにいるトラビス・カラニックなのだ。事実、中国事業すべてを統括するのにふさわしい人材を見いだせなかったカラニックは、六〇〇〇マイルの距離と十五時間の時差をものともせず、ウーバーチャイナのCEOを自ら兼任していた。

一週間に及ぶ中国出張の五日目を迎えていたカラニックは、多忙な起業家の生活から来るものというよりは、すでに聞き飽きた質問をまたも聞かされているベテランビジネスマンの倦怠感を漂わせながら、各質問をさばいていった。ウーバーチャイナのオフィスのセキュリティが脆弱なためエンジニアリングを現地に任せることはできないが、将来的にはこの問題を解決したいと思っている。

「いずれはサンフランシスコと同数のエンジニアを北京に置くことになるだろうね。そして彼らには、中国以外の国の仕事もやってもらうよ」

乗客をピンポイントでピックアップできるよう、地図アプリの問題には最優先で対処する（とカラニックは断言した）。中国での法令遵守は、滴滴（ディディ）にとってもそうであるように一筋縄ではいかない問題だが、それほど気に病むことでもないだろう。中国の規制当局による取り締まりにはむらがあり、いまのところウーバーの成長は規制によって深刻に阻害されてはいない（たとえば二〇一四年、上海市はラッシュアワー時のライドシェアを違法とする条例を定め、ウーバーは「供給」［ドライバーのことだ］の大部分を失ったが、実質的な規制が実施されないとわかるや、翌週にはドライバー全員が路上に復帰したという例をカラニックは挙げた）。ウーバーコミュートに関しては、「成都でサービスにとことん磨きをかけてから全土で実施するつもり」であり、試験運用を一都市に限っているのは滴滴の過剰な詮索を避けるためだ。そしてフードデリバリーサービスは、中国市場にはまだ時期尚早だ（とカラニックは言うにとどめた）。

週の前半に出席したカンファレンスでは、ウーバーイーツを中国で導入するのに消極的な理由として、カラニックはもっと具体的でドラマチックな理由を挙げていた。

「私は中国市場での鉄則を設けてましてね。赤字を抱えるなら、一度に一つの事業だけで十分だ、というのがそれです」

だが、カラニックがとりわけ頑なに自説を譲らなかったのは、職業運転手によるタクシー配車を行ってはどうかという議題についてだった（滴滴ではこれが事業の基盤をなしている）。中国人幹部に説明するカラニックの言葉を聞くうちに、カラニックの仕事に対するアプローチの仕方や、世界各地でこれまで積み重ねてきた努力によってカラニックの世界観がどう形成されたか、また何よりも、中国市場がウーバーにとってどれほど手強い難事業であるかが浮き彫りになってきた。

まず第一に、自分はとにかくタクシー業界が嫌いなのだ、とカラニックは宣言した。ウーバーの事業はすべてタクシー業界の真逆を行っており、とくにタクシー業界が旧態依然である最大の原因とカラニックがみなす二つの柱において、それは顕著だ。車両の供給量が（低く）一定であることと、公定統一運賃が（高く）設定されていることである。

「料金が高くて質の悪い製品にワクワクする消費者なんて、いるか？」とカラニックは一同に聞いた。「おれは知らないね」

単に乗客とタクシー運転手をマッチングさせるだけでは、採算は取れないだろう。その苦い教訓は、タクシーめいたリムジンサービスを長年提供しつづけたサンフランシスコでとっくに学んでいる。

「サンフランシスコでは、週に一万台の高級タクシーを配車してる」だがウーバーXとウーバープールを合わせた配車台数は、週に一五〇万台。つまり、消費者の反応でもう答えは出ているのだ。「タクシー業界には参入したくない」

中国人幹部が何度もその話題に立ち戻ったにもかかわらず、カラニックは頑として譲らなかった。

「ゼネラルマネージャーになったばかりのきみたちがこういう質問をしたくなっても、別に構わないよ。でもおれは、この仕事を六年もやってるんだ。空港での配車を改良する必要はある。でも、タクシーはなしだ」

中国人幹部たちの執拗な質問の根底にあるのは、じつはタクシーではなく、中国でウーバーの何倍もの規模を誇る巨大企業、滴滴（ディディ）にほかならない。滴滴（ディディ）は中国国内の四〇〇都市以上で稼働し、約七〇億ドルの資金を調達している。対するウーバーチャイナは六〇都市で稼働しているに過ぎず、すでに二〇億ドルの損失を出している。言い換えれば中国でのウーバーの立ち位置は、アメリカにおけるリフトの立ち位置に酷似していた。中国人ゼネラルマネージャーたちは不安に駆られ、カラニックの持久力を推し量ろうとしていたのだ。カラニックは幹部を激励したが、カラニックの情熱は条件付きだった。

「ウーバーの効率性が滴滴（ディディ）の効率性を上回るかぎりは、今後も喜んで資金を出すよ」

カラニックが言う効率性とは、ドライバーの平均的な走行時間が客待ちの時間よりも長ければいいということである。

「もしウーバーの効率性が滴滴（ディディ）の効率性を大幅に下回るようなら、先行きには大きな疑問符がつくね」

カラニックは意味ありげに、ウーバーに出資している投資会社数社が滴滴（ディディ）の財務状況を独自に調査したところ、同社がウーバーより「はるかに効率的」であることがわかったそうだと告げた。

「その情報が本当かどうか、念には念を入れて確認するつもりだよ」

名誉ある敗北という道もある、とカラニックは言った。

「効率性のよさで滴滴（ディディ）に太刀打ちできないとなれば、われわれは二番手、銀メダルってことになる」採算が取れるナンバー2なら、そう悪くはないとカラニックは示唆した。「そうなったら、甘んじてそれを受け入れるさ。でも銀メダルを取るためには、金メダル目指してがんばらないとな」

＊　＊　＊

わずか二年前には、ウーバーは中国で金メダルを目指していなかったばかりか、ほとんど競技にすら参加していなかった。

ウーバーがヨーロッパ、ラテンアメリカ、東南アジア、インドの主要都市にすみやかに進出していったことからも明らかなように、カラニックは創業当初から世界への野望を抱いていた。二〇一三年の春にウーバーは中国での進出先を検討しはじめ、八月には上海に「ソフトローンチ」した。大々的な宣伝もなく上海でのみサービスを稼働し、口コミが広がるのを待つやり方である。二〇一四年二月には、上海、広州、深圳の三都市で高級車の配車サービスが開始された。同年秋には無資格のドライバーが自家用車を運転する、アメリカのウーバーXに当たるサービス「人民優歩（ピープルズ・ウーバー）」が始まった。

中国進出直後のウーバーの動きは、喧嘩腰で乗りこんでいった世界各地での進出に比べると腰が低かったと言えるだろう。二〇一四年九月にサンフランシスコで開催されたスタートアップ向けテック業界カンファレンスのインタビューでカラニック自身がふり返っているように、中国は未開拓の部分が多いとはいえ絶大な好機を秘めた市場だったが、ウーバーには当初まるで勝ち目がなかった。カラニックによれば、中国には人口一〇〇万人以上の都市が二〇〇以上ある。そこを舞台に、インターネット界の巨人、騰訊（Tencent）が支援する嘀嘀打車と、テンセントの競合アリババが支援する快的打車の二社が、総力をあげた「全面戦争」に突入していた。嘀嘀も快的も、毎年数億ドルに達する補助金をドライバーに支払っている。それに比べたら、ウーバーはいわば脳天気な見物客の立場だと、カラニックは希望的観測に近いものを述べた。

「中国で起きていることはすごく面白くて最高です。とくに私にとっては、ウーバーが中国ではちっぽけな存在で、どうなるんだろうと状況を見守っている立場だっていうのが楽しいですね」

カラニックにとっては、中国でのウーバーは、中国企業同士の因縁の対決をかぶりつきで見ている観客に等しかった。嘀嘀と快的は、それぞれの支援企業の強大な力を利用し、互いにしのぎを削っていた。たとえば快的は、ユーザー特典として、アリババが提供する人気のスマホ決済サービス「アリペイ」を使えるようにした。嘀嘀も同様に、テンセントのメッセンジャーアプリ「微信」をユーザー特典として付加した。だが嘀嘀と快的がともにタクシー市場でつばぜり合いを演じていたおかげで、ウーバーは邪魔が入ることもなく、タクシー運転手を使わない配車サービスの戦略を推し進めることができたのである。

「ちっぽけな存在だと、巨大企業にはできないようなことができるんです」

そう懐かしそうに起業家精神を想起するカラニックの声は、他の市場では巨大企業となってしまったウーバーの昔を偲ぶかのように、どこか物欲しそうな響きを帯びていた。

「（中国市場における）ウーバーはまだあまりにちっぽけな存在なので、試合（ゲーム）に参加するのにもそれほどコストはかかりません。いまはとりあえずライドシェアを始めてみて、どうやってそれを軌道に乗せるかを探っているところです」

しかし中国でのウーバーが、いつまでもちっぽけでコスト効率のいい企業にとどまっているはずがない。ウーバーが世界を席巻するさまを伝える国際ニュースの数々を、中国の競合他社も決して読みすごしていたわけではなかった。ウーバーに対する利害の一致が、ほどなく熾烈なシェア争いよりも重要な意味を持つようになったのである。ウーバーが高級車配車サービスを開始してから一年後の二〇一五年二月、嘀嘀（ディディ）と快的（クワイディ）は嘀嘀（ディディ）の創業者である程維（チェン・ウェイ）のもと合併し、嘀嘀快的（ディディクワイディ）となった（両社は合併の発表日に、中国で販促イベントとして人気があるバレンタインデーを選んだ）。同年九月には、嘀嘀快的（ディディクワイディ）はリブランドによって滴滴出行（ディディチューシン）へと社名を変更した。

元はアリババで出世階段を上っていた程（チェン）は、ウーバーと戦うには何が必要かを初めから理解していた。ゴールドマン・サックスのバンカーであった柳青（ジーン・リウ）を、滴滴（ディディ）の総裁および国際広報責任者に任命したのである。パソコンメーカー、レノボの創始者である億万長者の娘に生まれ、流暢な英語を話す柳青（ジーン・リウ）は、対ウーバー戦において鍵となる二大勢力、ウォールストリートと欧米メディアを程（チェン）と結ぶ、連絡係（リエゾン）の役割を果たすこととなった。

文化や国は異なり、主力製品の内容も違えど、滴滴（ディディ）とウーバーには少なからず似通ったところがある。どちらも経営者（滴滴（ディディ）の場合は程維（チェン・ウェイ））は強烈な個性の起業家であり、トップビジネスマンとしての名声を手にしたばかりだ。「ウーバー」同様、「滴滴（ディディ）」という名も何を指しているかはっきりせず、スマートフォンの通知音を滴が落ちる音に見立てているのではないかとも言われている（合併相手の快的（クワイディ）の名を排除して程（チェン）が付け加えた「出行（チューシン）」は、「出かける、旅に出る」という意味である）。

ウーバーと同じように滴滴（ディディ）も、事業の強化が見込めそうな副次的なサービスをあれこれ試みている。その一つが「テストドライブ」で、ユーザーが購買を考えている特定の車種をリクエストできるというサービスだ。これはウーバーではなくリフトに似ているが、滴滴（ディディ）はドライバー垂涎のチップを払うよう、乗客に推奨している。

また、滴滴（ディディ）の好戦的な姿勢も、トラビス・カラニックの気質との近似を思わせる。百度（バイドゥ）（Baidu）が中国最大のインターネット検索エンジンの地位を獲得したのは、検索エンジンとしての有能性からではなく、中国政府の方針によってグーグルの中国での運用が極めて困難になったからだった。それを念頭に置いた滴滴（ディディ）は、中国人の地元企業びいきに頼ることなく、ウーバーとの全面対決での勝利にこだわり、好戦的な戦略を取りつづけた。

類似点はまだある。滴滴(ディディ)は自社の事業を売りこむ際、ウーバーがアメリカで吹聴するのと同じ宣伝文句を用いている。規模の効率性、ドライバー数の多さ、単一のプラットフォームに多くのサービスがリンクしていることなどである。ウーバーと同様に、滴滴(ディディ)も国内ネットワークの規模の大きさを利用し、相乗りやバスなど様々なサービスを実験的に行っている。「これはハードル競走です」多くの障害を乗り越えねばならない状況を、柳青(ジーン・リウ)はこう称した。「中国という市場を一番熟知しているのは、私たちです。中国は私たちの祖国ですから」

防御のために滴滴(ディディ)がとった戦略で最も巧みだったのは、ウーバーのホームグラウンドで攻撃をしかけたことだろう。二〇一五年九月、滴滴(ディディ)はアメリカでのウーバーの最大の競合であるリフトに、一億ドルを出資した。さらにその二か月後、滴滴(ディディ)はやはりウーバーの競合である二社、インドのオラと東南アジアのグラブとの提携関係を発表した。

メディアが即座に「反ウーバー連合」と名づけた滴滴(ディディ)率いる提携グループは、ユーザーが世界各地をシームレスに移動できるよう、提携各社のプラットフォームを一体化すると約束した（世界のどこでも利用できるというウーバーの一番の売りに、対抗した形だ）。滴滴(ディディ)は公の場で、この提携を航空会社の共同運航便(コードシェア)にたとえている。ウーバー包囲網というよりは、顧客の便宜を図るためだというのだ。提携の目的を聞かれた柳青(ジーン・リウ)は、「私たちはアライアンスでなく、『パートナーシップ』という言葉を使っています」と答えている。滴滴(ディディ)がリフトに出資すればウーバーの国内事業のコストが上がり、中国市場でのウーバーの体力が奪われることは、当然ウーバーのみならず滴滴（ディディ）も承知の上だ。世界的な反ウーバー連合を組織することは、二次的な恩恵に過ぎない。中国において、ウーバーはようやく、大規模な戦いを長期にわたって繰り広げるのを厭わない、互角のスタートアップを見いだしたのだ。滴滴（ディディ）への初期投資家で共同創業者でもあった王剛（ワン・ガン）は、のちにブルームバーグビジネスウィーク誌にこう語っている。

「ライバル企業と互いに髪の毛やひげをつかみあうような真似をしているのは、何も本気で相手を殺そうとしているわけではありません。将来、交渉を有利に進める権利を勝ち取ろうとしているだけなんですよ」

反則すれすれの手練手管を駆使したウーバーと滴滴（ディディ）の泥仕合は、二〇一六年五月に山場を迎えた。中国でスマートフォンやコンピュータを大々的に販売するうえで、中国企業と接近しておきたい理由がごまんとあるアップルが、滴滴（ディディ）に一〇億ドルの出資を行ったのである。カラニックにとっては、まさに青天の霹靂（へきれき）だった。アップルと滴滴（ディディ）が出資合意を発表する直前、カラニックはアップルの最高幹部たちと面談していたのである。だがこんなボディブローを叩きこむつもりだなどとは、アップルの経営陣はおくびにも出さなかった。同じころ、ウーバーは中国で二年連続で一〇億ドルの損失を出しているとする報道が、各所に出はじめた。

六月に杭州で中国人幹部たちと会った際、ウーバーには勝利への道が二つあるとカラニックは言った。滴滴（ディディ）より効率性を上げるか、滴滴（ディディ）の資金が尽きるのを待つかだと。だがどちらのシナリオも、実現の望みは薄そうだった。

＊　＊　＊

二〇一六年の夏が訪れるころには、中国市場はカラニックにとって強迫観念にも等しいものになっていた。ウーバーチャイナのCEOでもあるカラニックは、しばしば夜明け近くまでサンフランシスコ本社に居残り、北京の幹部たちと電話会議を行った。同年六月、北京にほど近い渤海沿岸の都市、天津で世界経済フォーラム・ニューチャンピオン年次総会が開催されることとなり、カラニックは同会の共同議長として招待された。前途有望なビジネスリーダーたちを見いだすことを主眼とするニューチャンピオン年次総会は、別名「夏季ダボス会議」として知られている。ダボスと聞いて、カラニックはある記憶を想起したという。十年近く前に本家のダボス会議に招かれ、各国首脳と間近で交流できる機会に胸躍らせたことがあった。

「ケニアの大統領と肩を並べて、雪を踏み分けて歩いたのを思い出すよ。すごいなと思ったね」と、カラニックはしみじみと思い出にふけった。「実際、すごかったしね」

そしてニューチャンピオン年次総会では、選ばれし財界のリーダーたちに加えて、李克強首相との面会も果たしている。技術官僚（テクノクラート）的洞察力を備え、起業家精神の推進者としても有名な中国のナンバー2だ。

カラニックは、自分は中国という国だけでなく、中国共産党指導部のファンでもあると公言してはばからない。人々が独裁政権ととらえるものに、カラニックは「勝つための最善の答え」を容認する実用主義者（プラグマティスト）を見る。カラニックが考えるウーバーのあるべき運用方針も、それだ。――感情を考慮せずに、勝利を収めるための最善の答えを追求すること。

ウーバーが中国で敗北を喫しているという、感情の入る余地のない冷然たる事実をカラニックは理解している。事実このとき、社外では聴衆にウーバーチャイナの野望を語り、社内では中国人幹部に事業の方向性を説きながら、同時にカラニックは、ウーバーきっての交渉役エミル・マイケルを通じて滴滴（ディディ）に講和を求め、ウーバー降伏の条件を話し合わせていたのだ。この段階になってもまだ、カラニックはうわべを繕うことをやめなかった。何といっても、直前にご破産になることがないとは限らないのが交渉ごとである。カラニックが中国人幹部に会うため杭州に向かっているころ、側近たちは中国でのカラニックの名刺にどんな肩書を刷ろうかと議論していた。最終的には、肩書は「戦士（ウォリアー）、哲学者（フィロソファー）、パイオニア」で落ちついた。

とはいえ、いまがやめどきであることはカラニックも承知していた。八月一日、ウーバーは滴滴（ディディ）の一七・七パーセントの株式と引き換えに、中国事業を同社に売却すると発表した。

降伏の条件としては悪くない。ウーバーは二〇億ドルを中国市場に投じ、それをすべて失いながらも、六〇億ドル相当の価値を持つ滴滴（ディディ）に出資することで泥沼から抜けだしたのである。滴滴（ディディ）も世界規模のウーバーの事業に一〇億ドルを出資し、両社は互いの取締役会に議決権を持たない役員を加えることで合意した。落選候補の敗北宣言にも似たブログ記事の中で、カラニックは中国ほどの巨大市場を前にしては、征服を試みないわけにはいかなかったと認めている。「しかし」と続けたカラニックの言葉は、その後広くメディアに引用されることとなった。

「起業家として私は、成功するには心の声だけでなく、理性のささやきにも耳を傾けねばならないことを学びました」

二社がともに利益を得るためには、ウーバーが撤退する必要があったとカラニックは結論づけた。

こうして、敬愛する中国共産党の官僚や政治家と同じように、カラニックもまた、敗北を認め金を取るという実用主義的な決断を下したのである。カラニックの言う「銀メダル」とは、結局のところ、中国市場で滴滴（ディディ）というハーツ（Hertz）に次ぐエイビス（Avis）になることではなかった。金メダルが取れないのなら、いっそ名誉ある撤退（とカラニックがみなすところのもの）を行うという意味だったのである。収益を生む関係を中国市場に築いたことで、カラニックは手打ちとした。これで恐るべきライバルが自分の庭で暴れまわる心配がなくなるというなら、悪くない幕引きだと思ったに違いない。

第十二章

サンフランシスコの長い散歩

時刻は午後七時三十分。雲ひとつない夕空が広がる二〇一六年七月中旬のその晩、私はウーバーのサンフランシスコ本社にやってきた。トラビス・カラニックへの独占インタビューをする約束で、このためにCEOの予定を二時間空けてあると聞かされていたが、七時半というのはいささか異例だった。

私がこの時間に仕事のミーティングをすることはめったにないが、カラニックや起業家仲間のあいだではとくにおかしなことではないのだろう。スタートアップや創造的破壊やイノベーションを中心としない世界、私がよく「本物の」経済と称するところの世界では、晩というのは家族と過ごすか、経費で落ちる高級レストランでビジネスディナーをとる時間だ。だがサンフランシスコのトップ起業家たちにとっては、いまがやっとエンジンがかかりはじめる頃合いである。夜型で朝寝坊、これぞプログラマーのライフスタイルだ。普通の人が一日の仕事を終える時間帯に、カラニックはあるいは長時間の面談を開始し、あるいは沈思黙考する。そして、そのどちらもが仕事の延長だ。

ウーバーは残業が多いと聞いていたので、オフィスが閑散としているのを見ていささか驚いた。夏の盛りのことだから、若い社員は早めに退社して暖かな夕べを楽しんでいるのかもしれない。だがひょっとすると、異常な猛スピードで疾走しつづけた五年強の日々に疲れ、さすがのウーバー社員も肩の力を抜くようになったのだろうか。

カラニック自身は、ペースを緩めることはない。あと数日で不惑を迎えるというのに、いまだにマウンテンデューをがぶ飲みして徹夜で働く、若手起業家のライフスタイルの先頭を走りつづけている。

これまでステディな恋人は何人もいたが、断固として独身を貫いてきた。ここ二年は、十五歳ほど年下のバイオリニストで、パートタイムでテック企業でも働くガビ・ホルツワースと付き合っていた。カラニックは仕事をしていないときは家で恋人と過ごすのが好きな人間だと複数の友人が証言しているが、どのガールフレンドとの関係よりもはるかにウーバーに入れこんでいるのは、紛れもない事実だ。この数週間後には、カラニックとホルツワースはすでに破局しているとタブロイド紙に報じられ、ホルツワースは大勢にシェアされているフェイスブックのページから、カラニックが写った多くの写真をすみやかに削除することになる。

今夜のカラニックは、だれがどう見ても仕事をしていた。私がカラニックのデスク前で待っていると、約束の時間を数分すぎて本人が現れた。オフィスのフロアの奥にカラニック専用のコーナーが設けてあり、着替えが何点かと、サンフランシスコのミッションベイに建設予定の新社屋のジオラマが設置されてある。NBAチーム、ゴールデンステート・ウォリアーズの新スタジアムの向かいに建設される新しい本社は、二〇一八年完成予定だ。だがカラニックのデスク自体は天板と脚だけのシンプルなもので、特別大きいわけでもなく、それが本社四階のメインオフィスの奥にちょこんと置いてある。そこには豪華さも、役員室らしいところも、まったくなかった。

カラニック本人や、これまで起業した会社、そしてウーバーについて一年かけて調べてきた私は、ここは柔軟に対応するのが得策だということを知っていた。カラニックはかっちりした予定を立てずに行動するのが好きで、たとえふりだけでも、相手が自然な成り行きに任せる様子を見せると喜ぶ。ひと月前に中国で交わされたカラニックの経歴に関する会話の続きをするという以外、私もあえて事前にインタビュー内容について打ち合わせることはしなかった。カラニックからは、少々型破りな提案を受け入れてもらえるなら、インタビューの前にいくつか見せたいものがあると聞かされていた。

挨拶がすむと、カラニックはいきなり「オーケイ、選択肢は二つだ」と宣言した。「あそこに行って――」と、ウーバー社内で内々の面談で使われる多くの会議室のうち一番近くの部屋を指さし、「おれが二時間ずっとバカみたいに部屋の中で行ったり来たりするのを見てるか、じゃなきゃ散歩に行くかだ」

要するに、トラビスが本来のトラビスでいられる自由を与えてやるか、窮屈な囲いに閉じこめて情報を無理やりほじくりだそうとするかの二者択一をしろということだろう。私は散歩を選んだ。

カラニックが上着を手に取ったので、私はいまから外に散歩に行くのだと思った（雨の降っていない七月のサンフランシスコとはいえ、夜は肌寒いこともある）。実際散歩には出かけたのだが、まずはオフィスを案内したいとカラニックは言った。

積極的に現場に関わろうとする他のＣＥＯがみなそうであるように、カラニックもまた自社のオフィスを、企業の価値観や理念を反映するだけでなく、自分自身の個性の延長としてもとらえていた。スティーブ・ジョブズがまさにそうだった。死の半年前、ジョブズはパロアルトの自宅のリビングでソファにかけた私の傍らに座り、生きて見ることはないであろうアップル新社屋の建築図面のバインダーを、誇らしげに見せてくれた。数か月後には造園業者と協力しあい、自ら新社屋に植えるアンズの木を選んだほどである。アップルに返り咲いたときのジョブズより何歳か若いカラニックは、ウーバーのオフィスを理解すれば、ウーバーそのものが理解できると説いていた。ウーバーを理解することがトラビス・カラニックの本質を知る鍵だということも、また明らかだった。

「ゼロから街を造るのがどんな感じか、わかるかい？」

カラニックが尋ねた。

＊　＊　＊

「余計なもののついていないクリアな線を、いたるところに書いていくんだ。会社はいわば、人工的に造られた街だよ。じゃあ、クリアな線っていうのは何か。ウーバーには、ブランドを支える五本の柱がある。地に足がついていること、大衆の立場に立つこと、インスピレーションを与えること、高度な進化を遂げていること、一段上を行くこと。これがウーバーの個性(パーソナリティ)なんだ」

私たちはカラニックのデスクのそばに立ち、連結されたデスクが幾列にも連なる、ウーバーのオフィスの中枢部を眺めわたしていた。ウーバーの社員は、本社を訪れた人がセキュリティチェックを受けたのちに目にするこのフロアから、世界規模の事業を運用しているのである。カラニックが「五本柱」(地に足がついていること、大衆の立場に立つこと、インスピレーションを与えること、高度な進化を遂げていること、一段上を行くこと)をくり返すたびに、私はなるほどというようにうなずいていた。だが実を言えば、五本柱が何を指すのか、いま一つピンと来ていなかった。カラニックの説明に熱が入るのとは裏腹に、私にはどれもいささか曖昧な概念のように思われたのだ。

「地に足がついている」と言うとき、カラニックの言葉が通常意味するのは実用主義的であるということだ。テクノロジーを利用して人を移動させるウーバーのサービスは、実用主義の究極の形だろう。それでいて、公共事業に携わる土木技師の父の血を受け継ぎながら、少年時代にSF小説に夢中になったカラニックの口から語られると(エンジニアはたいていS

F好きだ）、その言葉もどこか違った意味を帯びてくる。

「地に足がついているっていうのは、色調に一体感があるのと同じなんだ。全体が機能的な直線でできてるみたいなものだよ。ここの会議室は、全部都市の名前がついてる。アルファベット順に並んでるんだ。とにかく、すごく実用的なんだよ」

ウーバーの「一段上を行く」特徴の例として、カラニックは吸音効果のある会議室の天井材を挙げた。静けさにこだわりを持つカラニックは（「騒音は好きじゃない。周りがうるさいと気が散るんだ」）、K-13という吸音効果の高い建築資材を使っていると胸を張った。

「フロアに八〇〇人の社員がいても、音響処理されてるおかげで静かなんだ。小声で話しても大丈夫」

そう言いながら、カラニックはこちらが戸惑うほどの小声でささやいた。

「ほら、ちゃんと聞こえるだろ」

近くに、デスクの列と内壁に挟まれた通路があった。カラニックは私を呼びよせ、通路に敷きつめられたコンクリートをよく見るよう促した。互いに交差する何本もの直線で、複雑な模様が刻まれている。

「サンフランシスコの道路地図だ。この上をさんざん歩きまわったよ。おれは『散歩道（パス）』って呼んでる」

カラニックが日中、たいていはスマートフォンを耳に当てながら行ったり来たりするのは、ここだったのだ。

「昼間は、ここにくればおれに会えるよ。週に四五マイル歩いてる」

これこそまさに「地に足がついている」見本だろう。文字どおり床を歩いているという意味でもそうだが、ウーバーを経営するという仕事がいかに地を這うような労苦の果てにあるかを象徴する例だ。拠点であるサンフランシスコへのオマージュも、都会生活の質を高めたいというウーバーの目標の高さを象徴するという点では、「一段上を行っている」のかもしれない。

見たところ些末に思えることに延々と時間をかけたがるカラニックの性格については、すでに報道などで聞き及んでいた。たとえばワイアード誌（Wired）の記者には、何か月もかけてウーバーのロゴのデザイン変更を自ら指揮したという話を、カラニックは数時間かけて滔々と語ったという。ウーバーがどう見てもより差し迫った危機の数々に見舞われているさなかに、である。とはいえ私自身は、カラニックが些末事に必要以上に拘泥するさまを目撃したこともなければ、ロゴのデザイン変更というような、門外漢には難しい、美的センスが必要とされる仕事にカラニックがのめりこんでいる現場に居合わせたこともなかった。

四階のフロア見学は続き、カラニックは「ニューヨーク」と名づけられた会議室を指し示した。マーケット通りに本社を構える直前に一二億ドルの資金を調達したときは、この会議室で交渉を行ったのだという。「初めて一〇億ドル以上を調達して、みんなの度肝を抜いてやったよ」とカラニックは大声で自慢した。

その後、私たちはエレベーターで一一階へ上がった。壁はむき出しの石膏ボード、デスクは奥行きがない細身タイプという、禁欲的な空間が広がっている。カラニックによれば、起業家の置かれる環境を表現したものだそうだ。

「起業家は、少なくともマーク・ザッカーバーグ以外の九九パーセントの起業家は、苦労ばかりしてる。だからここに、それを表す空間を作ったんだ。『洞窟(ケーブ)』って呼んでるよ。状況が苦しいときは暗闇に迷いこんだのと同じで、本当に真っ暗な場所にいる気分になる。メタファーさ」

ここのデスクは通常のものより「奥行きが一フィート浅い」と誇らしげに言うカラニックに、私はジェフ・ベゾスに倣ったのかと聞いた。初期のアマゾンでは、ベゾスの指示で、長年簡素なドア用の合板をデスクにするのが慣例となっていたのだ。カラニックはこう答えた。

「そんなんじゃない。おれ自身に倣ったんだ。起業家として培ってきた、自分自身の経験に基づいてね」

五階には、SF小説の題名にちなむ会議室が並んでいた。南北戦争オタクが主要な戦いについてまくしたてるのと同じ熱量を、カラニックはSF小説の名作に抱いている。アイザック・アシモフの「銀河帝国興亡史(ファウンデーション)」シリーズの名を冠した会議室があるかと思えば、「火星人」、「エンダーのゲーム」といった会議室がある。カラニックは『エンダーのゲーム』について話しはじめた。

「軍隊の訓練でコンピュータゲームをする少年の話なんだけど、そのゲームがすごく難しいんだ。で、最後になって、いままでやってきたゲームは実は本当の戦争だったってわかるんだよ」

カラニックは「高度な進化を遂げていること」をブランドの五本柱の一つとしたが、これは未来そのものを指す。ウーバーは未来に取りつかれた企業なのだ。五階にはほかにも、イタリアの広場(ピアッツァ)を模した広い空間があった。そこに至る廊下は、あえて迷いやすいデザインになっている。カラニックの世界観においては、方向感覚を失わせることは悪とはみなされない。

「内部の人間なら、何がどこにあるかちゃんとわかってるだろ」

これがカラニックの言う、「大衆の立場に立つ」ということらしい。

「外から来た客は、迷うだろうさ。でもそのおかげで、だれが内部の人間でだれが部外者かがわかるんだ」

五本柱のうち、「インスピレーションを与えること」については、はっきりと話題に上らせることはなかった。思うにカラニックにとっては、オーダーメイドでじつに風変わりなウーバー本社のすべてがインスピレーションの源なのだろう。K-13の天井や、コンピュータゲームの戦争や、イタリアの広場(ピアッツァ)といった雑多な要素がウーバー内でどのようなまとまりを見せているのかは、結局よくわからないままだった。だが、世の中には理解されずともよいものがあるのかもしれない。

＊ ＊ ＊

カラニックのデスクの脇を通って彼専用の出口に向かい、階段を下りて外に出ると、ビルの正面玄関から角を一つ曲がったところだった。これからサンフランシスコ中心部を貫くマーケット通りを歩き、海沿いのエンバーカデロ通りに出ようとカラニックが言った。そこから人気観光スポットのフィッシャーマンズワーフを抜け、ゴールデンゲートブリッジ方面へ行くつもりだという。

空は美しい夕焼けに染まっていたが、かなり肌寒くなっていた。根っからロスっ子のカラニックには、このサンフランシスコの気候が耐えられないらしい。

「ロサンゼルス出身の人間からすると、これが一番イラつくところだよ。だからときどき、週末はロスで過ごすんだ。ビーチにいたいっていう、それだけのためにね」

カラニックはいろいろと考えをめぐらしたい気分だったらしく、私たちは歩きながらありとあらゆる話題について語り合った。その一つが、ウーバーと同じビルにオフィスがある、スクエアの話である。スクエアはツイッター創業者のジャック・ドーシー率いる決済サービス企業だが、最近とんと噂を聞かないと私は言った。非上場企業のウーバーと違ってスクエアは上場企業だが、あえて目立たないように影を潜めているらしい、とも。カラニックは考えこみ、ぽつりと言った。

「ウーバーには、目立たないようにするなんていう贅沢は許されないな」

次いで話題は、レッド・スウッシュの資金繰りにいかに苦労したかといった、カラニックの起業家としての過去の話に移った。ときにいかがわしいエリアを含みつつも、つねに賑わっているマーケット通りを進むあいだ、カラニックはかつてレッド・スウッシュのオフィスがあった場所や、数人だけのエンジニアチームでよく集ったダイナーを教えてくれた。サイレンの音もけたたましく、一台の消防車が傍らを駆け抜けていく。

エンバーカデロという、海岸沿いにカーブしながらベイブリッジとゴールデンゲートブリッジを結ぶ通りにたどり着くころには、辺りは夕闇に包まれていた。カラニックの思い出話はウーバー創成期にさしかかり、当時はおかしなほど少額の資金しか調達できなかったという話が語られていた。私は、散歩中にウーバーのCEOだと気づかれるのではと聞いてみた。外にいて話をしていれば、まず気づかれないだろうとカラニックは言った。カラニックは、自身がウーバーの資金調達に乗りだして以降の経緯を——様々なラウンドを経て、ついには非上場企業としては異例の七〇〇億ドル近い評価額を獲得するようになるまでの物語を——詳細に語った。

世界各地から盛夏のサンフランシスコに集まった観光客の群れをよけながら、フィッシャーマンズワーフの外れまで歩いた私たちは、カラニックお気に入りの南カリフォルニア発祥のこってり系ファーストフードチェーン、《イン・アンド・アウト・バーガー》に立ち寄った。話は自動運転車に及び、詳しいことはまだ言えないがもうすぐ大きな動きがあるとカラニックが漏らした。カラニックはさらに、いまではこの《イン・アンド・アウト》も含めた六マイルの散歩が夏の夜の日課になっており、いつもは別の友人と来るのだが、その人物の名は明かせないと言った。のちにわかったことだが、その散歩のパートナーというのが、グーグルで自動運転車開発に携わっていた元エンジニアで、自動運転トラックの開発企業オットーを創業した、アンソニー・レバンドウスキーである。カラニックと私が散歩したこの晩のわずか数週間後に、ウーバーはオットーを買収することになる。カラニックは、この散歩相手（レバンドウスキー）から、自動運転車に関する技術や事業計画のビジョンを教えてもらっていると告げた。

起業家時代の話をたっぷり聞かされた私は、今度は世間に認知された大企業である現在のウーバーを、カラニックがどう思っているのか知りたくなった。カラニックの答えからは、ウーバーを大企業と考えるのを躊躇する彼の本音が透けて見えた。いまではもう社員全員を知っているわけではないが、いまだに幹部候補の人材を雇う際には、ウーバーが零細企業だったころと同じように、カラニック自ら何時間もかけて面接をしているという。この相手と一緒に仕事をするのがどんな感じか、雇う前にシミュレーションするのが好きなんだ、とカラニックは言った。

「こういうやり方は、大企業って感じじゃないだろ」

カラニックはここでも、お気に入りの言い回しを持ちだした。自分は、山積する問題を解決するために日々を送っているというのである。明らかに自分自身を、最高経営責任者としてだけではなく、最高問題解決者としてとらえているのだ。

とはいえ、企業の規模が大きいということは疑いようもなく脅威だ。大企業を経営するというステージに初めて達した起業家であれば、なおさらである。

「つねに自分の会社を実際より小さいものと考えたほうがいいと思う」とカラニックは言った。「なるべく組織をコンパクトに感じられるようなメカニズムや価値観を作り上げたほうがいい。でないと、何度もイノベーションを起こしたり、すばやく行動しつづけるのは無理だからね。でも規模が大きい会社だと、そのやり方も変わってくる。超零細企業なら、一部の幹部がノウハウを知ってる状態のほうが、フットワークが軽くなるだろ。でも超大企業でそんなことをしたら混乱が起きるだけだし、かえって動きがのろくなる。だから、つねに秩序と混乱のバランスをうまく取るよう、さじ加減を工夫しないといけないんだ」

どの企業も成熟するに従い、仕事以外に何も持たない若い独身社員だけで構成されていた状態から様変わりする必要に駆られるが、その変化をどう起こすかについてはすでに考えているかと私は尋ねた。カラニックはこう答えた。

「『限界点(レッドライン)』って呼んでるものがあってさ。車のスピードはどんどん上げられるだろ。でもこれ以上エンジンが回転できないっていう、最大回転数(レッドライン)が存在してる。それと同じように、だれにでもその人のレッドラインがあるんだ。レッドラインぎりぎりまで回転数を上げて、エンジンの性能を見てみたくなったとする。思ってたよりも余力があったことがわかるかもしれないし、逆に思ってたよりガタがきてたことがわかるかもしれない。でもレッドラインを超えてしまったら、どのみちそう長持ちはしないんだ。しかもそのレッドラインは、人によってまちまちなんだよね」

カラニックは、すでに社内で「ウーバーベイビー」が大勢生まれているし、時間の制約がない独身者よりも、子持ちの従業員のほうが効率的に働く傾向があると指摘した。とはいえ、従業員に仕事と生活の調和(ワーク・ライフ・バランス)を望むカラニックの寛大さには限度がある。

「そりゃやっぱり、生産性が高い社員のほうが早く出世するよ。そういうもんさ。それはどうやったって変えられないね」

＊　＊　＊

すでに散歩は三時間以上に及んでいた。夜の帳(とばり)が下り、夜気が肌に冷たい。私は不意に、ちょうどいまごろクリーブランドの共和党全国大会では、ドナルド・トランプが大統領候補の指名を受諾しているはずだということを思いだした。カラニックと私がウーバーの過去と現在と未来について語り合っているあいだ、トランプは全国の視聴者に「システムの欠陥を直せるのは私だけだ」と語りかけていた。今夜は国中のアメリカ人がテレビに釘付けになっていることだろう。だが私たちの会話では、政治は一度も話題に上らなかった。

一九二〇年に市内初の飛行場が建設されたサンフランシスコ湾沿いの芝生の広場、マリーナグリーンの近くまで来たとき、会話の内容がにわかに個人的な色合いを帯びてきた。カラニックとウーバーが世間からどう見られているかという話になったのである。

本書の執筆に関する初期のミーティングで、カラニックが質問されてもいないのに、二年前に私に送ったメールについて話しだしたことがあった。自分の許可を得ずに執筆を進めるなら、本が売れないように対抗処置を取るぞとカラニックが脅してきた、例のメールである。そしていままた、私たちの会話は図らずも思いがけない方向に転じ、ウーバーがいかにメディアの寵児からメディアの嫌われ者になったかという話になった。メディアが掌返しをしたのには、積極的に共犯めいた働きをしたカラニックの責任が否めない。あえて嫌われ者を演じることで、自ら火に油を注いできたのである。カラニックはこれを、「尊大さが顔を出して挑発するようなことを言ってしまう、ちょっとした瞬間」と称した。私への脅迫メールしかり、タクシー運転手に言及した直後に「クソ野郎」と言ってしまった失言しかりである。あなたは他人にどう思われるかを気にしないのかと私は聞いた。

「気にするさ。ウーバーのためにもならないし、おれのためにもならないし、聴衆のためにもならない。だれにとってもよくないことだ」

カラニックの態度からは、隠しようのない苛立ちや、弁解したいという欲求が見てとれた。自分が往々にして不和を引き起こすのは、「徹底的に真実を追求するから」だとカラニックは言う。他人への配慮を抜きにして思ったことを率直に口に出すと、ひどい人間だと非難されるのだという。非難されているのはカラニックだけではない。スティーブ・ジョブズ、ジェフ・ベゾス、カラニックの同世代で言えばイーロン・マスクなども、そうした傾向があるとくり返し指摘されている。「創業者兼ＣＥＯが成功するにはクソ野郎でなきゃだめだっていうネタ（ミーム）」が広まっていると話したことから、カラニックにもそれなりの自覚はあるのだろう。カラニックはこの意見をくだらないとはねつけたが、明らかに気になって仕方がないらしい。

「みんな、やたらと知りたがるんだよ」

一般論のミームから自分自身に話を引き寄せて、カラニックは言った。

「カラニックはクソ野郎なのか、ってことをさ。ずっとおれに張りついてインタビューなんかしてるから、きっと大勢に聞かれると思うよ。カラニックはクソ野郎だった？　ってね」

いかにもエンジニアらしく、カラニックはその問いには疑問の余地のない科学的な答えがあると信じたがった。あなたのことに限らず、だれかがクソ野郎かどうかという問いへの答えはあくまで個人の意見であって、事実とはなりえないのではないかと私は言った。カラニックは異議を唱えた。

「それが本当かどうかを理解したい。一部の人はおれの言動がきっかけになって、おれがやってもいないことを勝手に連想してるんじゃないか？　それとも、おれは本当にクソ野郎なのか？　ぜひ知りたいね」

カラニックはさらに言葉を続けた。「おれはクソ野郎なんかじゃないと思うよ。そうじゃないっていう確信がある」

クソ野郎かそうでないかはともかく、あなたは他人がどう思うかを気にしないのでは？

「これだけは言わせてくれ。真実を追求する人間は、何がなんでも真実だけを突きつめたいんだ。目の前にあるものが虚偽だと感じると、真実を追求せずにいられなくなるんだよ。そういうふうに作られてるんだ」

どれほど真実を切望しようと、カラニックもこれだけは聞きたくなかろうと思われる真実がやがて明るみになる。この散歩の数週間後に、ニューヨーク誌がブラッドリー・タスクへのインタビュー記事を掲載した。タスクは規制当局に対するウーバーの多角的な反撃を指揮した、政治コンサルタントである。それなりの理由があるときには「多少は批判を浴びる覚悟」で事に臨むと話すなかで、タスクはカラニックを引き合いに出した。

「大事を成すには、大勢を敵に回すのもやむを得ないということを、トラビスはわかっていますよ」

カラニックがクソ野郎だと思うかとニューヨーク誌の記者は尋ね、それを聞いたタスクの反応をこう描写している。

「タスクはためらった。『これ、オフレコかな？』そうではないと答えると、タスクは言った。『いや、トラビスはクソ野郎なんかじゃないですよ』」

だがもちろん、二〇一七年初頭にカラニックがウーバードライバーに捨て台詞を吐いたビデオが出回ると、その問いへの答えは永久に定まってしまった。カラニック自身、その一件後に自分は「大人になる」必要があると公式に認めたほどである。だがそう言ったとき、カラニックはすでに四十代だった。単なる子どもっぽさだけでは、カラニックの行動は説明できない。

長い散歩ですでに疲れて体も冷えていたカラニックは、さらに三十分歩いてゴールデンゲートブリッジまで行くか、それとも車を呼んでウーバー本社に戻るか、どちらにすると聞いた。私もすでに疲れて寒くなっていたが、あなたに任せると答えた。カラニックは言った。

「車を呼ぼう」

＊　＊　＊

カラニックはスマートフォンを取りだし、ウーバー車を呼んだ。乗って数分も経つと、私たちの会話から、ドライバーは配車リクエストをした「トラビス」が（ウーバードライバーには乗客のファーストネームだけが知らされる）ウーバーCEOだということに気づいた。

ドライバー「トラビスさん？」
カラニック「そうだよ。元気かい？」
ドライバー「会うの初めてですよね」
カラニック「初めてだよ」
ドライバー「元気ですか？」
カラニック「ああ、元気だよ」
ドライバー「すごい、信じられないな」
カラニック「なんでわかった？　乗ってしばらくは静かだったよな」
ドライバー「バックミラーをちょっと見たんですよ。そしたら、なんか見たことあるなと思って。やっべえ、CEO乗せちゃったよ」
カラニック「会えてうれしいよ」

ドライバー「こっちこそうれしいです」
カラニック「ウーバーやりはじめて、どれくらい？」
ドライバー「一年と、えっと二か月ですね」
カラニック「前は何やってたの？」
ドライバー「前から副業ではやってたんですよ。サンフランシスコ在住なんで、金が要りますから」
カラニック「生活費高いよな」
ドライバー「でも本業をクビになっちゃって、いまではドライバーをフルでやってます」

こうして、ウーバー車やタクシーで運転手と乗客がよく交わすような、何気ないおしゃべりが始まった。だがその後、会話は意外な方向に転じていく。ドライバーが最近解雇された会社というのはＡＴ＆Ｔで、彼はそこのサポートセンターで、テクニカルサポートとして十六年勤務したのだという。カラニックは、ウーバードライバーとして時間の融通がきくようになって「ワクワクしてる（パンプト）」のではないかと聞いた。ドライバーは、好きな時間に働けるのはいいが、運賃はもう少し高いほうがうれしいと言った。きみのような人が「もうちょい報酬を上乗せできる」方法をウーバーはいろいろ用意しているとカラニックが言うと、潮目が変わった。

「でもねえ、ウーバーのテックサポートって、ほんとダメなんですよ」とドライバーが言ったのだ。

「たしかにな。直そうと努力してるところだよ」とカラニックは言い、あと数か月で改善するからもう少し待ってくれと頼んだ。

だが、どこにも逃げられない状態にある聞き手の素性がわかったいま、ドライバーにはまだ言いたいことがあった。まだまだ山ほどあったのである。自身もテクニカルサポートだったドライバーは、ウーバーのサポートセンターは海外にあるのかと聞いた。

「一部はね」とカラニックは答えた。「でもそれが問題じゃないんだ。というか、問題の一部ではあるよ。でも一番言いたいのは、申し訳ないと思ってるし、もう少ししたらよくなるはずだってことなんだ」

ドライバーはさらに、報奨金（インセンティブ）が保証される時間帯を知らせてくれるはずのメールやテキストメッセージが、一向に届かないと苦情を言った。ウーバーで生計を立てようとしているドライバーにとっては、時間保証のインセンティブを得られるかどうかは死活問題なのである。カラニックは、いまこの車中でその件に関するメールを送っておくと請け合い、ドライバーは大喜びした。

「よかった。ぼくがメール出しても、ウーバーのサポートは英語がわかんないんですよ。こっちが何を言ってるのか、ちんぷんかんぷんらしいんです。全部合わせたら本になるんじゃないかってくらい、大量のメールを書くはめになりましたよ」

次に彼は、ドライバーたちがいかにしてウーバーのルールを悪用しているかをCEOに告げた。たとえば大半のドライバーは、遠方の郊外など行きたくない目的地を避けるため、乗客の選別を行っているという。二人のあいだで不毛なやりとりが始まった。カラニックは、サンフランシスコ市外に行くときは割増料金(サージ・プライシング)になるからドライバーは稼げるはずだと主張し、ドライバーは、いや、わざわざ遠出をする手間をカバーするほどの報酬は得られないと言い張った。

午後十一時少し前に車を降りるころには、カラニックは必ず何とかするとドライバーに約束していた（午後十一時七分、私はカラニックからの転送メールを受信した。もとのメールはシカゴの「シニア・コミュニティ・オペレーションズ・マネージャー」からの社内メールで、カラニックが車中で送ったメールに応え、当のドライバーの問題を調査すると確約する内容だった。数か月後、私はカラニックに、あのとき車中ですばやい対応をしてみせたのは私が横にいたからかと聞いてみた。「ドライバーからフィードバックをもらって、車内ですぐメールやテキストを打つなんて、日常茶飯事だよ」とカラニックは答えた。「ウーバーのプロダクトマネージャーどもはみんな、『あー、マジかよ、またトラビスからだ』って思ってるさ」これはすべて、カラニックが別のドライバーと喧嘩別れしたビデオが暴露される前の話である）。

降りたところは、数時間前に出てきたのと同じ通用口の前だった。車の停車時間は短かった。私たちがドアを開けるのと同時に、ドライバーのもとには早くも近場での配車リクエストが入ったのである。次の乗客を拾おうと、車はスピードを上げて走り去っていった。

＊　＊　＊

二〇一六年も終わろうとするころには、ごく一部ではあるが、ウーバーの先行きが見えはじめた。底なしの巨額の損失の元を断つという意味では、中国からの撤退は大きな前進と言えた。それに加え、ウーバーの財政状況が少しずつメディアに流出するようになったが、そこから見えてきたのは混沌とした不完全な実態だった。二〇一六年第3四半期にウーバーは八億ドルの損失を出したが、年間の純売上高は六〇億ドルに達する勢いを見せた。観測筋やウーバーに出資した投資家は、こうした数字やウーバーの収益性の見込みをどう分析すべきかわからず、困惑した。ドライバーへの補助金や報奨金、サインアップした乗客へのボーナス、研究開発投資額などがあるために、ウーバーの事業が最終的にどのような形になりうるのかが見えづらかったのである。

さらに、今後も競合他社がウーバーの頭痛の種でありつづけるのは間違いなさそうだった。GMの出資金で潤ったリフトは、毎月五〇〇〇万ドルもの損失を計上しつづけた。

二〇一七年初頭、リフトはさらにアメリカ国内一〇〇都市にサービスを拡大すると発表した。さらには、ドライバーから徴収する手数料の少なさが売りのライドシェア企業ジュノが、ニューヨーク以外でも事業を展開しようと機を窺っていた。

業界トップクラスの人材を引き抜くのは、カラニックの得意技だ。問題は、引き抜いた人材がなかなか居つかないことにあった。二〇一六年秋、カラニックはライドシェアリング部門の初代社長として、ディスカウント百貨店チェーン、ターゲット（Target）のマーケティング責任者であったジェフ・ジョーンズを雇い入れた。今回もまた新参者に道を譲るため、ライアン・グレイブスが運用部門トップの座を退くことを余儀なくされた。そうして迎え入れたジョーンズだったが、わずか六か月後にはウーバーを去ることになる。カラニックはまた、ウーバーの取締役会に著名人を加入させた。ハフポスト創設者で作家のアリアナ・ハフィントンを、取締役に採用したのである。ハフィントンの加入によって、自身の起業家として、また経営者としての「心の知能指数（EQ）」が高まったと、カラニックはその後何度も発言するようになる。

その後、二〇一七年初頭に、ウーバーはグーグルの検索部門トップであったアミット・シンガルを、エンジニア部門のシニアバイスプレジデントに採用した。カラニックはこの人事の重要性を得々と語っていた。にもかかわらず、シンガルはわずか数週間で辞任してしまう。グーグル退職時にシンガルはセクハラ行為を申し立てられている最中だったが、ウーバーにはその事実を秘匿していたのである（シンガルはセクハラ行為については否認している）。

シンガルが職を辞した数日後、今度は成長担当（グロース）のエド・ベイカーが理由も告げずに辞任した。さらにその後、最高執行責任者（ＣＯＯ）を探しているとカラニックが表明したのを受けて、ジェフ・ジョーンズが辞任した。新たにＣＯＯが就任すれば、ジョーンズのウーバーでの立場に疑問符がつくのは必至だった。

大企業に成長したにもかかわらず、ビジネスの手法をころころ変えるという点では、ウーバーはスタートアップめいた行動を取りつづけた。二〇一六年初頭、ウーバーでは今後も決して乗客にチップを求めないとウーバー経営陣が明言したと、ニューヨーク・タイムズ紙が報じた。だがわずか数か月後にはウーバーは前言を翻し、チップを求める表示をドライバーが掲げるのを許した。ウーバーはまた、どれほど乗客の怒りを買おうと、特需型値上げ方式（サージ・プライシング）を撤廃することは決してないと断言した。しかし二〇一六年半ばには、ウーバーは乗車料金のみを前もって乗客に知らせるシステムの構築を開始した。これにより、動的価格設定（ダイナミック・プライシング）自体は維持されるものの、料金が通常の何倍になるかというサージ乗数が、乗客のアプリにわざわざ表示されることはなくなった。

ウーバーは、大きな夢を抱くことも忘れていない。二〇一六年十月下旬、製品部門責任者のジェフ・ホールデンが公開した九九ページの文書は、なんと空飛ぶタクシーの研究に関する報告書だった。ホールデンはこのプロジェクトを「ウーバー・エレベイト」と名づけた。文書はこう始まっている。

「サンフランシスコのマリーナ地区からサンノゼ中心部の職場までの通勤を思い浮かべてください。車だと通常二時間弱はかかってしまう通勤時間が、たった十五分ですむのです」

文書には、垂直に離着陸する空飛ぶタクシーのネットワークをウーバーが構築し、必要なインフラもウーバーが建設するというビジョンが描かれている。ハロウィン前のエイプリルフール・ネタのように思われるかもしれないが、文書では「市場実現を妨げる障害」が仔細に検討され、寄稿者および論評者として、アメリカ航空宇宙局（NASA）、ジョージア工科大学、マサチューセッツ工科大学の科学者を含む一七人の名が挙げられている。その一人であるマーク・ムーアは、NASAに三十年勤務したのち、二〇一七年初頭にフルタイムの航空エンジニアリング担当ディレクターとしてウーバーに加わった、ベテランエンジニアだ。

ウーバーにどのような短所があろうとも、「限界はない（スカイ・イズ・ザ・リミット）」を地で行き、空（スカイ）まで制覇できると考えていることは、まず間違いないだろう。

＊　＊　＊

二〇一六年夏、私はカラニックやウーバーの最高幹部数人とともにプライベートジェット機に乗り、中国の首都北京から上海近郊の沿岸都市、杭州に飛んだ（アリババの本社がある杭州は、中国のインターネット事業の重要な拠点となっている）。カラニックが中国事業の幹部マネージャーたちと会い、アリババのカリスマCEO、馬雲（ジャック・マー）主催のカンファレンスに出席する予定だったためである。カラニックが最もリラックスしていたのは、この移動時間のあいだだった。離陸前にまだ格納庫にいるとき、カラニックはぽつりと、ウーバーがプライベートジェット機をチャーターすることはめったにないと言った（本来はカラニックが韓国の法廷に出頭するために用意した機体だったが、結局韓国行きは取りやめとなった）。

プライベートジェット機がきっかけとなって、話は投資銀行アレン・アンド・カンパニー（Allen & Co.）主催でアイダホ州サンバレーで毎年開かれている、メディア・カンファレンスに移った。メディア界の大物たちが嬉々としてプライベートジェット機で乗りつけるので有名なカンファレンスである。一度だけ招待されたが、それきり招待がないと言ってカラニックが腹を立てているのを見て、私は驚いた。世界経済フォーラムの会議で共同議長を務め、中国の首相にまで会えたというのに、アレン・アンド・カンパニーの招待リストに漏れたことにカラニックがこだわるのが意外だったのである。カラニックは、アレン・アンド・カンパニーのカンファレンス出席者がウーバー車の配車をリクエストしたら、こういうウェルカム・メッセージがアプリに出るプログラムを作りたいとジョークを言った。

「ウーバーですてきな体験をされることを願っています。——どうかアレン・アンド・カンパニーの人に、ぼくを招待するように伝えてください」

事実だけを重んじる実用主義者だと公言するわりには、カラニックは気ままなアイディアをもてあそぶのが何より好きだ。アイディアは奇想天外であればあるほどいい。カラニックはウーバーきっての交渉役で資金調達担当のエミル・マイケルに、投資銀行の幹事なしにウーバーを上場することは可能かと尋ねた。法務博士の学位があるマイケルは、それよりも逆さ合併を行うほうがいいとアドバイスした。逆さ合併とは、非上場企業が規模の劣る上場企業を合併することで上場を果たす、変化球的な手法を指す。カラニックは、投資銀行を利用しない代わりに、上場による資金調達額の三パーセント（幹事証券会社が受けとる引受手数料）をチャリティに寄付するのはどうだろうと言った。チャリティではなくウーバードライバーに配ったらいいのではと私が提案すると、カラニックはぱっと顔を輝かせた。おれはウーバーの株式をドライバーに配りたいんだよとカラニックは言ったが（新興ライドシェア企業のジュノはすでにやり始めている）、証券取引法の関連で難しいと会社に言われ、諦めたのだという。

プライベートジェット機が離陸すると、カラニックはしばし物思いに沈んだ。そして、カンボジアのクメール・ルージュに関する報道集を読んで以来、調査報道ジャーナリストになるのが長年の夢だったと私に明かした。調査報道ジャーナリストという「憧れの職業」は、カラニックの持つ正義感に訴えかけるものがあるのだという。調査報道プロジェクトのアイディアもある、とカラニックは言った。カラニックと私とでインドのムンバイに赴き、六か月間スラムに暮らして、服装も変えて、現地人に溶けこむんだ」

家族がいるので難しいと私が言うと、「じゃあ娘さんが大きくなったら行こう」とカラニックは言った。

カラニックと長く付き合ってきた私には、いまではこれが彼の気まぐれであると同時に、ひたむきさの片鱗でもあることがわかっている。カラニックは求道者であり、夢追い人だ。大量虐殺を行ったクメール・ルージュ政権下のカンボジア人の苦境や、ムンバイのスラム居住者の苦しみに心動かされる一方で、地元のサンフランシスコのホームレスには何もしないのがカラニックである。わくわくするような、だが困惑もさせられる着想を思いついては、自らの大胆不敵な空想力についてこられるかと周囲を挑発するのを好む。企業に委託されたジャーナリストが掲載権を先方に委ねたまま提灯記事を書くという、新しいメディアの構想をカラニックに聞かされたときのことが頭をよぎった。あの晩、カラニックと私は激しい議論を戦わせた。そんな着想が実を結ぶわけがない理由を私は山ほど数え立てたのだが、カラニックはこれはれっきとしたビジネスモデルだと言い張って譲らなかった。結局、議論の甲斐なくどちらも自説を曲げず、相手を心変わりさせることもできなかったのだった。

＊＊＊

五年前にはだれもがアップルについて一家言あったように、いまではだれもがウーバーについて一家言を持っている。本書の原稿を仕上げているとき、あるパーティで友人が私を強引に部屋の隅に連れていき、最近ウーバーに乗ったときの話を聞かせてくれたことがあった。彼の自宅はサンフランシスコ北部のマリン郡郊外にある。ウーバードライバーにとっては、あまり行きたくない場所だ。報酬が高くなるとはいえ、サンフランシスコ中心部から三〇マイル以上も離れているからである。友人が自宅のある町の名を目的地に設定すると、決まってどのドライバーも乗車拒否をするという。ドライバーがウーバーと交わしている契約に違反する行為だ。問題は、ドライバーにしてみれば、サンフランシスコへの帰途はほぼ確実に客を乗せられないことにある。しかもウーバーの報奨金(インセンティブ)は、距離ではなく乗車回数によって増加する。遠いマリン郡北部に行っても乗車回数は一回としかカウントされず、小一時間はつぶれてしまうのだ。

友人が最近経験したという話を紹介しよう。東海岸を発ってサンフランシスコ国際空港に着いたのは、夜も遅くなってからだった。何度か乗車拒否にあったのち、ようやくリクエストを受けてくれたウーバードライバーは「頭のおかしいロシア人」で、冗談半分にやたらと議論をふっかけてくるうえ、猛スピードで車列を縫って追い抜きばかりしようとする。友人は勇を鼓して、自宅に早く着くより無事に子どもたちの顔が見たいと言ってみたが、ドライバーは友人の訴えを無視しつづけた。とうとう友人は、ゴールデンゲートブリッジを渡ってまもなく車から降ろしてもらった。自宅はまだ数十マイルも先である。ドライバーの行為に関してウーバーに苦情を入れたところ、二時間後には謝罪のメールが来たのは嬉しい驚きだった。だがいま、困った状況に置かれていることに変わりはない。どこともはっきりとはわからない場所に、道端に置き去りにされている。すでに真夜中だ。一刻も早く家に帰りたい。では、友人はどうしたか？　ウーバーに配車リクエストを入れたのである。

「つまり、ウーバーはそこまで時代精神（ツァイトガイスト）に合致してるってことなんだよ。ぼくはウーバーに心底腹を立てていたが、同時に完全にウーバーに頼りきってる状態でもあった。ろくに姿も見えない暗闇で見ず知らずの車をヒッチハイクするか、それが無理なら、唯一の妥当な代替案はウーバーを呼ぶことしかなかったんだ」

＊＊＊

ウーバーをどのようにとらえるかは、車内のどの席に座っているかによって変わることが多い。二〇一六年二月、ニューヨークのドライバー（その多くは、ウーバードライバーのコア層をなす、マンハッタン以外の行政区（アウターボロー）に住む多民族の移民である）がウーバーから受ける不当な待遇への抗議活動を行った際には、カラニックがいかに無神経であったかをニューヨーク・タイムズ紙が辛辣に描写している。

「ドライバーにまつわる問題への対処法に関しては、ウーバーは以前から手際の悪さを露呈してきた。間の悪いことに、ワイアード誌がウーバーの新しいロゴに関する三〇〇〇語に及ぶ長大な記事を掲載したのは、同社のニューヨーク・オフィスの外でドライバーがストライキを決行した翌日であった。テック業界にありがちな周囲を顧みない自己陶酔的な思考が、図らずもあらわになった瞬間と言えるだろう。インターネット上で何百人もの移民がウーバーを非難しているさなかに、ワイアード誌はカラニック氏がいかにこの二年間新しいロゴの作成に熱中し、オーガニックな配色（カラースキーム）やフォントの文字詰め（カーニング）に没頭してきたかを報じている」

実際、カラニックを始めとする起業家たちが没頭するのは、まさにこうした浮世離れした事柄なのである。カラニックは成功者という店のショーウインドウに鼻を押しつけ、どうにかして中に入りたいと熱望しながら、二十代の大半と三十代の前半を過ごしてきた。だが彼が入りたいと願ったその場所は、非現実的な世界である。クイーンズに住むウズベキスタン人タクシー運転手の平凡な日常からは、最もかけ離れた世界と言わねばならない。

カラニック本人は顔色を変えて影響などされていないと否定していたが、同じようにロゴの「カーニング」にこだわったのが、アップルのスティーブ・ジョブズだ。ジョブズの場合、そのこだわりは人々の称賛の的となった。カラニックはジョブズに会ったことはないが、シリコンバレーの人間ならだれでも、フォントや書体や美しく隆起した文字のエッジなどが完璧の域に達するまでは、ジョブズは決してゴーサインを出さなかったという伝説のエピソードを知っている。ジョブズは消費者に認知的不協和（矛盾する二つの認知を抱えて不安に駆られること）を起こさせる名人だったが、アップル製品の（本来は改善可能な）欠陥にも、アップル製品を作る下請け業者の劣悪な労働環境にも目をつぶるよう、うまく顧客を説き伏せてきた。同様に、アマゾンのジェフ・ベゾスはほぼすべての関係者（仕入先、従業員、配送業者、出品者）の機嫌を損ねてきたにもかかわらず、顧客に最安値で商品を届けることによって、そうした瑕疵を現状黙認されている。

　だがこれまでのところ、カラニックはジョブズが得意だった「現実歪曲フィールド」式のカリスマ性までは、さすがに生みだせていない。また、自身の冷酷無情な発言や、苦境にある者への共感力が欠落しているように見える点を、乗客やドライバーの大半に大目に見てもらうことにも成功していない。カラニックとて、自身やウーバーの悪評に心乱され、どうにかしようと試みてはいる。乗客を喜ばせるために大量の資金を投入したり、基礎から倒壊しているカスタマーサポートやドライバーサポートを立て直そうとしたり、高給を払って雇ったイメージコンサルタントの忠告に従い、挑発的な発言を控えようと努力したりしているのである。

とはいえ、外部からは批判され、内部では猛省を促されているにもかかわらず、大企業(ジャガノート)ウーバーの勢いも、ウーバーをめぐるかまびすしいニュースの数々も、いまだにとどまるところを知らない。ウーバーはこれまでに幾度となく世間から指弾を受けてきた。そのつどウーバーは信用できないという評判が広まり、同社はほとんどの悪評を覆せずにいる。

その一例が、二〇一七年にドナルド・トランプ政権が始まった直後、ニューヨークのタクシー運転手がジョン・F・ケネディ国際空港で行った、一時間の集団ストライキに端を発する騒動だ。政権発足早々にホワイトハウスが出した入国禁止令によって空港で大勢の移民が拘束されたことに対し、各タクシー会社の運転手が一致団結して抗議行動を行ったのである。このとき、ウーバーはツイッターで、JFK空港からの送迎に割増料金(サージ・プライシング)は当分適用しないと発表した。入国禁止令への抗議行動で空港周辺に発生した渋滞の混乱を少しでも和らげようと、親切心で表明したことだった。だがウーバーに批判的な人々はこれをスト破りとみなし、「#ウーバーアプリを削除しよう(#DeleteUber)」というハッシュタグがソーシャルメディアを通じて広まっていった。

当初はソーシャルメディア上のよくある炎上騒ぎかと思われたが、事は次第に事業に深刻な影響を及ぼす大失態の様相を呈していく。ただでさえウーバーによって苦杯をなめさせられてきた移民のタクシー運転手たちに、同情的とは言えない態度を示したことで、ウーバーは一斉に非難を浴びた。だがドライバーや乗客やウーバー社員の批判の矛先は、やがてカラニックへと向けられる。結局のところ、他の一七人の企業重役とともに、カラニックがトランプ大統領の経済諮問委員会への参加を承諾したのは、紛れもない事実なのだ。

とはいえ、ウーバーのニューヨーク・オフィスがＪＦＫ空港に関する致命的なツイートを行う前に、カラニックはすでにフェイスブックに、来る大統領との面会では入国禁止令への反対を表明するつもりだと投稿していた。だがその後、事態は収拾のつかないほど悪化していく。反ウーバーの嵐が、一夜にしてソーシャルメディアを席巻したのだ。

翌二〇一七年一月二十九日、リフトがアメリカ自由人権協会に今後四年間で一〇〇万ドルを寄付すると発表したことで、騒動はさらに広がりを見せる。その日後刻、ウーバーは入国禁止令の影響を被った移民ドライバーへの弁護費用として、三〇〇万ドルの基金を創設すると約束した。明らかにリフトの行動を受けての反応だろう。だが、すでに時遅しだった。二〇万人以上のユーザーがアカウントを削除したのに加え、その週の全社会議で、ウーバーの社員たちが直接カラニックに、ＣＥＯが大統領と関わりを持つことに社員はみな心を痛めていると告げたのである。頑固さで知られるカラニックもこれには白旗をあげ、二月二日にトランプ大統領の経済諮問委員を辞任した。数か月前、滴滴（ディディ）に潔く降参し中国から撤退したのに続き、カラニックが驚くほど実用主義的な決断を下すのはこれが二度目だった。

実用主義的かどうか、また評判が本当かどうかはともかく、ウーバーとカラニックはしつこく悪評につきまとわれ、悪評がもたらす結果に悩まされつづけた。起きてしまった結果は結果として、失態の影響がどの程度尾を引くかは予測しがたい。カラニックの本当の姿も謎のままだ。ウーバー社内でのカラニックの評価は、世間での評判とはまったく異なる。ただのインターンが口にした意見（フィードバック）でもきちんと取り入れてくれるカラニックを、社員は一様に称賛する。カラニックがトランプの諮問委員会から身を引いたのは、事業への悪影響を心配したからではなく自分たちの心痛に同情したからだと、多くの社員が信じているほどだ。
だがその後も、次々と新たな打撃がウーバーを襲う。「#DeleteUber（デリート・ウーバー）」の騒動がようやく収まりかけた矢先、セクシャルハラスメントの苦情を無視されたという女性エンジニアの訴えが再びソーシャルメディアを賑わせ、ウーバーはバッシングの嵐にさらされることとなった。

　絶えず物議を醸し、メディアの集中砲火を受けてきたにもかかわらず、ウーバーはそれ以前のどの企業とも異なる存在だ。ウーバーは創業数年にして、世界中の消費者の行動様式を一変させた。圧倒的な数の消費者とドライバーを興奮させ、嫌悪させ、現在ではそこそこ満足させている。広く普及したテクノロジーを巧みに利用し、無数の新興企業に同様の事業への道をひらいた。だが同時に、その前途は多難でもある。称賛はされるが、愛されることは少ない。市場支配力（マーケットパワー）は持つが、事業がつまずくたびに喜ぶ敵には事欠かない。ウーバーが未来に向けて大胆な投資を行うのは、いったんアイディアや資金で勝る競合他社が現れてしまえば、潤沢なベンチャーキャピタル資金や最大の市場シェアといった強みが意味をなさなくなる危険性を、十分理解しているからである。

取材も終わりに近づくころにカラニックと交わした会話の中で、私はアメリカ合衆国初代財務長官アレグザンダー・ハミルトンの話題を持ちだした。リン＝マニュエル・ミランダのミュージカル『ハミルトン』がブロードウェイで大ヒットを飛ばすずっと前から、カラニックがハミルトンを敬愛していたと聞いた覚えがあったため、その記憶を確かめたかったからでもある。ロン・チャーナウの評伝を初めて読んだとき、なぜそれほどハミルトンに感服したのかと私は尋ねた。

「ハミルトンには称賛すべき点がたくさんあるよ」とカラニックは答えた。「あの時代の起業家とも言える人物さ。でもハミルトンは会社を興す代わりに、国を興したんだ。アメリカ建国の中心にいた。彼がいなかったら、アメリカはずいぶん違う国になってたと思うよ。哲学者でもあったけど、行動の人でもあった。たくさんのすばらしい素質に恵まれていた。ハミルトンがどんな未来を思い描いていたかっていうことを、よく考えるんだ。多くの点で、アメリカはハミルトンの夢を実現したよね。アメリカが優れた国になれたのは、ハミルトンのビジョンのおかげだと思うよ」

ハミルトンはあえて沈黙を守るということができず、敵の多い人物だった。ひょっとしてあなたは、世間から容赦なく酷評されたハミルトンに自分を重ね合わせているのでは？

「そうだな……。ハミルトンの人生は逆境続きだったよね。ウーバーも、いまこういう状況になってる。うちの会社ではよく、『正しいことを知り、そのために戦え。ただし嫌なやつにはなるな』って言うんだ。ハミルトンは、自分が正しいと思ったことをしただけさ。正しいことをすると――ほかの人と全然違うことをすると、決まって一定の反対派が出てくる。そこはもう、慣れるしかないよ」

哲学者であり、行動の人であるトラビス・カラニック、嫌なやつだが自らはそう思っていないトラビス・カラニックが、反対派に慣れることは決してないだろう。結局のところ、逆境はすでに彼の人生の一部なのだ。

謝辞

最初の著書の編集者であり、友人であり、だれにもましてよき助言者であるジョン・ブロディが、本書のアイディアを私に授けてくれた。欠けていたのは、ラッピングとリボンくらいだ。著作権エージェントのエズモンド・ハームズワースは、わが岩、わが庇護者、すがって泣くわが肩である。

ジャーナリズムの質がいまだ重要視されているフォーチュン誌において、今も昔も友人と同僚は家族に等しい。フォーチュン誌における最愛の兄弟姉妹たちは、クリフトン・リーフ、ステファニー・メータ、ブライアン・オキーフ、ジェニファー・レインゴールド、ニック・バーチャバーだが、同僚全員の熱心な仕事ぶりを私は高く評価し、称賛している。比類なきリサーチャー、ドリス・バークは、今回もまた必要なときにそばにいてくれた。ライアン・デルソーは、ピンチのときの報道を支えてくれた。直属の上司二人、アンディ・サーワーとアラン・マレーは、私の幾多の冒険に励ましを与え、断続的な欠勤を許してくれた。

発行元であるタイム・インコーポレイテッドのその他の巨人たち、ジョン・ヒューイ、リック・カークランド、ノーマン・パールスタイン、ウォルター・アイザックソンが私設顧問団のメンバーとなってくれたことにも、感謝申し上げる。私は幸運な男だ。

本の背にだれの名が書かれていようと、本作りはチーム作業である。ペンギン・ポートフォリオのチームメイトたち、ナタリー・ホーバチェフスキー、ステファニー・フレリック、メリー・サンは、出版界のトップアスリートだ。彼らの同僚であるアドリアン・ザックハイム、ウィル・ワイサー、テイラー・フレミング、キャサリン・バレンティノの心強いサポートにも感謝している。企業は概して自社に関する書籍にいい顔をしないもので、ウーバーも例外ではなかった。にもかかわらず、ナターシャ・オズボーン＝ガーツ、ジル・ヘイゼルベイカー、マット・コールマンは、業務の範疇を超えて快く私のために時間を割いてくれた。御礼申し上げる。

昨年一年間のあいだ、ジャーナリストでない方々も含む多くの友人が私の話に耳を傾け、私を支え、助言を与えてくれた。以下の諸氏はその一部である。チャック・クースタン、クリスタ・ドナルドソン、ミゲル・ヘルフト、マイケル・ニューマン、ジョン・ニーダム、ジェニファー・ニュートン、ジェフリー・オブライエン。もしカリフォルニア大学サンフランシスコ校ミッションベイ・キャンパスのＦＡＭＲＩ図書館がなかったら、私はいずことも知れぬ他の場所で本書の執筆を強いられることになっただろう。あのような心休まるオアシスを維持してくださっている親切な職員の皆さんに謝意を表したい。

物書きの家族ほど、執筆作業のマイナス面をよく知る者はいない。夜な夜な自宅を留守にし、週末の午後を家族と過ごさず、耐えがたいほど不機嫌になる人間と暮らさねばならないのだ。妻のルース・カーシュナーは私がバランスのとれた生活を送れるよう心を配り、私の八つ当たりをこらえてくれた。十歳の娘リアは、最初から最後まで、本書のプロジェクトに大いなる関心を示してくれた。就寝前の読み聞かせを、リアはいまだに楽しみにしてくれているらしい。——ただし、ビジネス書だけは別として。妹のポーラ・ラシンスキーとエイミー・ラシンスキー、義弟ロバート・ロペス、父バーナードは、サポートと放任を絶妙のバランスで与えてくれた。最後になるが、母マーシャ・モリス・ラシンスキーが言葉への愛と飽くことなき好奇心を植えつけてくれなかったら、私は物書きになっていなかっただろう。存命であれば、どこに行くにもウーバー車を利用し、そのつど詳細な報告をしてくれたに違いない。母に本書を読んでもらえなかったことだけが唯一の心残りである。

追録

アーロン・プレスマン

数年間安定した成長を続けてきたウーバーだったが、二〇一七年には数々のスキャンダルや難局に見舞われ、最終的には物議を醸すＣＥＯトラビス・カラニックの辞任という最悪の結末を迎えることとなった。

カラニックの後任となったエクスペディア元ＣＥＯのダラ・コスロシャヒは、二〇一七年の年末に至ってようやく、日本の実業家、孫正義率いるビジョン・ファンドから新たな出資を取りつけ、取締役会再編の合意を得て、カラニックの影響力を最小限に抑えることに成功した。コスロシャヒとおそらくはウーバー従業員の大半にとって、悪夢のような一年がとうとう終わりを告げたのである。

ウーバーの過去最大とも言える問題が持ち上がったのは、『ワイルド・ライド』［※原書タイトル」が印刷に回された直後だった。二月十九日、ウーバーのサイト・リライアビリティ・エンジニア（SRE）だったスーザン・ファウラーが、三〇〇〇語に及ぶ詳細なブログ記事を投稿し、大規模なセクシャルハラスメントを目の当たりにしたと告発したのである。ファウラーの告発を受けて、ウーバーの企業文化を調査するため、元司法長官のエリック・ホルダーが雇われた。

以後、のちのカラニック失脚へとつながるウーバー変革への流れが急速に加速していく。ホルダーとは別にパーキンス・クーイ法律事務所も起用され、以前から懸案となっていた数百件の個別のハラスメント申し立てと関連する事項について、調査に乗り出すこととなった。

同じ月、グーグルの親会社アルファベット傘下の自動運転車開発企業ウェイモが、ウーバーを提訴した。カラニックの親しい散歩仲間でもあったアンソニー・レバンドウスキーが、ウーバーに入社したためである。二月二十三日にウーバーを提訴したウェイモは、自社の最高幹部だったレバンドウスキーが、まだ初期段階にあるウーバーの自動運転開発を梃入れするため、ウェイモの企業秘密をウーバーに漏洩したと主張した。レバンドウスキーには、ウェイモの社内ファイル一万四〇〇〇件をダウンロードしたのち、二〇一六年一月に同社を辞め、レーザーセンサー・ナビゲーションシステムに関する機密データをウーバーと共有した嫌疑がかけられた。

以後、裁判に向けて二〇一七年のあいだ延々と続いた審理前手続きにより、ウーバーに関する不都合な真実が次々と暴露されていくことになる。

三月には、また新たなスキャンダルが露見した。ニューヨーク・タイムズ紙の一大スクープによって、ウーバーが何年も前から「グレイボール」と呼ばれる不正ソフトウェアを使って取締官の目を欺き、自治体の許可を得ずに複数都市で配車サービスを稼働させていたことが明らかとなったのである。ウーバーがこのソフトを用いた都市はポートランド、ボストン、パリ、ラスベガスなどアメリカ国内外に及び、さらに中国、韓国、イタリア、オーストラリアの四か国では全土にわたって使用されていた。

不正ソフト使用の目的は、ウーバーの活動を監視し、ドライバーに違反切符を切り、条例違反で営業車両を押収しようとする取締官に対し、法執行を妨害することにあった。ウーバー従業員はまず、SNSのプロフィールを検索し、法執行機関付近でウーバーのスマートフォンアプリを使った者を監視して、取締官の可能性がある人物のリストを作成する。さらに、各人物のクレジットカードの引き落とし口座が、警察信用組合など法執行機関関連の金融機関になっているかどうかも調べあげる。リストが完成すると、掲載人物は「グレイボール化」され、スマホ上のウーバーのアプリがひそかに偽アプリに置き換えられることで、車を手配できなくなるという仕組みだ。

ニューヨーク・タイムズ紙によれば、顧問弁護士サリー・ユーと国際事業部のシニアバイスプレジデント、ライアン・グレイブスは、ともにグレイボールの使用について承知していたという。グレイブスは二〇一七年九月に役職を降りたが、ウーバーの取締役にはとどまった。同月、ユーはウーバーを去る意思を明かし、十一月にはペプシの顧問弁護士を務めたトニー・ウエストが後任に就いた。

ウーバーは当初、このソフトは、同社のサービス利用規約の違反者をブロックするためだけに開発されたと弁明していた。「ドライバーに身体的危害を加えようとする乗客や、営業妨害を試みる競争相手や、法執行機関と結託しておとり捜査を仕掛け、ドライバーを罠に陥れようとする敵対者」だけが対象だと釈明したのである。それでもウーバーはソフトの使用中止に同意し、当局の捜査に協力を約束した。

四月に入ると、カラニックがアップルCEOティム・クックと交わしたやりとりに関する、外聞の悪いエピソードが新たに報じられた。

二〇一五年、アップルはウーバーのアプリがユーザーのプライバシーを侵害し、アップルの規約にも違反していることを嗅ぎつけた。アプリが削除され、全データが初期化されたあとも、ウーバーは個々のiPhoneを追跡し、識別していることがわかったのである。クックは二者会談の場を設け、面と向かってカラニックに違反行為を突きつけた。クックはカラニックに「わが社のルールを破ってるそうだね」と言い、やめないとiTunesのアップストアからウーバーのアプリを削除すると脅した。カラニックはすぐさま白旗をあげ、違反行為をやめると言明したという。

同月、ウーバーの自動運転車開発のキーパーソンであるアンソニー・レバンドウスキーは、ウェイモ訴訟において、憲法修正第五条の黙秘権を行使すると宣言した。これにより、盗用されたとされる一万四〇〇〇件の機密文書を強制的にレバンドウスキーに返還させることは、不可能となった。だが同時にこれは、ウィリアム・アルサップ判事に対し、レバンドウスキーあるいはウーバーは確かに文書を保持しているとの心証を与える結果にもなった。「これは尋常ではない裁判ですよ。四十二年の法律家生活で、これほど強力な証拠は見たことがありません。あなた方は進退窮まっていますよ」と、アルサップ判事はウーバー弁護団に告げた。レバンドウスキーはその後まもなく、ウーバーの自動運転車開発プロジェクトから身を引いた。

グレイボール・スキャンダルの広がりも、とどまるところを知らなかった。ニューヨーク・タイムズ紙の記事で引き合いに出されたオレゴン州ポートランドの交通規制当局は、独自の調査を行い、このソフトによって取締官が配車サービスを受けられない実態を報告書にまとめた。五月には、カリフォルニア州北部地区連邦検察局がグレイボール使用に関する犯罪捜査を開始し、連邦大陪審がウーバーに文書提出を求める召喚状を出したとのニュースが報じられた。五月末までに、ウーバーはウェイモ訴訟で自社への協力を拒んでいるとして、レバンドウスキーの解雇を決定した。二〇一五年にウーバーが引き抜くまでカーネギーメロン大学のロボット工学研究の第一人者であったエリック・メイホファーが、レバンドウスキーに代わって自動運転車開発プロジェクトを率いることとなった。

六月、カラニックら経営陣が女性を軽視しているのではないかとの新たな疑義が持ち上がった。パーキンス・クーイ法律事務所によるセクシャルハラスメント案件の調査の結果、ウーバー従業員二〇名が解雇されたのである。調査対象の申し立ては二一五件にのぼり、うち五四件が女性差別、四七件がセクシャルハラスメント、四五件が職業倫理に反する行為、三三件が職場いじめと認定されたとウーバーは発表した。解雇された二〇名に加え、従業員七名が最終警告を受け、三一名が特別研修の受講を命じられ、五七名がいまだ調査中とされた。

パーキンス・クーイの報告書が公表された翌日、またも新たな事実が暴露された。二〇一四年、インドでウーバードライバーによる女性客の誘拐レイプ事件が発生し、ウーバーに対する賛否両論が巻き起こっていたさなか、ウーバーのアジア太平洋地域事業のトップであるエリック・アレキサンダーが、極秘のはずの被害女性の医療記録を入手していたことが判明したのである。レイプ事件によってウーバーのインド事業は深刻な打撃を受け、二〇一四年にはデリー市当局から一時的な営業停止命令を出され、加害ドライバーは二〇一五年に有罪判決を受けた。

以後、インドのウーバーでは、ドライバーの登録時に身元調査を行うようになり、乗客向けアプリにはＳＯＳボタンが追加された。だが、ブルームバーグの記事によれば、その裏でアレキサンダーやカラニックらウーバー幹部は、ライバル企業がレイプ事件の騒動を煽りたてているのではないかと疑っていたという。二〇一七年にようやくこの事実が明るみに出ると同時に、アレキサンダーは解雇された。

そしてついに、カラニックの頭上に決定的な一撃が振り下ろされた。ホルダーの報告書である。二〇〇人以上と面談し、数えきれないほどの文書を精査した結果、元司法長官は一連の厳しい勧告を行った。その冒頭を飾ったのが、「トラビス・カラニックの職責を見直し、配置転換すること」という一文だ。ウーバーが公表した一三ページの報告書概要で、ホルダーは取締役会の規模を拡大し、独立した会長職を含む独立取締役を増やして、監査役として機能させるべきだとも述べている。さらに、内部統制、人的資源、会計監査のいずれに関しても強化や改善が必要であり、企業文化を向上させるためのより包括的な研修制度が求められるとした。

ホルダーの報告書を受けて、カラニックは一事休職すると発表した。直接の理由としては、母が死亡し父が重症を負った、数週間前のボート事故が挙げられた。

「わが社の現状とそこに至った過程の最終的な責任は、私にあります」と、カラニックは従業員宛のメールに書いている。「誇るべきものも多くありますが、改善すべき点も多々あります」とカラニックは付け加え、最後にこう締めくくった。「また会いましょう」

だが、大株主のベンチマーク・キャピタルやフィデリティ・インベストメンツら、ウーバーの一部の主要投資家にとっては、休職という措置はなまぬるすぎた。「ウーバーを前進させるために」と題された書簡で、これら投資家グループはカラニックの辞任を要求し、対面でも強い圧力をかけた結果、カラニックはついに辞任を承諾した。

「私は世界中の何よりもウーバーを愛しています。私生活でもつらいことのあったいま、さらに揉め事を起こしてウーバーを混乱に陥れるよりは、ウーバーが事業に専念できるよう、投資家の要求を受け入れて辞任することにいたしました」と、カラニックは辞任時に発表した声明で述べている。

カラニックの辞任と同時に後任のCEO探しが始まり、二〇一七年の夏のあいだ、シリコンバレーは乱れ飛ぶ憶測と噂でかしましかった。カラニックがウーバーの取締役にとどまり、依然相当数のウーバー株を保有していたことが、後任探しをややこしくする事情の一端ともなった。

セクシャルハラスメントがあれだけ問題となったことを考えれば当然とも言えるが、報道によればフェイスブックCOOシェリル・サンドバーグ、ユーチューブCEOスーザン・ウォシッキー、イージージェットCEOキャロリン・マッコールら、数多くの著名な女性役員がCEO候補として打診されたが、いずれも興味を示さなかったという。一時は、ヒューレット・パッカード・エンタープライズCEOでイーベイ元CEOのメグ・ホイットマンが就任するかと思われた。だがホイットマンがヒューレット・パッカードにとどまりたい意向を示すと、今度はゼネラル・エレクトリックの会長で元ＣＥＯのジェフリー・イメルトが候補に上がった。この方針転換を、ワシントン・ポスト紙は皮肉のきいたヘッドラインで、「ウーバーの女性ＣＥＯ探し、男性三人までに絞られる」と報じている。

八月下旬のある朝、イメルトがツイッターで、ウーバーＣＥＯには就任しないと表明した。とたんに、やはりホイットマンが乗り気だという噂が広がったが、これに対しホイットマンは、有名なカントリーソングのタイトルを引用して応えた。――「ノーだと言ってるでしょ（なぜわからないの）（ワット・パート・オブ・ノー・ドンチュー・アンダースタンド）」

人選が難航するにつれ、カラニックが役職にとどまっていることが有能な候補者に毛嫌いされる原因だという見方が浮上し、ベンチマーク・キャピタルはかつて天才と崇めた男を標的にすることにした。詐欺と契約違反を理由に、デラウェア州でカラニックを提訴したのである。ベンチマークは前ＣＥＯが「重要な虚偽の申し立て」を行ったと主張し、ことに二〇一六年六月の取締役会再編においてカラニックが取締役三名の指名権を得た際、ウーバーが抱えていた問題をカラニックが秘匿した件を問題視した。だがカラニックは、いかなる不正行為もはたらいていないと容疑を否認した。

八月末、ようやくエクスペディアのダラ・コスロシャヒがウーバーＣＥＯに選ばれた。コスロシャヒはイランの首都テヘランに生まれ、イラン革命寸前に家族とともに国外に脱出し、九歳で渡米したという経歴を持つ。一九九一年にブラウン大学を卒業し電気工学の学位を取得すると、投資銀行アレン・アンド・カンパニーでキャリアをスタートさせ、メディア界の大立者バリー・ディラーと知り合った。やがてディラーに引き抜かれたコスロシャヒは、何度か重役を務めたあと、二〇〇五年にエクスペディアのCEOに就任。エクスペディアで十二年を過ごしたのち、新たな挑戦を求め、ウーバー新CEOの座に就くことにしたのである。ウーバーの企業文化の改善を約束しながらも、過去の問題に拘泥する気はないことをコスロシャヒは明示した。

「何が起きたかではなく、これからどうするのかを話しあいたいのです」と、ニューヨーク・タイムズ・ディールブック・カンファレンスで自らの姿勢について語っている。

CEO交代劇は幕を閉じたが、八月には連邦政府による二件目の犯罪捜査が明るみになった。ウーバーの海外事業において、海外腐敗行為防止法が禁ずる違法な賄賂の授受があった疑いが生じ、司法省が予備調査を開始したのである。ウーバーは捜査への協力を約束し、後日、ジャカルタの警官に少額の賄賂を渡していたインドネシアの従業員一名を二〇一六年に解雇していたと報告した。さらにウーバーの顧問弁護士チームがインドネシア以外のアジア諸国での取引を調査したところ、ウーバーがマレーシア・グローバル・イノベーション&クリエイティビティ・センターに寄付を行ったのと前後して、マレーシアの年金基金がウーバーへの投資を行っていたことも判明した。

さらに追い打ちをかけたのが、八月に上げられた、シンガポールでのウーバーの行いに関する報告書だった。シンガポールで営業を開始する際、ウーバーはホンダのSUV車ヴェゼルを千台購入し、ドライバーに貸与した。問題は、ホンダが電気部品に発火の恐れがあるとして二〇一六年にヴェゼルをリコールしたにも関わらず、ウーバーが対応を怠った点である。二〇一七年に一台のウーバー車が火災を起こすと、ウーバーは全車の部品の交換が終わるまでのあいだ、欠陥部品を無効化し、そのままヴェゼルを使いつづけた。

ウーバーが新CEOを探していたころ、ベンチマーク・キャピタルを含む数社の初期投資家は、一部のウーバー株の売却を検討していた。投資家グループが有望な買い手として接触したのが、日本人実業家、孫正義率いる電気通信およびテクノロジー関連企業、ソフトバンクグループだった。出資規模九三〇億ドルのビジョン・ファンドを有するソフトバンクは、すでにアジアの三大配車アプリ運営企業の株式を保有していた。シンガポールのグラブ、インドのオラ、中国の滴滴出行（ディディチューシン）である。だがソフトバンクは、ウーバーが前回の民間資金調達時に使用した評価額六八〇億ドルでの取引は行いたがらず、双方の話し合いは数か月に及んだ。

そんななか、ウーバーが利用した不正ソフトはグレイボールだけではなかったことがわかり、連邦政府による三件目の犯罪捜査が開始された。九月、ウーバーが最大の競合であるリフトの営業を妨害するため、「ヘル（地獄）」と呼ばれるプログラムを使用していたとウォール・ストリート・ジャーナル紙が報じた。このプログラムを使ってリフト上に偽の顧客アカウントを作成し、配車を依頼するふりをしてリフトのドライバーの位置情報を把握し、料金を監視していたのだ。ウーバーはさらに同じプログラムを用い、ウーバーとリフト双方で働くドライバーを見つけだし、リフトでの勤務をやめれば現金のボーナスを出すと申し入れていた。ヘルに関する三件目の捜査を担ったのは、連邦捜査局(FBI)ニューヨーク支局と、マンハッタンの連邦検察局である。

ヨーロッパ各国でも、ウーバーの無軌道なやり口に規制当局がしびれを切らしはじめていた。九月、ロンドンのタクシー業界を監督するロンドン交通局は、月末に期限が切れるウーバーの営業免許を更新しないと決定した。ロンドン交通局はグレイボールをはじめとするありあまるほどの違反行為を引き合いに出し、「ウーバーのこうした手法や行為は、企業責任の欠如の証左である」と結論づけた。

ウーバーは不服を申し立て、最終的な裁定が下るまでは営業を継続してよいとの許可を得た。新CEOのコスロシャヒは、ウーバーは手法を変えると断言した。「われわれは道を踏み外しました」と、交通局の決定と不服申し立てを発表する公開書簡にコスロシャヒは書いている。「全世界でウーバーを使うすべての方々に、わが社の犯した過ちをお詫びいたします」

九月下旬、カラニックは自身を含めて三名の取締役指名権があることを利用し、新たに二名の取締役を指名して、元同僚たちを驚かせた。ゼロックス元CEOのウルスラ・バーンズとCITグループ元CEOのジョン・セインを、取締役会に諮ることなく、独断で指名したのである。ベンチマーク・キャピタルがカラニックの議決権を弱めるよう圧力をかけていたタイミングでの、奇策だった。

「取締役会を大幅に再編成し、議決権に重要な変更を加えるとの提議が先日なされたことを踏まえて、二名の取締役を指名することにいたしました。適切な討議を行うためには、取締役会の空席を埋めること、それもウルスラとジョンのような経験豊かな役員によって埋めることが重要となるからです」と、カラニックは指名の経緯を説明する声明文で述べている。

十月には、さらに二件のウーバーに対する犯罪捜査が明るみになった。ブルームバーグの報道によると、一件目は司法省の捜査で、一部の顧客にのみ値引きを行う「ファイヤーハウス」というウーバー作成の価格決定プログラムが、価格差別を禁じ、価格の透明性を求める連邦規則に違反しているかどうかを調べるものだった。

もう一件の捜査は、アンソニー・レバンドウスキーがグーグルの自動運転車部門の機密を盗んだとされる、ウェイモ訴訟から派生していた。二〇一六年にウーバーがレバンドウスキー創業のスタートアップ企業を買収するよりも前に、レバンドウスキーがウーバー社員に「機密ファイルを所持している」と明かしていた、という証言が出てきたのである。ブルームバーグによれば、それを聞いたウィリアム・アルサップ判事が司法省に通告し、司法省が捜査を開始したという。

二か月以上が過ぎ、新CEOの椅子にも慣れてきたコスロシャヒは、新旧ウーバーの大いなる折衷案を模索していた。十一月八日、コスロシャヒは彼の言葉を借りればウーバーの「新しい企業行動規範」を発表した。規範はシンプルな八箇条の原則から成り、「顧客第一主義」「個性を大事にする」「正しいことをする。それだけです」などが含まれている。

企業行動規範の発表以上に重要なのは、コスロシャヒが取締役をさらに六名増やす取締役会再編の合意を勝ちとり、カラニックの議決権を制限することに成功したことだろう。コスロシャヒは同時に、ベンチマーク・キャピタルを説得し、カラニックに対する訴訟を取り下げさせた。

懸案事項がクリアになったことで、ソフトバンクグループからの新たな出資の道が開けた。ソフトバンクは一〇〇億ドルまで出資する用意があったが、二〇一五年にウーバーが記録した、非上場企業としては世界最高の六八〇億ドルという評価額がネックになっていた。ウーバーとソフトバンクは、ソフトバンクが一〇億ドルをその評価額に基づき出資し、残りの出資金でウーバー株を取得すること、また株式買い付けの際には、評価額を三〇パーセント減額した四八〇億ドルとみなすことで合意した。

だが、持ち前の交渉術で投資家の機嫌をなだめる一方で、コスロシャヒにはカラニック在任時の不正行為に関する外聞の悪い情報を公表するという、気の重い仕事も待っていた。ウーバーは二〇一六年に、五七〇〇万人の顧客およびドライバーのデータをハッカー集団に盗まれた。データには顧客の氏名、メールアドレス、電話番号と、ナンバープレート番号を含むドライバーの個人情報が含まれていた。ハッキングを知った当時、ウーバーはプライバシー侵害の可能性をめぐって、連邦取引委員会と和解交渉を進めている最中だった。そのため経営陣はデータの漏洩を公表しないことに決め、盗まれたデータの消去と引き換えに、ハッカー集団に一〇万ドルを支払った。ハッカー集団の「消去する」という口約束を鵜呑みにしたのである。

この事実が明かされると、ウーバーにはまたもや新たな捜査の手が入ることになった。今度はニューヨーク州司法長官、エリック・シュナイダーマンの捜査チームからである。「このようなことは起きてはなりませんし、わが社のしたことに弁明の余地はありません」とコスロシャヒは語った。「われわれは事業の進め方を変革しようとしているところです」

十一月末には、コスロシャヒはアルサップ判事から、さらに悪い知らせを告げられた。ウーバーが審理前に開示すべき証拠を秘匿していたことが明らかになり、判事が堪忍袋の緒を切らしたのである。ウェイモの要求を聞き入れて裁判の開始を二〇一八年まで延期すると告げたアルサップ判事は、ウーバーの弁護団を厳しく非難した。「あなた方の言うことは何一つ信用できません。いつもあとで間違っているとわかることだらけではないですか」と、十一月二十八日の審理前協議でアルサップ判事はウーバーを譴責(けんせき)した。「社をあげて隠蔽工作をしていると取られても仕方ありませんよ」

だが、裁判の延期はほんの始まりにすぎなかった。アルサップ判事のウーバーへの怒りは相当根深かったのである。数週間後、判事は問題の秘匿された証拠を一般に公開するようウーバーに命じた。その証拠というのが、ウーバーの元幹部リチャード・ジェイコブスの弁護士が書いた三十七枚の手紙で、文中には同社が行ったとされる多数の違法行為や非倫理的行為が列挙されていた。ジェイコブスは二〇一六年三月から二〇一七年四月まで、ウーバーのセキュリティアナリストとして働いていた人物である。社内文書をダウンロードしているのを見つかり解雇されたが、その後問題の手紙をウーバーに突きつけ、対応を迫った。ウーバーは疑惑の多くを否定しながらも（一部に関してはジェイコブス自身が法廷で撤回している）、ジェイコブスに四五〇万ドルを払って示談を成立させた。

五月五日の日付があるジェイコブスの手紙には、ウーバー社内には競合他社の機密情報を盗む詐欺および盗用専門のチームがあること、チームに属する従業員は、記録提示の要求をかわし不正行為に関するやりとりを隠匿するため、ウィッカー（Wickr）などの通信履歴が自動で削除されるメッセージアプリを使用していたこと、チームはドライバーや乗客やクレイマーやタクシーの配車オペレーターになりすまし、他社に妨害工作を行っていたことなどが書かれている。ウーバーの副顧問弁護士アンジェラ・パディーヤは、手紙に書かれた疑惑はどれも虚偽の情報であり、ジェイコブスがウーバーから金をゆすりとるためでっち上げたにすぎないと主張した。

だがアルサップ判事は、パディーヤの言い分を一蹴した。「よくできた怪文書にすぎない、事実無根だと言うんですね……なのにあなた方は、四五〇万ドルを払ったと。普通は怪文書にそれほどの大金は払いませんよ」と、アルサップ判事は法廷でパディーヤに言った。

二〇一七年も終わろうとするころ、欧州連合（EU）の最高裁にあたる欧州司法裁判所が、当初バルセロナのタクシー運転手団体が起こしたウーバーに対する異議申し立てに関し、裁定を下した。司法裁判所はウーバーが同社の主張するオンライン情報サービス企業ではなく、運輸サービス企業だと認定し、運輸事業者としての規制を適用されてよいとした。「個人を無資格のドライバーと結びつけるウーバーのサービスは、運輸業界におけるサービスによって運営されている」と、裁定文は述べている。「ゆえにEU加盟国は、運輸サービス事業者に対する条件のもとに規制を行ってよい」

二〇一七年が暮れようとするいま、CEOダラ・コスロシャヒは五件もの継続中の犯罪捜査を抱え、ウェイモの機密盗用裁判の開始を待ち、ソフトバンクの出資と取締役会の再編を間近に控えている。波乱に満ちたウーバーのワイルド・ライドは、二〇一八年もまだまだ終わりそうにない。

[著者略歴]

アダム・ラシンスキー

Adam Lashinsky

フォーチュン誌エグゼクティブ・エディター、フォーチュン・ブレインストーム・テック・カンファレンス論説員、フォーチュン・グローバル・フォーラム共同議長。2012年に上梓した『インサイド・アップル』（早川書房）は、ニューヨーク・タイムズ紙ベストセラーとなった。FOXニュースでたびたび解説を担当している。妻と娘とともにサンフランシスコ在住。

[訳者略歴]

小浜 杳

Haruka Kohama

横浜生まれ。翻訳家。東京大学英語英米文学科卒。書籍翻訳のほか、映画字幕翻訳も手がける。訳書に『サーティーナイン・クルーズ』シリーズ、『アナと雪の女王 ディズニーはじめてのプログラミング』（以上KADOKAWA）、『ムドラ全書』（ガイアブックス）ほか多数。

WILD RIDE

by Adam Lashinsky

This edition published by arrangement with Portfolio,an imprint of Penguin Publishing Group,a division of Penguin Random House LLC
through Tuttle-Mori Agency,Inc.,Tokyo

編 集　吉村 洋人
DTP　松浦 竜矢
校 正　東京出版サービスセンター

WILD RIDE ワイルドライド

ウーバーを作りあげた狂犬カラニックの成功と失敗の物語

2020（令和2）年2月4日　初版第1刷発行

著 者　アダム・ラシンスキー
訳 者　小浜 杳
発行者　錦織 圭之介
発行所　株式会社 東洋館出版社
〒113-0021　東京都文京区本駒込5-16-7
営業部　TEL 03-3823-9206 ／ FAX 03-3823-9208
編集部　TEL 03-3823-9207 ／ FAX 03-3823-9209

振 替　00180-7-96823
U R L　http://www.toyokan.co.jp

印刷・製本　岩岡印刷株式会社

ISBN978-4-491-04064-6 / Printed in Japan